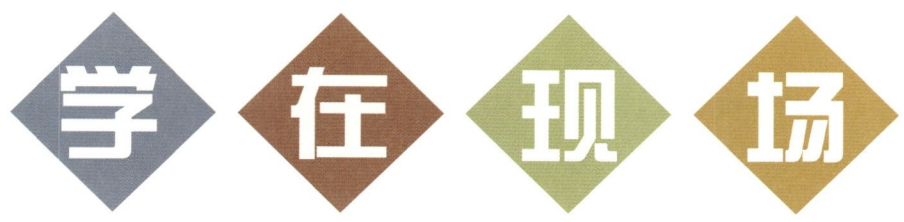

小学科学场馆研学课程的开发与实践

徐晨来 ◎ 著

图书在版编目（CIP）数据

学在现场：小学科学场馆研学课程的开发与实践 / 徐晨来著. -- 长春 : 东北师范大学出版社，2023.8
ISBN 978-7-5771-0759-2

Ⅰ. ①学… Ⅱ. ①徐… Ⅲ. ①科学技术－活动课程－教学研究－小学 Ⅳ. ① G623.62

中国国家版本馆CIP数据核字（2023）第232127号

XUEZAIXIANCHANG:XIAOXUE KEXUECHANGGUAN YANXUE KECHENG DE KAIFA YU SHIJIAN

学在现场：小学科学场馆研学课程的开发与实践

责任编辑：包瑞峰　封面设计：吴思萍
责任校对：慧　慧　责任印制：许　冰

东北师范大学出版社出版发行
长春净月经济开发区金宝街118号（邮政编码：130117）
电话：0431-84568126
网址：http://www.nenup.com
武汉市盛宏源印务有限公司制版
武汉市盛宏源印务有限公司印装
湖北省武汉市硚口区古田三路古乐路特1号
2023年8月第1版　2023年8月第1版第1次印刷
幅面尺寸：170mm×238mm　印张：23.25　字数：329千字

定价：86.00元

（版权所有，盗版必究）

序 一

科学教育是提高全民科学素质、培养科技创新人才、提升国家科技竞争力的重要基础，特别是随着新一轮科技革命、产业革命和教育革命的快速发展，世界各国都开始主动调整和创新科学教育内涵与方法、政策与实践，为适应技术升级、时代发展与社会转型需求，世界各国都在改进和加强科学教育，培养科技创新后备人才。

近年来，我国对科学教育和科技创新后备人才培养工作高度重视。党的二十大把教育、科技、人才进行"三位一体"统筹安排。习近平总书记在中共中央政治局第三次集体学习时强调："要在教育'双减'中做好科学教育加法，激发青少年好奇心、想象力、探求欲，培育具备科学家潜质、愿意献身科学研究事业的青少年群体。"在第五次集体学习时强调："进一步加强科学教育、工程教育，加强拔尖创新人才自主培养，为解决我国关键核心技术攻关提供人力支撑。"为深入贯彻习近平总书记的重要讲话精神，切实提高科学教育质量，教育部等十八部门联合印发了《关于加强新时代中小学科学教育工作的意见》，系统部署在教育"双减"中做好科学教育加法，支撑服务一体化推进教育、科技、人才高质量发展。

《义务教育科学课程标准（2022年版）》立足我国义务教育科学教育的现状，提炼了科学观念、科学思维、探究实践、态度责任四个方面的核心素养发展要求，基于核心概念整合了课程内容，课程设计注重综合性、实践性，突出育人导向，强化实施指导，为深化科学教育改革提供了基本依据。

《义务教育科学课程标准（2022年版）》强调，"探究和实践是科学学习的主要方式，要加强对探究和实践的研究和指导，整合启发式、探究式、互动式、体验式和项目式等教与学方式的基本要求，设计并实施能够促进学生深度学习的思维型探究和实践。""要发挥各类科技馆、博物馆、天文馆等科普场馆和高等院校、科研院所、科技园、高新技术企业等机构的作用，把校外学习与校内学习结合起来，因地制宜设立科学教育基地，补充校内资源的不足。"

构建校内外结合的科学教育体系，需要科技场馆工作实现转型。从功能上来讲，从展览转变为教育；从内容上来讲，从展品转变为课程；从活动上来讲，从参观转变为活动；从目标上来讲，从知识转变为素养。要实现这些转变，核心是构建符合国家课程标准要求、与学校教育有机整合的课程体系。徐老师基于场馆视域开发小学科学场馆研学课程的实践，正是将场馆学习变为课程资源的有效途径。

徐老师从学校建设和学生发展的视角，利用区域资源，结合学校的特色发展和学生成长需要，发挥场馆研学课程育人价值，开发了场馆研学课程，并开展了有效的实践，完成了《学在现场：小学科学场馆研学课程的开发与实践》一书。

该书建构了科学场馆研学课程设计的模型，提出了基于具身式学习、沉浸式学习、跨界式学习、项目式学习、探究式学习、体验式学习、游戏式学习、混合式学习八种科学场馆研学课程的开发策略，并提供了具体案例，形成场馆教育视域下的一系列颇具特色的科学场馆研学课程，整合了多种学习方式，符合《义务教育科学课程标准（2022年版）》的基本要求，体现了思维型探究和实践的教学思想，对校外科学课程资源的开发利用，具有重要的参考价值。

胡卫平　教授
现代教学技术教育部重点实验室主任
陕西师范大学科学教育研究中心主任
2023年8月5日

序 二

2016年11月，教育部等11个部门发布《关于推进中小学生研学旅行的意见》，将研学旅行纳入中小学教育教学计划。之后各地陆续发布关于中小学生研学旅行实施的具体意见，国内关于研学的研究和实践如火如荼。2021年7月，中共中央办公厅、国务院办公厅印发了《关于进一步减轻义务教育阶段学生作业负担和校外培训负担的意见》，对深化学校教育教学改革、强化校内课后服务供给、形成校外育人合力等进行周密部署。2022年4月，教育部正式印发《义务教育课程方案和课程标准（2022年版）》，描绘了育人蓝图，强调了学科内和学科间知识的关联，以及学习与生活、社会实际的联系。这一系列政策的发布均表明了高质量研学旅行的重要性与必要性。研学旅行作为一种以学校为主体开展的、充分利用社会教育资源的研究性学习，既能作为学校课程提升学校教学质量，又能作为课后服务满足学生多样化需求；对青少年感受自然、社会和文化，以及学习能力、动手能力、协作能力和探究能力等综合素养的提升具有重要意义；并且经过多年的理论论证和实践检验，具有较好的有效性、可行性和可推广性，在适应"双新"改革，落实"双减"政策方面具有巨大优势。

科学学习是学生学习生涯中不可或缺的一部分，其注重实践与探究，强调创设学习环境，因此科学课程也是一门综合性课程。《义务教育科学课程标准（2002年版）》明确了科学课程旨在培育学生的核心素养，对科学观念、科学思维、探究实践、态度责任四个方面提出课程要求，强调了科学课程的育人价值。科学研学作为一种重要途径，能够很好地实现学生科学学习和学校科学课程的目标，而科学场馆无疑为科学研学提供了最佳场地，其具有真实性学习和泛在学习的形态，为学生提供了优质的资源聚集群。科学场馆提供的"科学学习资源"既包括各类静态的学习支架，也包含了利用资源所需的各类空间、设备等。同时，无论是从诞生之初的体系设计、功能设置还是从输出内容看，科学场馆都有明显的资源配置特征，与研学目标与科学目标均有极强的适配性。

由于研学的教育形式、特点与我国正规教育不同，因此目前学校切实落实研学活动还处于探索阶段，教育人员也面临重重困难。学校实施研学的困境主要有教师开发研学课程难、评价研学效果难，忽略了学生的主体性，使得研学活动失去活力。目前国内关于研学课程研究相对较为混杂，未形成系统的理论探索，而对聚焦场馆教育视域下科学研学课程建设实践方面的研究几乎是空白的。

本书聚焦小学科学场馆研学的课程开发与实践，对相关理论、方法、框架、路径、策略、案例进行了系统梳理。在主题聚焦的基础上，具有极大的完整性与全面性，能够让读者在理论上深度理解基于场馆资源的小学科学研学，并能够运用相关方法、参考相关案例，自主设计并实施研学课程。本书称得上是研学理论研究与创新实践进程中的一次跨越，对学校教师和研学基地教育人员来说，具有较强的参考价值，对提升科学研学资源的质量和教育人员的专业能力，以及全面促进研学旅行高质量开展具有重要意义。

宋娴　研究员
上海科技馆科学传播中心副主任
2023 年 8 月 1 日

前 言

当前,创新创造能力素养的培育已经上升到国家战略层面,如何培养面向未来的创意型、创新型、创造型人才是学校教育不可回避的问题。我们应当认识到,并如本课题研究所揭示的一样,创意创新创造就存在于我们与学生的日常生活当中,关键在于我们是否发现了,我们是否聚焦了,我们是否实践了。科学教育被认为是培养未来科学人才的重要途径,加强科学教育被列入重要议程,国家不断强调科学教育的重要性。教育部等十八部门联合印发的《关于加强新时代中小学科学教育工作的意见》中明确指出"以学生为本,因材施教,推进基于探究实践的科学教育,激发中小学生好奇心、想象力和探求欲,培养学生科学兴趣",要让学生"自觉获取科学知识、培养科学精神、提升科学素质、增强科技自信自立、厚植家国情怀"。这份科学教育的纲领性文件,提出了在"完善课程体系,修订科学教材,改进教学方法,加强师资队伍建设"的基础上,要"用好实践场所,推出优质资源,做强品牌活动,推进学科建设,开展科学研究,调动社会力量,推动中小学科学教育学校主阵地与社会大课堂有机衔接"。这就为学校科学教育的外向式发展提供了依据,丰富的场馆资源也逐步走入了学校教育视野。

一、逻辑起点

探讨一个问题如何解决很重要。但对于研究而言,知道这个问题是什么,这个问题是如何产生的,往往更加重要。探讨逻辑起点,就是探讨研究的基本范畴与边界,就是探讨问题产生的背景及问题是如何产生的。

(一)科学教育的边界效应

科学教育在小学往往被表征为科学课程及其相应开展的一些科技活

动,而在中学往往被认为是物理、化学、生物等课程。学校场域中谈科学及科学教育往往能联想到的是科学教师。而在实践的科学课程中,对什么是科学教育的回答往往是科学教材的内容,反而没有重视对科学课标及科学本原的思考与探索。事实上,大多数基于"科学"这一教材的课程变成了科学知识教育,使学生掌握了一大堆的科学知识或科学常识,但其对于科学实践、科学思维及科学精神的培养并没有得到重视。如果我们认真追问下什么是科学,必然会发现很多东西是需要再推敲的。科学教育不唯独是科学课程的事情,而是学校教育的全部精神实质;科学教育不唯独是科学知识的教育,而是科学实践、科学思维及科学精神的全部。现代学科体系本就是根据科学规律建构起来的,学校教育常态表达的其实是自然科学,事实上还有社会科学和人文科学等。科学可以理解为一种追求真理的思维逻辑及实践方法。当我们忘记这一基本原则的时候,科学教育就出现了边界窄化的现象,所有科学课程或科学教材之外的内容就很难进入教育的视野,就必然丢失了科学教育的本质属性。

(二)场馆效能的实践困境

社会中各种各样的场馆本身就是丰富的学习资源。场馆开始时只是一种资源的现场呈现,只是为参观交流提供了一个场所,是一种隐性的育人资源存在的。直到最近才被众多学者发现其作为课程资源的价值,由此提出了关于场馆教育的课题——如何把丰富的、优质的场馆资源不仅作为学校课程的补充资源,更是作为一种育人的主体重新呈现在世人面前。由此,不同场馆纷纷探索基于场馆资源的课程开发,有独立形成课程群的,有与学校等教育机构形成课程群的,都充分展现了场馆作为育人资源的价值。当然,场馆在充分实现育人价值的过程中,也存在诸多困境,如缺乏专业的课程设计人员;无法与学校教育的课程学习形成相互支持;没有教育机构所具有的教育功能与职能;所设计的课程更多是基于资源的知识逻辑范式而不是学生成长的范式;无法充分从长期主义思维出发,实现对学生成长的持续影响,等等。这些都在一定程度上限制了场馆教育资源本体功能的实现。

（三）教育功能的自我阻隔

学校教育的边界在哪里，这是一个很多人都会追问的问题。许多教育学者也提出学校教育要有工作边界，不能什么都大手拉小手，不能什么都进课程。这个从学校教育的工作层面来说是成立的，但是从学生成长的角度来说是不成立的。人的成长是全面的成长，是其全部生活世界的综合表征。学校的教育不能被限定为一些固定的学科课程标准及教材的落实，不能限定为一些需要开展的活动，这些只是学校的工作载体，但不是育人的全部载体。打破学校的学科边界、打破课堂教学边界，提倡跨学科主题学习；打破围墙边界，将丰富的生活资源变成育人的资源，让生活中的一切表征形式都成为学校教育的资源，让学生处于全景、全息、全覆盖且基于实践的学习体验中。当前学校教育的自我阻隔，并没有让学校实现减负，并没有让学生更轻松。各种各样的教育需要、社会需要及新生事物大面积进校园，使得学校教育更加零散，这反而打乱了学校的教育教学规律，加重了学生的学习负担。学校教育应当主动积极接受并吸收一切有利资源、有益方式，将其变成学校课程的组成部分，从而促进学校教育功能的自我增生，从而让学生的成长资源、成长环境更加有利于学生的成长，真正实现从学校教育的知识、技能为主到思维、方法为主，促进学生素养的全面发展。这是现代化学校教育功能的应有之义。

（四）学习发生的现实熔断

学校教育被认为是促进学生成长的专业机构，是实现育人的主阵地。我们号称在促进学生学习，但对于学生的学习是如何发生的、学生学习的过程是怎样的、学生学习的成效如何，我们似乎并没有有效追问。当前的学校教育逻辑本质上呈现为教学逻辑和管理逻辑。教学逻辑的核心是教师对学生施加教育影响，实现学生知识、技能、情感、态度与价值观的内化与生长，强调的是教师教的逻辑，而不是学生如何学的过程。管理逻辑的核心是对教学中一切的人、事、物等资源进行调配和控制的过程，强调的是可控、可测量、可比较的效率论，由此达成社会性目标，而不是学生作为个体实现社会化的过程。不管是什么逻辑，关键在于学生的学习逻辑，学校的课程建设与教学实施是以学生学习为中心,按照学生学习的逻辑来推进实现的。也就是说,我们可以追问教师及学校的是:学生学习的主要方式、关键行为、关键事件、关键过程是怎样的?小学阶段主要的学习方式有哪些?如果无法回答这些问题,学习发生就只是潜在的、隐性的实践结果。如果忽视实践本质的学习规律,就不可能有清晰的学习发生逻辑,也就是我们在融通学校内外资源时必须要打通学生的学习发生逻辑。

二、价值判断

开展这样的一个整体性研究,是一个冒险的旅程。这不在于起初是否有雄心壮志,不在于课题是否理想,而是在于实践探索中敬畏心是否充分,在于科研逻辑生成与实施中是否遮蔽了本原,在于理论逻辑与实践逻辑是否合一。也就是价值判断的立场应当落在哪里。

(一)课程建设的价值理路

价值判断的第一原则应当是落脚在课程建设上。课程问题是学校教育的核心问题,课程建设水平往往决定了学校教育的水平与格局。如果把场馆研学教育只是定位在活动开展上,那么其实际价值就无法得到充分的发挥,在与学校科学课程的融合上,就失去了天然逻辑。为此,实现学校科学教育与场馆教育的融合,就定位在了科学场馆研学课程建设上。既然是课程,那么课题研究实践的核心逻辑就是以课程原理为根本,进行课程开发与课程实施的过程。基于课程建设规律,就必然需要对课程目标、课程资源、课程结构、课程评价、课程开发行为等进行系统性的判断与考量,这表征为课程纲要、课程开发策略及课程开发故事等方面。课程实施必然会涉及教学实施的过程、教学组织的策略、教学行为的选择及教学评价等方面。另外,学校科学课程、科学教育的整合与拓展,实现与场馆资源的深度融合,在课程建设意义上实现了课程实施的对接,不仅丰富了科学课程本身,也拓展了实施方式,完成了学生学习的完整性。为此,进行科学场馆研学课程建设是必然的逻辑选择。

（二）学习方式的价值核心

当前所有的教育教学理论的核心趋势基本是以学为中心，也就是从关注教师如何教到关注学生如何学，从关注知识化、技能化的教学资源到关注学生生活化、情境化的生活实践，从关注获得的定向评价到关注学生素养发展的综合评价。那么，我们必须追问的就是学生是如何学习的。聚焦到这个课题研究中，从科学教育和场馆教育融合的角度来探讨，通过对小学阶段所有学生学习方式的综合分析，我们认为具身式学习、沉浸式学习、跨界式学习、项目式学习、探究式学习、体验式学习、游戏式学习及混合式学习等几种学习方式是科学场馆研学课程的核心学习方式，贯穿在整个课程的始终，或是其中一种学习方式的运用，或是多种学习方式共同作用在一个场馆研学实践过程中。为了进一步明确课程开发的针对性和对学生学习方式的培育与建构，我们以某一具体学习方式为主体进行了课程建设，也就是基于学生学习方式的课程建设逻辑。其核心实质是，按照学习方式的行动逻辑来组织场馆中和学校中的课程资源，使之形成校内校外的融通。那么，需要把握的重心就是具体学习方式的关键学习节点和关键学习事件，实现对不同资源的结构化重组。这是科学场馆研学课程建设的核心密码。

（三）学在现场的价值理想

在上面的假设与推理的基础上，我们进一步认为，不管是何种学习方式，体现的共同特征就是学在现场。由此，我们把学在现场作为科学场馆研学课程建设的核心学习主张，也是核心的价值理想。事实上，学习发生的场景并不是学校所独有的，学习行为的发生可能在所有学生的生活当中，只是学校场景的学习是更显性的、更规则化的、更结构化的、更效益化的学习。在日常生活中，还存在大量的学习，学习也时时发生着，只是这种学习场景中的学习往往是潜在的、隐性的、非结构化的，是以潜移默化的形式存在的。如果以知识技能的获得来评价学习，那么学校教育具有真实的优势；如果以素养发展的实现来评价学习，那么生活中的实践学习是最为普遍的优势。学在现场，核心的意蕴是让学校的学习规则在学生的生活中发生作用。场馆研学活动是基于学生日常生活中普遍存在的事实，要想让其发挥显性作用，就必须设计合适的学习方式，让学生在真实的体验中学习行为逻辑。当然，实践当中，虽然可以通过课程设计最大限度来实现场景的作用，但在非规划化、非结构化、非统一性协作的场景下要完全实现学在现场，也只能是一种价值理想。

（四）实践边界的价值生成

当我们打破学校教育边界的围墙，不再只是基于教材及学校常规性活动的教育实践时，必然会涌现出无数种学生学习场景，学生成长的边界就得到了拓展。但我们应当意识到日常生活中的场景是复杂多变的，是非结构化的场景，要完全依据学习方式的逻辑来设计一切场景实践是不可能的。那就需要对可能存在的场景进行价值判断，通过定位科学场馆这一核心主题，可以确定学习场景的类型，明确课程建设与实施的边界，从而打开新的教育世界和呈现新的教育精彩，而这样的新探索、新发现、新规则，必然引发实践的价值生成，实现从个体关注到群体关注，从校内关注到校外关注，从割裂实践到融通实践的价值。我们通过选定不同类型的场馆主体，再结合具体的学习方式，探讨课堂内的实践原则和课堂外的实现可能，形成了课内课外生长的一致性。这样的规则探索及成长经验的沉淀，就是课程建设与实施的边界。打开实践边界，推进基于学在现场精神的科学场馆研学边界，有利于实现对资源的不同层面、不同维度的重组。打通场馆延续课程，就需要进行标准化的检验。如果把学生的获得称为经验，那么就需要明确，课程建设实践边界的开放是为了实现学生已有经验的结构化、学生未有经验的拓展化、学生共同经验的私有化、学生多重主体经验的融通化。由此，方能体现课程实践边界的价值生成，方能促进学在现场的完成。

三、内容矩阵

学在现场是一种理想，也是一种理念，其核心要探讨的是如何拓展学生学习场景与学习空间，探讨如何将学生校内校外的生活世界、课堂内课堂外的实践活动、书本里书本外的一切育人资源融通起来，让学生真正处于一个学习的世界中，让学生的学习时时、处处都得到有效发生。场馆是一类非常重要的、体现文明发展的高度聚集的资源体，这一资源体一直没有被深入有效地融入学校课程当中，更多的是作为教育的一种补充，也缺乏让学生有更沉浸式的、体验式的、参与式的体验。也就是说，场馆与学校教育并没有在学生成长这个主题上产生联系。科学场馆研学课程建设就是要融通学校科学课程与科学类场馆的联系，从课程建设意义上，实现双向奔赴，从而更好助力孩子的成长。

由此，围绕着科学场馆研学课程建设这一核心命题，从问题聚焦与剖析、理论建构与模型建设、课程类型开发、课程实践案例及课程建设反思等视角展开了深度的探讨。全书共分为十二部分，主要如下：

前言部分主要阐述了研究的缘起、研究的主要切入点、研究观点的逻辑起点及该研究成果的主要组成部分。

第一章的核心是问题溯源，从广阔的教育视野来审视科学场馆研学课程建设的价值。通过研究，从学习活动的视角来看，科学场馆研学课程建设是科学学习的必然变革取向；从课程设计的视角来看，是场馆教育资源整合实施的应然追求；从学习行为的视角来看，是场馆研学的根本逻辑；从现场学习的视角来看，是素养发展内外结合的生成路径。

第二章的核心是模型建构，也就是探讨科学场馆研学课程建设的一种可能逻辑。围绕课程建设这一基本逻辑，从课程设计的理论基础、学习主张的提出、整体架构的设想及课程设计类型等方面展开阐述，明确科学场馆研学课程建设的整体样态。

第三章到第十章围绕基于学生学习方式的课程建设逻辑展开专门讨论。从建设模型所提出的具身式学习、沉浸式学习、跨界式学习、项目式学习、探究式学习、体验式学习、游戏式学习及混合式学习等几种场馆研学实践的主要学习方式出发，分别进行了课程建设，探讨了学习方式的内涵与价值、相应课程开发的策略、具体所开发的课程范例及课程开发与实践中的故事，明确了从理论建构到实践落地的过程，明确了具体的可推动的策略，提供了可直接参考借鉴的课程范例，进而以故事的形式呈现出某一类课程的开发与实施，助力深化科学场馆研学建设的实践张力。

第十一章的核心是多维审视,是对整个研究过程,特别是基于学生学习方式所构建的科学场馆研学课程建设与实践进行的理论省思。这样的省思围绕着场馆教育的发展、课程建设的逻辑、学生的学习方式、学科课程的发展等方面,以期探讨研究的意义与价值、立场与定位,从而明确已有研究还存在哪些不足,以及还可以从哪些方面继续深入探索。

学在现场不仅是当下对学生学习的一种认识与实践,还是对成长中的学生的理想学习样态的追寻,更是一种指向未来的探索。为此,这既是一种实践的基础,也是一种实践探索的重点,其核心是学生如何在生活着的世界中发生学习。

目录 Contents

第一章　问题溯源：科学场馆研学课程建设的理脉 / 001

第一节　学习活动的视角：科学学习的变革取向 …………………… 002
第二节　课程设计的视角：场馆教育的整合应然 …………………… 010
第三节　学习行为的视角：场馆研学的根本逻辑 …………………… 019
第四节　现场学习的视角：素养发展的内外结合 …………………… 025

第二章　模型建构：科学场馆研学课程设计的理论 / 033

第一节　场馆研学课程设计的理论基础 ……………………………… 034
第二节　场馆研学课程设计的学习主张 ……………………………… 044
第三节　场馆研学课程设计的整体构架 ……………………………… 061
第四节　学习方式视角下场馆研学课程的划分依据和开发类型 …… 083

第三章　基于具身式学习的科学场馆研学课程开发 / 091

第一节　具身式学习概述 ……………………………………………… 092
第二节　基于具身式学习的科学场馆研学课程开发策略 …………… 099
第三节　基于具身式学习的科学场馆研学课程开发范例 …………… 105

I

第四章　基于沉浸式学习的科学场馆研学课程开发 / 128

第一节　沉浸式学习概述…………………………………………………… 129
第二节　基于沉浸式学习的科学场馆研学课程开发策略………………… 133
第三节　基于沉浸式学习的科学场馆研学课程开发范例………………… 139

第五章　基于跨界式学习的科学场馆研学课程开发 / 155

第一节　跨界式学习概述…………………………………………………… 156
第二节　基于跨界式学习的科学场馆研学课程开发策略………………… 160
第三节　基于跨界式学习的科学场馆研学课程开发范例………………… 167

第六章　基于项目式学习的科学场馆研学课程开发 / 185

第一节　项目式学习概述…………………………………………………… 186
第二节　基于项目式学习的科学场馆研学课程开发策略………………… 190
第三节　基于项目式学习的科学场馆研学课程开发范例………………… 195

第七章　基于探究式学习的科学场馆研学课程开发 / 211

第一节　探究式学习概述…………………………………………………… 212
第二节　基于探究式学习的科学场馆研学课程开发策略………………… 218
第三节　基于探究式学习的科学场馆研学课程开发范例………………… 226

第八章　基于体验式学习的科学场馆研学课程开发 / 243

第一节　体验式学习概述……………………………………………… 244
第二节　基于体验式学习的科学场馆研学课程开发策略…………… 249
第三节　基于体验式学习的科学场馆研学课程开发范例…………… 256

第九章　基于游戏式学习的科学场馆研学课程开发 / 270

第一节　游戏式学习概述……………………………………………… 271
第二节　基于游戏式学习的科学场馆研学课程开发策略…………… 276
第三节　基于游戏式学习的科学场馆研学课程开发范例…………… 281

第十章　基于混合式学习的科学场馆研学课程开发 / 297

第一节　混合式学习概述……………………………………………… 298
第二节　基于混合式学习的科学场馆研学课程开发策略…………… 302
第三节　基于混合式学习的科学场馆研学课程开发范例…………… 308

第十一章　多维审视：科学研学课程实践的省思 / 327

第一节　场馆教育发展的视角………………………………………… 328
第二节　课程建设逻辑的视角………………………………………… 332
第三节　学生学习方式的视角………………………………………… 339
第四节　学科课程发展的视角………………………………………… 344

后　记 / 352

小学科学课程不仅是一门基础性课程,更是一门实践性、综合性课程,倡导以探究式学习为主的多样化学习方式,突出强调创设学习环境,为学生提供更多自主选择的学习空间和充分的探究式学习机会。研学旅行旨在促进学生培育和践行社会主义核心价值观,激发学生对党、对国家、对人民的热爱之情,有利于推动全面实施素质教育,形成创新人才培养模式,引领学生主动适应社会,促进书本知识和生活经验的深度融合。在从场馆视域进行馆校深度融合的背景下,以国家义务教育科学课程标准为指导,基于教学内容,开发和设计小学科学场馆研学课程,为学生创设了更广阔、多元的探究空间,不仅能带领学生走出校园,走进社会大课堂,更能培养学生发现问题、分析问题、解决问题、归纳应用的能力,使学生在真实生活情境中提升核心素养。

第一章

溯源:科学场馆研学课程建设的理脉

第一节

学习活动的视角：科学学习的变革取向

> 场馆研学的"学"是立足于学生视角的，同时，依赖于一个个学习活动的进行。因此，必须立足于现有科学课程教育教学存在的突出问题，认识学习活动的价值和意义，明确学习活动设计的新趋势和新形态，才能更好地设计和实施场馆学习活动，发挥场馆研学在中小学生学习和发展中的价值和作用。

一、科学学习以"活动为中心"的设计意义

心理学通常将学习定义为"通过获得经验而产生的行为或行为潜能的相对持久的变化"，但个体的行为潜能并不会立即表现出来，需要设计者通过活动将其挖掘出来。因此，活动是学习的必要条件，是教育教学的一种重要组织形式。在日常教学过程中，教师们经常提及教学活动和学习活动，教学活动往往是以教师"教"的视角看待教学，学习活动则是以学生"学"的视角看待教学过程。关于"学习活动"，学术界使用较广泛的是杨开诚给出的定义："学习活动是指教师和学生为了达成特定学习目标而进行的操作总和。"笔者研究的"学习活动"，主要是指小学科学教学情境中有目的的、精心设计的、以学习者为主体的活动系统，使学习者在活动中体验、思考、建构知识，从而达成学习目标。

立足于学习者视角，以学习活动为中心的设计已然成为小学科学教学设计领域的新趋势和新取向。这样的变革直接影响着学生学习的效果，能

凸显出学习者的主体地位，有效地激发学生的学习动机。同时，促进教师角色转化，聚焦学习目标，创设有结构的教学活动，优化课堂样态，最终实现学生素养的提升。

1.凸显学生的主体地位

建构主义理论认为，知识不是通过教师传授获得的，而是学生在一定的情境下，通过他人（教师或学习伙伴）的帮助，利用必要的学习资源，通过意义建构的方式获得的。传统的教学设计以教师为中心，以课堂为中心，以教材为中心，相比学生的"学"，更重视教师的"教"（即教师"教什么"和"怎么教"），更关注教学知识的单向传输。学习活动设计改变了传统教学设计，它以学生的"学"为中心，关注学生在学习中的中心地位，关爱学生，关注学生兴趣，让学生积极参与学习，同时，以学生的认知基础为起点，为学生创设结构化学习活动。活动中有具体的学习目标、内容，还会考虑到学习的方式，尽可能地关注学生整体的发展，满足学生的个性发展，从真实的活动中凸显了学生的主体地位。场馆研学课程活动依托丰富的馆藏资源和活动空间，把学习延伸至校外，设计以满足学生成长需求为中心的学习活动，在身临其境的空间里学习，能有效激发学生的探究兴趣，点燃学生的求知欲，促进学生主动参与知识建构的学习过程。

2.优化课堂形态的变革

学习活动设计颠覆了常见的小学科学教学的目标序列和传统的课堂教学设计模式，使小学科学课堂的关注点从教师的"输出"转变为学生的主动"建构"，聚焦如何使学生自己学会"渔"，因而催生了课堂教学模式的转变。良好的学习活动设计不仅有利于学生掌握科学知识、科学方法与技能等，更有利于培养学生知识迁移与运用的能力，而对知识的真正理解正是产生迁移的前提。在新布鲁姆教学目标分类学中，认知维度分为记忆、理解、应用、分析、综合、评价六个方面，对知识的理解是发展其他高阶思维能力的基础。然而，在现实课堂教学中，教师总是将需要理解的知识当作事实来教，而不是将理解看作是一个需要借助良好设计的学习活动

来解决的问题①。相较于传统的教学活动,以学习活动为中心的课堂颠覆了以往的课堂,强调以学生为主体,重视学生的自主探究,是优化过的更开放、更灵动的课堂。这样的课堂转型能促进学生认知的发展,真正实现学生素质的全面发展。

3.促进教师角色的转型

随着知识经济时代的到来,科技迅猛发展,社会急剧变革,教师的角色定位发生了翻天覆地的变化,要求教师从传授者转变为促进者,从"园丁"变为"研究者",从传统的"师道尊严"变成学生学习上的朋友。"师者,传道授业解惑也。"在传统的教学模式下,教师的主要任务是传授知识。而在基于场馆视域下的科学研学学习活动设计中,教师或研学导师通过一个个精心设计的研究性活动,引导学生主动地探究、发现、质疑、习得。此时的教师不再是学习的霸权者,而是主体间"平等中的首席",既是教学的参与者、学生的合作者,又是教学的引导者。教师的角色完成了从教书匠到教育家的转变。作为"学的专家",教师必须更新观念,提高自身的学习活动设计能力,从学习者视角考虑,将自己放在助力学习有效发生的位置上,为学习者构建一个促进其情境认知、概念掌握、深度理解和知识建构的学习支持体系。

二、当下科学学习活动中存在的突出问题

20世纪末以来,中小学科学教育从理念到具体的教学实践都发生了深刻变革。课程性质上,由"启蒙课程"走向了"基础性课程",确立了科学学科在小学阶段的重要地位;课程目标上,由原来的双基目标发展到"科学知识、科学技能、科学态度与价值观"的三维目标,最终聚焦"科学观念、科学思维、探究实践、态度责任"核心素养的个性发展;课程理念上,希望通过完整的科学教育,渗透人文价值,培养全面发展的人;课程实施上,从关注教师的教转变到强调学生的主体地位,聚焦学生的学习活动。

---

① 威金斯,麦克泰格.追求理解的教学设计[M].闫寒冰,宋雪莲,赖平,译.上海:华东师范大学出版社,2017:156.

随着新课程改革（以下简称"新课改"）的不断深入，越来越多教师的理念在逐渐转变，但是从目前小学科学新课程实施的情况看，由于受传统教育的影响和条件的局限，仍有部分教师没有完全走出传统教学的困境，在教学上仍存在着忽视学生主体地位、忽视学习意义的建构、忽视学习资源的开拓等问题。

1. 以教为中心，忽视学生的主体地位

传统的小学科学教学活动以"教"为中心，教师是知识的传授者、垄断者，在课堂教学中处于主导地位；学生是知识的接受者，始终处于被动、从属的地位。教师在教学设计和教学过程中忽视学生的主体地位，强调按照知识体系的逻辑方法来组织教学。有的教师在课堂教学时缺少学习活动，根据自己的想法教学，将学生回答问题作为点缀，学生没有"情境"可进入，只得跟着教师"被动学习"；有的教师课堂上讲得太多，没有时间和空间让学生自主探究思考、讨论交流，习惯以自己的结论作为标准答案，忽略了学生的思考成果。学生长期在这种演绎式教学方法的影响下，不仅失去探究生活中的学科问题的机会和好奇心，还失去了反思科学学科在生活中的价值的意识和能力。

2. 以知识为中心，忽视学习意义的建构

学习不是简单的信息积累，而是学习者从外界选择性地知觉新信息，主动建构并生成意义的过程，强调的是学生对知识的主动发现、主动建构。所以，课堂教学设计不仅要关注信息是否能被学生理解，更要考虑信息对学生是否有意义。传统教学是一种以知识为中心的"灌输式"教育，关注的是学生是否掌握所学的知识，主要环节是教师讲知识、学生学知识、考试考知识，忽视了学习意义的建构，教学成了空洞的灌输。实践证明，只有让学生主动参与课堂，努力发挥其主观能动性，通过新旧经验之间的相互作用，构建有意义的知识，才能实现"为理解而学习"的目标。

3. 以教材为中心，忽视学习资源的开拓

家庭资源、自然资源、网络资源、场馆资源等都是非常生动的科学学科学习资源。教师在深入挖掘课内资源的同时，应重视拓展并利用各种课外资源，使教学紧密联系生活，最终服务于生活。但在实际科学学科教学

中,教师常常以教材为中心,将教材看成是控制和规范教学过程的"圣经",缺乏"资源再造"意识,忽视挖掘有利于帮助学生建构与生活相关的生活资源、文化资源、乡土资源、校本资源等。长此以往,学生不仅会失去打开生活之门的好奇心和兴趣,更达不到对科学知识从理解到体验再进行迁移应用的目的,问题解决的能力也得不到提升。

三、科学学习活动设计的变革取向

以核心素养为导向,基于科学课程标准,制订指向核心素养的学习活动目标,建构以"任务"为中心的学习活动,设计多元的学习活动评价,让学生的学习活动从被动到主动等,已成为小学科学学习活动设计的变革趋势,并最终指向看得见的学习效果。

1.学习活动目标的转变:从知识到素养

传统的学习将学习定位为被动接受符号化的语言信息,学习的目标局限于知识与操作层面。2016年颁发的《中国学生发展核心素养》标志着育人目标从"知识本位"到"素养本位"的转变。核心素养是义务教育新课标的"基因"。义务教育科学新课标是以核心素养为主线构建起来的新型课标,关注的是学生内在的品格和能力。教学活动中的一切要素、资源、流程都必须围绕核心素养组织和展开。学习目标引领整个教学过程,也是学习活动设计的出发点和落脚点。因此,制订科学合理又切实可行的学习目标是学习活动设计的基础。教师在进行学习活动设计时首先要树立目标意识,让学生了解明确的目标,同时在教学中生成更有意义的学习目标。在适切的学习目标导向下,设计与之相匹配的学习任务,以促成目标的达成。

操作上,教师要以课程标准、教材等为依据,分解和细化学习目标,提高学习目标的规范性,同时,以学生的个性特征、已有的基础知识作为重要的学情依据,关注学习主体的差异性和个性化。学生进入课堂时大脑里不是一张白纸,而是带有个体主观经验和先有概念的,故学习目标的制订要充分考虑学生的经验,注重知识间的联系。除凭借个人经验,教师还可以通过测试、问卷或半结构化访谈等方式进行学情分析。

2.学习活动客体的转变：从知识到任务

学习活动的客体就是学习的对象，体现了活动的动机。传统学习的知识观是建立在客观主义基础上的，将概念化的知识作为学习活动的客体，学习成了获取知识的途径。但是，学习活动具有动态性和复杂性，不是简单的知识传递过程，而是以"任务"为中心的知识建构过程。在这个过程中，活动的动机是建构有意义的知识或解决某项问题的方案，活动的目的是完成一项项任务，而为了完成任务所进行的具体学习实践就是活动情境中的具体操作。

学习任务设计是学习活动设计的重点。好的学习任务应该具备驱动力，因此，教师要创设具有吸引力、能驱动学生积极参与和主动投入的内驱性问题。内驱性的学习任务常常聚焦"真问题"。所谓"真问题"，一方面是真实的问题，是学生学习、生活中真正遇到的实际问题，即学生真正关心、真正感到困惑的问题。科学来源于生活，现实生活世界就是一个大型科学课堂。任务的真实性要求教师根据学习内容的特征，从学生的日常生活中选取适当的学习情境，将知识结构融入学生熟悉的情境中。另一方面是核心的问题，也就是问题必须聚焦基本概念、核心观点、重要内容、关键策略等，能够激发学生深度思考、激烈讨论、持续质疑以及迁移运用的能力。只有这样的"真问题"才能驱动"真学习"，从而走向深度学习。因此，教师要拒绝格式化的学习内容、程序化的学习形式，要开发丰富多样、富有情趣、充满创意的学习任务，让学生主动投入学习，全身心地沉浸学习之中，从而激发学生的潜能，培养其创新思维和能力。

3.学习活动主体的转变：从被动到自主

通俗地说，学习活动主体就是学习活动以谁为中心展开以及活动主体在活动中应该扮演什么样的角色。传统的学习方式是一种被动接受的学习方式，主要表现为教师讲学生听，教师问学生答，教师出题学生解答。这种问答式的学习方式使学生质疑、好奇、挑战的精神逐步丧失。而建构主义认为学习是个体参与实践与环境相互作用的过程，是形成实践活动能力、提高社会化水平的过程。在这个过程中，学习者是活动的主体，所有活动都是围绕学习者展开的。学习活动将学习者与周围环境（包含其他主

小学科学场馆研学课程的开发与实践

体、共同体、客体以及社会和文化的因素）等联系到一起，使得学习活动与学习者的主体情境相适应。

学习活动主体从被动参与到自主建构需要变革传统的学习模式。在学习活动设计过程中，可以从以下几个方面进行变革：一是激发学习者的学习热情，培养他们的自主学习能力；二是创造良好的学习环境，使学习者专注参与其中；三是将学习者置于真实的任务中，让学习者在主动参与解决具体问题的过程中实现知识的学习、能力的发展以及核心素养的提升。

4.学习活动环境的转变：从个体到社会

学习环境是促进学习者学习的一切因素的总和。其大致由三方面构成：（1）物的因素，有课桌、黑板、粉笔、教科书、学案等；（2）人的因素，有学习者、教师或其他专家等；（3）技术因素，有投影仪、多媒体、播放器、电子书包等[1]。学习环境既是认识的源泉，又是思维发展的基础，学生学习知识的获取、学习技能的培养、学习素质的提高，无不是在学习环境中实现的。传统的学习虽然也关注学习者与环境之间的关系，但强调的还是个体的学习，割裂了学习与环境相统一的关系，忽视了学生与学习环境的相互作用，无法持续有效地促进学习者进行有意义的建构性学习。

任何活动都处于一定社会文化系统中，学习活动也不例外。学习不仅仅是个体内部的认知过程，更是个体参与实践，与环境互动和协商的过程，是个体身份与社会角色不断变化的过程。在这个过程中，个体的心理活动与外在的环境是互动的、不可分割的。因此，真正的学习应该是发生在真实的社会活动中，发生在共同体中，应该让学习者在解决真实世界的问题、完成真实世界任务的过程中建构自己的知识。只有在多姿多彩的社会环境中发掘学习资源，学习才是生动的、鲜活的、真实的；只有在丰富多样的社会环境中展开学习过程，学习才是完整的、详尽的、美妙的；只有在绚丽多姿的社会环境中体验学习感受，学习才是亲近的、深刻的、诗意的；只有

---

[1] 李志河，李鹏媛，周娜娜，等.具身认知学习环境设计：特征、要素、应用及发展趋势[J].远程教育杂志，2018(5):81-90.

在变化多端的社会环境中评价学习成果，学习才是高效的、智慧的、灵动的。从这个意义来说，学生的学习与社会环境是相互依存、互为统一的有机整体。

5.学习活动评价的改变：从单一到多元

评价是新课改的核心，新课程的学习评价突出了评价的发展性功能。但长期以来，由于传统思想观念的禁锢，以及受教师个人对学生的主观印象等因素影响，教师对活动设计质量的评价意识不强，在进行学习活动评价时往往以获取知识为最终目的，考核的对象为"知识是否获得""获得了多少知识"，评价的主体以教师为主，评价的方式多为书面考试。这种单一的评价方式使学生必须按照组织者的要求学习其规定内容，导致学习过程是一种机械接受与技巧性记忆的过程，无法突出教学评价的发展性功能。这势必影响学习活动设计的质量及实施效果，进而影响学生学习效果和教师专业发展。

学习的最终目的是解决现实问题，建构学习者的个体知识，促使其完成角色转变，适应社会发展。学习活动设计的核心理念是"基于学生学习需求，真正促进学生学习"，这就要求学习活动的评价方案能在生动有趣的活动中引发学生的思考、质疑，或是引发不同的观点，继而在学习共同体中探究、讨论，进行思维的碰撞，从而发现问题，进而促进学习。因此，学习活动的评价要多维度、多方式、多主体，识别学生科学学习发展状况及其进步程度，进而有效反哺教与学，促进学生的主动发展。评价的对象必须是多元的，不仅要关注学习的结果，更要关注学习的过程，关注问题是如何解决的、知识是如何建构的，等等。评价的主体应该是全方位的，不仅包括学习活动的组织者，还包括学习者本人和共同体中其他成员等人员。评价的方式也应该是多元的，除了传统的卷面考核，还应该采用情境评估法、单元作业法、团队档案法、思维导图法等。

第二节

课程设计的视角：场馆教育的整合应然

> 场馆教育有别于学校教育，其最大的优势在于具有真实性学习和泛在学习的形态，打破了课堂的边界，为学生提供了优质的资源聚集群。场馆教育和学校科学教育整合的最佳方式是走向课程化。当前，越来越多的学校组织学生走进各式各样的非正式学习场馆，并借助场馆资源开发研学课程，让学生在研学中开展深度学习。本节主要内容有：厘清场馆和场馆教育的含义和特点；审视场馆教育当下存在的问题和发展趋势；结合学校科学课程，了解科学教育与场馆教育的整合现状和意义；明确科学教育与场馆教育整合的要求和正确路径。

一、场馆教育的内涵

1."场馆"的概念

"场"指的是物体在空间中的分布情况。在社会学中，"场"通常与"域"合称为"场域"。从分析的角度来看，一个场域可以被定义为在各种位置之间存在的客观关系的一个网络或一个架构[1]。"馆"本义是接待宾客的屋舍，近现代以来，一些接待公众的活动场所也称为"馆"。场馆一词是英语"museum"的舶来品。"museum"一词源于希腊语"mouseion"，原指"供奉缪斯及从事研究的处所"[2]。最早的场馆是托勒密一世在公元前284年创建的埃及亚历山大博学园，包括动物园、植物园、共和厅和演讲厅

---

[1] 马继贤.博物馆学通论[M].成都：四川大学出版社，1994:67-70.
[2] 王乐，涂艳国.场馆教育引论[J].《教育研究》，2015(4):26-32.

等。19世纪后期，我国将"museum"译为博物馆，取"博物洽闻，通达古今"（《汉书·刘向传赞》）之意。20世纪30年代，中国博物馆协会将其界定为"一种文化机构，是以实物的保管和认证而作教育工作的组织及探讨学问的场所"[1]。后来经过两次修改，1956年4月召开的全国博物馆工作会议上，第一次明确地阐述了博物馆的社会地位和作用，定义了博物馆的基本性质是"科学研究机关""文化教育机关""物质文化和精神文化遗存以及自然标本的收藏所"，提出它的基本任务是"为科学研究服务，为广大人民群众服务"。

基于此，"museum"狭义特指博物馆，广义应译作"场馆"，指社会上各种主题馆的集合。场馆作为一种文化传承的社会性机构，肩负着面向社会公众尤其是青少年群体普及科学文化知识的教育责任。它不仅包括科技馆、天文馆、自然博物馆、漆线雕馆等室内封闭场所，也包括动物园、植物园等室外半封闭所；不仅包括科技馆、图书馆等非营利性机构，也包括酱油厂、书店等营利性机构。

2."场馆教育"的定义及特点

场馆建立之初，教育功能就成为其附带属性，并影响场馆活动的开展。米歇尔（Sue Mitchell）从广义上将场馆教育定义为"利用场馆资源引起参观者学习行为的活动"[2]。在内涵上，场馆教育虽有教育功能，但是与传统的学校教育不同，凸显了鲜明的情境性、自主选择性、主动探究性以及学习结果的多元性，通过创设自由、开放的环境，激励经验的生成；在时空上，场馆教育拓宽了学习的时间和空间，帮助学生从新手向专家成长；在学科上，场馆教育不局限于某一学科，而是打破学科限制，可以与动植物园里涉及的生物学科相关，与科技馆里涉及的科学学科相关，与气象馆里涉及的地理学科相关，与污水厂的化学学科相关，与艺术馆里涉及的美术学科相关……从而形成一个开放、多元的教育系统。综上，本书所说的

---

[1] 马继贤.博物馆学通论[M].成都：四川大学出版社，1994：67-70.
[2] Mitchell, S.Object Lessons: The Role of Museums in Education[M]. Edinburgh: HMSO, 1996:1.

小学科学场馆研学课程的开发与实践

场馆教育是广义社会教育的一种形式，具有明确的教育身份和重要的教育意义，拥有正规教育与非正规教育的共同属性，与学校一样承担着教育的职能。

场馆教育具有四个典型的特点[①]：第一，情境性。场馆教育以其多样化的展示手段、丰富的展品内容，营造出常规教室无法提供的教育情境，让学习者通过亲身参与和与展品互动，获得真实而深刻的体验。第二，自主选择性。场馆教育为学习者提供的学习内容丰富多样、形象生动，且无固定顺序。学习者在场馆环境中被赋予充分的自主选择权，可以自由地控制学习进度，根据个人意愿去发现、思考和解决自己感兴趣的问题，最终学有所获。第三，主动探究性。场馆教育不同于学校教育，自由开放的氛围和主题丰富的展品形成了"以学习者为中心"的学习环境，学习者非常容易并积极投身于探究各类问题或者现象，去观察发现、思考感悟、操作体验和总结梳理，主动探究场馆中各类事物的形成和发展规律。学习者在主动探究过程中获得的直接经验、记忆较为深刻，更容易迁移到其他领域，成为今后学习的重要经验。第四，输出的多元性。与学校教育对学习者的学习结果有严格的限定要求不同，场馆教育可以为学习者提供更多元、更丰富的环境刺激，鼓励学习者通过主动探究的方式获得多元化的学习结果。学习结果的多元化输出，一方面得益于场馆内的学习内容丰富，另一方面依赖于学习者兴趣和关注点的差异性。

二、场馆教育的审视

（一）场馆教育当下存在的问题

教育是场馆的重要属性。2000年以后，全国各地的场馆剧增，但是场馆教育依然存在着许多批判的声音。场馆在教育实践过程中仍有许多问题亟待解决，概括起来，表现为活动随意性、教育方式单一化、教育主体非专业。

[①] 李小红，姜晓慧，武倩.场馆教育：指向学习者综合素养的提升[J].中小学管理，2017(7):5-8.

1.活动随意性

如同备课之于教学，场馆教育也需要有充分的预案。但是实际进行的馆校活动，往往缺乏对教育价值、目标、主题的仔细思考和深度规划，馆校工作人员只是带着学习者走马观花地"旅游"，场馆的教育功能未能充分发挥出来，教育价值就难以实现。学习者的参与本是为了通过学习获得更好的身心发展，但在这种随意性的活动中，他们只是经历了"参观"和"嬉戏"，收获甚微。

2.教育方式单一化

公众对于场馆教育的印象大多停留在讲解和简单的活动层面上。可见，很多场馆的教育实施途径比较单一，而且成人化，即以成人为对象设计讲解内容与活动，缺乏对儿童的关注。场馆教育的形式不仅单一而且呆板，没有充分考虑儿童的知识水平和年龄特点，未能激发他们的兴趣，没办法实现其深度参与。

3.教育主体非专业

场馆教育主体扮演着学校教育中教师的角色，是实现场馆教育价值的专业人员。同时，场馆教育人员是学习者与场馆之间进行交流的纽带和桥梁，不仅要熟悉场馆的方方面面，还要了解教育学、心理学知识。因此，场馆教育对教育主体的专业化要求极高。由于国内场馆教育领域研究不深入、不系统，场馆教育人员培养滞后，场馆教育主体专业化程度较低，专业素养和教育教学能力还有待提高。

（二）新时代场馆教育变革取向

近年来，我国一直在积极推进场馆教育。基于场馆教育出现的问题，各类场馆和中小学校正在探索场馆教育与学校教育两者有机整合的有效途径，努力从以下几个方面撬动新时代场馆教育的变革：

1.育人诉求的转变

任何好的教育都具有鲜明的时代特征，需要满足其所在时代的生产力与生产关系的要求。新发展格局下，厘清素养时代的育人诉求是场馆教育改革实践的逻辑起点。场馆教育是学习者核心素养培育的重要途径，是培

养德智体美劳全面发展、具有可持续发展能力的高素质人才的过程。随着各类场馆逐渐成为我国重要的社会教育场所，场馆教育的目标不应仅仅停留于相关知识、技能的普及与传播，应着力提升学习者的核心素养，在丰富学习者体验的同时，激发其好奇心与探索欲，促使其能够勇于探究实践、乐于行动。

2.教育方式的多样化

随着社会和科技的迅猛发展，人们对场馆教育的期望值不断提高。展览方式多样、内容丰富的场馆更能吸引中小学生和其他民众去参观。因此，场馆必须要结合自身特色，充分发挥场馆教育情境性、自主选择性、主动探究性等特点，针对不同人群特别是青少年群体，充分挖掘现有展品的教育价值，丰富教育方式。比如以团队形式进行角色扮演、戏剧表演、主题活动、跨学科项目探索等；以个人形式进行科学实验、魔术揭秘、微项目探索等。通过多样化教育方式的有机融合，强调教与学的互动，增强体验，注重探究和实践，既能激发学生学习的兴趣，又可以切实提升学生综合素养。

3.教育主体的专业化

场馆能有效地培养学习者的创新意识、创新思维和创新能力，是学生接受教育、学习知识、陶冶情操的重要场所。因此，场馆教育主体的专业能力会影响场馆教育的成效。场馆教育主体的职能应从过去的参观、讲解走向设计、组织、引导等，引导学习者在场馆进行深入体验与探究，从而最大限度地发挥公共资源的教育功能。由此可见，场馆教育主体的专业化势在必行。场馆教育主体必须掌握相关学科、教育学理论等专业知识，立足学习者的年龄和心理特点，设计出以学习者为中心的场馆学习活动。

4.新教育技术的应用

随着科学技术特别是信息技术的迅猛发展，数字技术与教育的创新融合，成为深化教育改革、建设高质量教育体系的重要支撑。未来场馆教育的发展，将更加重视对虚拟场馆教育、无线网络技术、增强现实技术等新技术的应用。场馆教育与新技术的结合，不仅可以开发出具有时代性、创新性的临展，提高场馆展品和活动的更新率，增强对公众的吸引力，还可以更新场馆教育的方式，有效实现在线互动学习和跨区域资源共享，提高教育受众面，让学习者足不出户就能"身临其境"地学习。

三、科学教育与场馆教育的整合

（一）科学教育与场馆教育整合的意义

在教育终身化、全景化、全纳化特性日益彰显的时代背景下，场馆教育正成为学校教育的重要拼图。学校教育特别是科学教育与场馆教育的融合是当前教育发展的趋势，二者的融合具有战略意义。

1. 提供优质的科学教育资源群

学校是正式的学习场所，具有很强的系统性、原则性、严肃性等特点。在教育改革背景下，面对学生综合全面发展培养的要求，学校教育呈现出一定的不足。而科技馆、博物馆、美术馆等非正式学习场馆作为优质资源的聚集群，可以将学生在课堂上学习到的科学原理用直观、生动的形式展示出来，加深他们对知识的理解和建构，弥补学校科学教育的不足，从而实现教育资源的"双向奔赴"。

2. 激发学生对科学学习的兴趣

学校的科学教育必须立足于教材内容和科学课程标准，对课堂时间、资源等也有要求，是一种有组织的教育方式。教师会按照预先设计好的教学内容和流程进行教学，但长此以往容易磨灭掉学生学习科学的好奇心和兴趣。"一个博物馆就是一所大学"。与相对固定的学校教育比较，场馆的教育资源更加丰富，在开展教育活动的过程中，呈现出更大的教育优势。在非强制性的场馆学习中，学生的自主学习能力可以被有效激发，从而形成最佳心理状态，培养求知欲和专注精神。

3. 培育对接真实社会生活的人才

场馆教育具有独特性、多样性、社会性与真实性等特点，它不仅仅是学校教育的简单补充，更是作为一种"催化剂"助力学校教育。众所周知，课堂只是育人的场所之一，学生最广阔的舞台在千姿百态、千滋百味的生活中。如果教育教学活动无视生活的色彩和滋味，只是让学生装满知识，

那教育会变得狭隘。知识的背后应该是广阔的社会和真实的生活。科学教育与场馆教育融合，可以促进学生完整、健全人格的形成，指向个体的全面成长，从而培养对接社会需求的人才。

（二）科学教育与场馆教育整合的现状

各式各样的场馆是一部部学生喜欢的"立体书"。如果说学校教育是间接知识的传授与获得，那么，场馆则是文化知识的真实再现。场馆教育作为学校科学教育的补充，为学生带来了内涵更为丰富的学习，使学生更重视科学与生活之间的内在联系。但不得不承认，场馆教育与科学教学的融合仍然停留在交叉阶段，还没有深度的契合，主要存在以下问题：

1.课程目标局限性

学校科学教育与场馆教育融合过程中，虽然二者的最终目标都是指向促进学生全面发展的教育目标，但在设置单个教育活动教学目标上仍然存在一定的局限性。学校和场馆有建立协同联动，也有开展定期的互动，但很多场馆教育在开展活动时课程目标定位不精准，主要集中在讲解及简单的活动层面，对学生的教育局限在游览、了解与认识的程度，无法完全发挥出其教育功能与教育作用。

2.课程形式单一化

科学教育与场馆教育融合过程中，两种不同教育主体间缺乏沟通。面对学校教育在校外教育开展过程中所提出的全面培养学生的素质教育发展目标，场馆受限于自身的教育局限性，活动设计以成人为主，形式单调呆板，缺乏对儿童学情和个性化发展需求的关注，未考虑激发儿童的兴趣，或研学内容超出了儿童的认知水平，无法切实符合学校科学教育的要求。

3.课程评价形式化

场馆研学具有"研、学、评一致性"的特点，其中，"评"是基于教学目标和教学内容展开的，强调反馈和改进。在科学教育与场馆教育在协同联动的过程中，场馆教育虽有课程设计，但存在课程实施与评价反馈"两张皮"现象，主要体现在：过于强调知识的丰富与拓展，忽视评价，对学生在场馆中的学习"只研不评"，让评价流于形式，或者虽有评价，但也是各自为政,没有和学校教师、管理者协同参与,形成一个系统的评价模式。

（三）课程设计的视角:科学教育与场馆研学的整合

课程设计在一定的教育价值观的指导下,将所选出的多种课程要素妥善地组织课程结构,使多种课程要素在动态运行的课程系统结构中产生合力,以有效地实现课程目标。课程设计需要考虑课程理念、课程目标、课程内容、课程评价、师资队伍、教学管理制度建设、教学条件等多方面的内容。

面对当前科学教育与场馆研学融合中存在的种种问题,为了提高整合的有效性,馆校协同必须走向课程化,从而让场馆教育真正融入学校教育,成为儿童发展的重要助力,让学习走向真实、深刻。

1.课程理念的设计:五育共融助成长

科学研学课程隶属研学课程,是基于科学课程教学标准,从提升学生科学素养角度开展的拓展课程,是研学课程的具体化。从课程属性上来说,是科学课程的延伸,是对国家科学课程的校本化实施,是学校研学课程的组成部分,亦是学校校本课程建设行动的组成部分。

从课程理念上看,所有主题的科学研学课程都是中小学生的综合实践课程,无论课程的设计还是教材的开发,都是以提升学生综合素养为核心,紧紧围绕着"德、智、体、美、劳、情"这六大核心要素展开。不管是课程开发的教师还是课程实施的教师,都有很高的站位和广阔的胸襟,以促进学生的全面发展为最终目的。

2.课程目标的设计:立足课标导素养

从课程目标设置来看,应始终以《义务教育科学课程标准》为指导,学校携手场馆或者是场馆为学校所需进行课程设计与开发,设计导向性的课程目标。学校作为培养人才的实施主阵地,要有明确的科学研学课程目标和精细的课程实施计划。首先,创设提高学生实践水平、提升学生人文素养、增强学生创新精神的主题,以培养学生的实践性知识、技能;其次,立足课程标准,结合科学课程内容,设立具体的研学任务,结合学生实际和社会要求,促进"游中学",使学生在研学中得到全面发展。

3.课程内容的设计：跨越学科促整合

科学研学课程同样具有稳定的课程内容体系，其缜密性、有序性和结构性的课程内容与学校的整体课程内容既相互补充，又各自独立，使学生在真实的世界中获得核心素养提升。内容的设计不仅要注意多学科、跨学科对知识进行整合，还需要考虑对语文、数学、艺术、综合实践等各学科资源的梳理整合。同时，也要结合各级学校的情况、学生的实际情况，充分挖掘利用有用的资源。

4.课程评价的设计：综合评价启新程

课程评价应结合研学课程的特点，寻求适合研学旅行课程的综合评价模式，应完善评价机制，避开传统评价模式的弊端。第一，找出评价焦点，尝试根据不同研学课程主题，聚焦评价细节，制订具体可行的评价操作量表；第二，搜集评价资料，评价主体应多元化，可以有老师、同学、学生自己、家长等与其相关的人，从不同的角度搜集学生研学课程前后的情况；第三，组织、分析资料，因为评价过程涉及科学研学课程的改进等专业性问题，所以，这一环节主要由学校教师和各类场馆的带队教师负责。这样的综合评价体系方法多样、主体多元、内容丰富，更加关注了学生的自主性、动态性，不仅有利于后期课程的改进，也有利于激发学生内驱力、增强调试性，帮助学生学会接纳自己的不完美。同时引导家长更关注学生的每一步成长，让每一个学生闪耀其特有的光芒。

5.课程保障的设计：多方协同共育人

在课程实施保障方面，应协同学校、场馆、社会、家长等多方力量，共同发挥作用。科学研学课程的开发不是学校的独角戏，需要协同各方力量，密切配合，开发丰富性、发展性的课程体系，保障课程顺利、高效实施。首先，发挥学校的主导作用，制订详细的活动方案，进行校本课程体系的开发；其次，调动家长的积极性，招募家长志愿者参与其中，做好后勤保障工作；最后，发挥政府的力量，如财政部门设立研学旅行专项基金，为课程的设计和实施提供资金支持，支持场馆机构与学校、学校科学教研部门进行合作。

第三节
学习行为的视角：场馆研学的根本逻辑

> 场馆研学是一个学习行为发生和发展的过程，也是人与生活的世界发生联系的过程。为了保障场馆研学与学校科学教育的有效融合，需要把握场馆研学的概念及特点，正确界定场馆研学中的学习行为，并根据学生个性特点、学习态度，教师的个人魅力、习惯、教学观念、教学方法以及场馆环境等影响学生学习行为的干扰因素，审视现有场馆研学学习行为的不足，从而厘清场馆研学中学习行为的正确样态。

一、场馆研学的内涵

1.场馆研学的概念

研学旅行，是读万卷书与行万里路的有机结合，可以说是一种旅行。在研学旅行中，研学与旅行是相辅相成的。如果没有旅行，研究性学习就是一个空壳，研学必须依托旅行的力量。正因为有研学，整个旅程才会显得生动。从这个角度理解，研学等同于研学旅行，研学的全过程就是研学旅行。

研学旅行的概念有广义和狭义之分，关于研学旅行的定义目前尚未统一。普遍接受的广义上的研学旅行是指以研究性、探究性学习为目的的专项旅行，是旅游者出于文化求知的需要展开的旅游活动[①]。狭义上的研学旅行，大部分的学者采用了2016年教育部等11部门《关于推进中小学生

---

① 白长虹，王红玉.以优势行动价值看待研学旅游[J].南开学报（哲学社会科学版），2017(1):151-159.

研学旅行的意见》中的定义，研学旅行是指由教育部门和学校有计划地组织安排，通过集体旅行、集中食宿方式开展的研究性学习和旅行体验相结合的校外教育活动，参与对象主要是中小学生。也有较大一部分学者认为研学旅行是一门综合实践课程。本书所讲的研学是指中小学生以研究、学习或实践为目的而进行的校外学习活动。作为培育学生核心素养的重要途径，它的本质是教育活动，具有两大核心特征——研究性与体验性，包含"学、思、行"三个过程。场馆研学是在场馆中开展的主动探究学习与参观旅行体验相结合的校外集体教育活动，是学校教育和校外教育衔接的创新形式，是综合实践育人的有效途径。

2.场馆研学的特点

场馆研学是国家实施课程改革迈出的重大一步，强调学思结合，突出知行统一，具体来说，有以下四个特点：

第一，主题明确，学科融合。场馆研学并非单纯地旅游，在研学前必须让学生明确研学目标，牢记关键事件，做足功课，把多学科知识融合起来。如鼓浪屿百鸟园、五缘湾湿地公园等场馆的鸟类研学既可涉及鸟类的行为、形态特征等自然生态类知识，也可涉及地域风俗、城市格局、环境变迁、工程建设等主题，不仅用到生物知识，还用到数学、地理、历史等领域的知识。在场馆研学中，通过跨学科知识的融合，学生可形成对自然、社会和自我之间联系的整体认识。

第二，亲身体验，实践育人。"纸上得来终觉浅，绝知此事要躬行。"场馆研学是体验式学习、综合式学习的有机统一体，为学生打开了更广阔的课堂空间，搭建了理论通向实践的桥梁，提供了与历史文物、自然环境、科学事物等亲密接触的机会。学生在场馆研学实践过程中，不仅可以拓宽视野，丰富知识，提高团队协作和问题解决能力，还可以形成正确的价值观、生命观，从而提升学生的综合素养。

第三，群体活动，协作共赢。在小学科学课堂中，虽然合作探究是常见的科学学习方式，但是受时间、场地等因素限制，对提升学生的问题解决能力还有所欠缺。场馆研学超越了课堂，直接面对现实，能让学生充分感受生活中的"真问题"，具有很大的挑战性。这就十分考验学生们的团队协作能力,需要学生互相支持、互相配合、平等交流,才能顺利解决问题。

第四,养成教育,立德树人。场馆研学是校内教育和校外教育的有效衔接途径,可以帮助学生开阔视野、亲近自然,在没有铃声的课堂中学会动手动脑,促进书本知识和生活经验深度融合,全面推进素质教育,培养学生的实践能力、社会责任感和创新精神,让每一位学生成为德智体美劳全面发展的人才。

二、场馆研学中的学习行为

1.学习行为的界定

从心理学的角度看,行为是人体器官由于外界环境刺激所表现出的外在反应,具有因果性、可变性、目的性等特征。可以被肉眼看见的行为是可观察的行为,在一定时间内能够被统计次数或者时长的行为则是可测量的行为[1]。我国学者李松林认为,行为是由主体、共同体和客体以及工具、规则和分工等互动要素组成的系统,各个要素随着环境的变化而变化[2]。

目前,教育界关于学习行为的界定仍然未取得共识。人类最早的学习形式只是简单的刺激、观察、接受、模仿行为。随着教育的发展和研究的深入,学习行为的定义也有了一系列新的变化。比如:学习行为是学生为实现学习目标而进行的一系列活动;学习行为是学生和环境交互作用的产物和表现;学习行为是学习者在学习过程中所表现出的一系列外在反应,是一个由多种连续且有序的学习要素组成的系统过程,既可能促进学习者达成学习成果,也可能对学习者的学习成果有着负面影响;学习行为是在特定教学情境中,学生为了达到教学目标而进行的学习和其他相关行为的总和,是学生在课堂上表现出来的一种学习状态;等等。

2.场馆研学中的学习行为

综合以上关于行为以及学习行为的定义,本书将场馆研学中的学习行为定义为个体受动机影响,为达到一定的学习目标,与学科教师、场馆研

---

[1] 王彭.大学生创业自我效能感现状及其干预研究[D].宁波大学,2013.
[2] 李松林.课堂教学行为分析引论[J].教育理论与实践,2005(7):48-51.

学教师、其他学习者以及智慧学习平台发生的一系列可测量的学习行为，也称为"在场馆场所开展的学习"。在场馆研学过程中，学习者通过现场的直接体验获得直观感受和经验，通过近距离的探究实践和面对面交流，获取生动的学习素材，从而获得丰富的信息。

场馆研学过程是一系列学习行为发生和发展的过程，包含着从学习动机到实现学习目标整个过程中的一切行为活动。学生在场馆研学中表现出来的学习行为按照时间阶段可以分为研学前、研学中、研学后。研学前，学生查阅资料、确定研学主题；研学中，学生进行小组合作、主动思考、解决问题；研学后，学生反思、总结、完成研学报告，对感兴趣的主题进行深入的学习探究等。

3.影响场馆研学学习行为的因素

影响场馆研学学习行为的因素有很多，比如学生独有的个性特点、学习态度，教师的个人魅力、习惯、教学观念、教学方法以及场馆环境因素等。

（1）学生

每个学生都有自己的个性特点，相对应的，就有不同的学习方式。因此，教师要学会因材施教，才能让学生达到更好的学习效果。学生的学习态度对学习行为也起到至关重要的作用。兴趣是一个人行动的动力和源泉。学生只有对场馆研学课程产生浓厚的兴趣，研学的效率才能得到提升，进而优化学生的学习行为。在以往的场馆研学中，学生总是"游而不学""学而不研"，而伴随着场馆教育与学校科学教育的有机整合、现代信息技术的广泛推广，现有的场馆研学变得更加生动有趣、丰富多彩，进而激发学生对场馆研学的兴趣，促使学生的学习行为变得更加主动。

（2）教师

在场馆研学中，教师体现出来的个人魅力、授课习惯、讲课时的眼神等在一定程度上会影响学生的学习行为。教师应当不断提升个人魅力，进而感染学生的学习行为，让学生更加主动、积极地参与到场馆学习活动中。小学生的注意特点从无意注意逐渐发展到有意注意，最终有意注意占主导地位，而且注意带有明显的情绪色彩。如果教师教学方法呆板枯燥，不善于处理教材，批评方式不当，就会使学生对学科失去兴趣，以致注意力无法集中。所以教师需要创新教学理念，转变教学思想，优化场馆教学模式，并坚持以学生为本的教学原则，对学生进行知识传授的同时，更要给予学生一定的关爱，使学生感受到温暖，乐意参与课堂探究，愿意面对错误，从而更加积极地与教师进行交流和互动。

（3）外界环境

义务教育阶段学生的认知行为正处于形成和发展时期，小学生的注意力不够持久，需要在老师的引导下，从无意注意向有意注意发展。同时，小学生自律性差，抗干扰能力有待提升。外界不良的学习环境也会导致学生的注意力涣散，从而表现出消极的学习行为。如在科技馆场馆里，游客的喧闹声、场馆里令人眼花缭乱的展品、不同场馆学习区域的交互影响等都会引起学生的无意注意，影响学生专注学习。

4.场馆研学中学习行为的审视

科学课程是一门综合性极强的课程，涉及诸多学科、诸多方面的知识，可谓海纳百川。科学课程的综合性和包容性决定了传统的教学方式无法打造高效的科学课堂，而小学科学课程明确规定："科学学习要以探究为核心"。这就决定了在场馆研学过程中，教师必须引导学生逐步改变过去被动学习、接受学习、孤立学习的行为，主动参与探究，与同伴协作实践，而不是完全跟着老师"无形的指挥棒"走。但是，在场馆研学实际开展过程中，常常出现以下不如意的学习行为：在学习态度方面，学生有学习热情，但很短暂，学习的主动性低下，内驱力不足；在学习思维层次方面，学生在走马观花的研学中思维被动、不活跃，停留在简单的知识叠加、机械性记忆等浅层学习状态；等等。

三、场馆研学中学习行为的正确样态

科学场馆研学是以学生为主体的非正式教育活动，是学生科学学习的一种重要补充。它可以提高学生的学习主动性，激发他们深度学习的动力，转变过去被动的学习行为，调动学生全身的感觉和知觉、思维、情感、意志，全面参与、全身心投入，在以高阶思维为主要认知活动的场馆中持续学习。在场馆研学中，学生要主动参与，自主建构；与社会互动，与团队协作；沉浸学习，持续交互。

1. 主动参与，自主建构

建构主义认为，知识只是一种经验，而学习是学习者根据已有的知识经验主动建构新知识的过程。学生对新知识的学习，不靠教师在课堂上强硬灌输，也不靠死记硬背，而是必须在已有的知识、经验和技能的基础上，主动积极参与学习，在一定的情境中通过协作、会话来进行意义建构。场馆研学中的学习是由场馆教师、学生、场馆资源内容等因素构成的动态系统。这要求学生在场馆研学情境中，必须积极参与，通过与场馆教师、场馆展品、场馆情境的互动，获得直观的认识或了解，并基于自己的已有经验生成新的经验，主动建构新的知识。

2. 社会互动，团队协作

建构主义认为，学生的自主建构知识是在与他人接触交往的社会互动中进行的。科学场馆研学是基于真实社会情境的非正式学习。这需要学生基于团队协作，在社会互动中建构知识。在场馆学习中，学习空间是开放的，互动对象除了原本的师生之外，还包括场馆内的展品、主题授课教师、其他场馆工作人员、其他参观者等，使学生可交往互动的对象多元，可交流的内容多样。学生通过与不同对象之间的多样化社会互动，加深了对交往对象的深层次理解。同时，这些对象本身是一种学习资源，学生可以在开放性的社会互动（如小组合作学习）中，拓展学习内容和学习资源，促进学生对知识的自主建构。

3. 沉浸学习，持续交互

科学场馆学习环境下的科学研学是一种沉浸式的学习。场馆中的虚拟场景、3D影像、虚拟增强现实技术等带来的自主性体验，为学习者提供了个性化的学习和体验机会，而且学习内容不固定、学习顺序没有硬性安排。因此，学生在场馆中沉浸学习，自由安排、控制学习进度，从而得到个性化发展。同时，科学场馆研学强调生理体验与心理认知的联系，在学习行为发生时，学生的身体、心理与场馆学习环境持续交互，动态生成、交织重塑，构成了一个复杂而有机的统一整体。

第四节

现场学习的视角：素养发展的内外结合

> 现场学习以其独特的优势、丰富的学习资源、灵活的学习方式，为学习者提供了广泛的学习机会。基于科学研学课程的现场学习是素养培养的重要环节。明晰核心素养、科学学科核心素养的概念及核心素养在现场学习中的发展要求，认清现场学习的特点以及现场学习的价值和意蕴，才能有效把握现场学习的四个关键策略，真正落实学生核心素养的培育。

一、科学核心素养及其发展

1. 核心素养及科学核心素养的概念

素养是一个人修养的统称，指由训练和实践获得的一种道德修养。素养首先讲的是道德，其次讲的是素质。广义上，包括道德品质、外表形象、知识水平与能力等方面。在新时代背景下，素养的内涵更丰富了，主要包括思想政治素养、文化素养、业务素养、身体素养、心理素养等。

从知识教育走向能力教育、素养教育，是当今世界教育改革发展的共同趋势。核心素养的理念，已成为教育领域研究和讨论的热点话题。其实，"核心素养"是舶来品。经济合作与发展组织（OECD）在2003年出版的研究报告《核心素养促进成功的生活和健全的社会》中首次提出了"核心素养"（Core Competency）这一概念，该报告将学生发展所需的核心素养系统地划分为"学会使用工具""积极认识自我""融入健全社会"三个层次，并倡导将核心素养落实到教学实践。

在国际大力研究核心素养的风潮下，国内学者也相继对核心素养开展了讨论。关于核心素养的定义，不同学者有不同的论述：褚宏启认为，核心素养强调培养人的关键素养和高级素养，个人需要和社会需要并重，适应全球化和发展本土化并重；钟启泉认为，核心素养描绘了未来新型人才的形象，是学校开展教育活动的行动指南；张华指出，核心素养是人在特定情境中综合运用知识、技能和态度解决问题的高级能力与人性能力；陈琳提到，学生发展核心素养是落实"立德树人"根本任务的需要，是全面实施素质教育、着力提高教育质量的需要，是提高我国教育国际竞争力的需要，应将培养学生和发展学生的学科核心素养作为教学首要目标。

综合各方的观点，并参考林崇德教授发布的《中国学生发展核心素养》的总体框架，本书将学生发展的核心素养界定为：学生应具备的、能够满足未来个人与社会发展所需的必备品格和关键能力。主要包括6个素养：人文底蕴、科学精神、学会学习、健康生活、责任担当、实践创新。核心素养进一步明确了基础教育的质量观念，阐明了人才培养的要求，有助于育人模式的转变。

根据《义务教育科学课程标准（2022版）》，科学核心素养是指学生在学习科学课程的过程中，逐步形成的适应个人终身发展和社会发展所需要的正确价值观、必备品格和关键能力，是科学课程育人价值的集中体现。包括四个方面的发展要求：科学观念、科学思维、探究实践、态度责任。科学观念是在理解科学概念、规律、原理的基础上形成的对客观事物的总体认识，包括科学、技术与工程领域的一些具体观念，对科学本质、人与自然的关系以及科学、技术、社会、环境相互关系的认识，科学观念在解释自然现象、解决实际问题中的应用。科学思维是从科学的视角对客观事物的本质属性、内在规律及相互关系的认识方式，包括模型建构、推理论证、创新思维等。探究实践是指在了解和探索自然、获得科学知识、解决科学问题，以及技术与工程实践过程中，形成的科学探究能力、技术与工程实践能力和自主学习能力。态度责任是指在认识科学本质及规律，理解科学、技术、社会、环境相互关系的基础上，逐渐形成的科学态度与社会责任。

2.核心素养的发展要求

进入21世纪，知识经济时代的发展日益多样化，同时，人类的可持续发展面临着严峻的挑战。在机遇与挑战并存的全球化背景下，如何应对人才和综合国力的竞争、化解科技信息化浪潮的冲击、适应时代的要求是各国面临的共同难题。主要国际组织和国家不约而同地提出"通过教育改革提高国民素质"来破解这一难题，所以21世纪成为世界教育改革的重要时期。在此背景下，核心素养应运而出，成为时代与教育的标签。很多国家把核心素养看成课程的DNA，将核心素养看作是提升教育质量的重要环节。所以一些重要的国际组织和国家，启动并加强了对核心素养的研究，以引领新一轮基础教育教学课程改革。

目前，"发展学生的核心素养"已经成为我国未来基础教育改革的灵魂，也是教育改革的时代名词。核心素养的提出，使教育的进一步发展有了明确的指向。

（1）资源整合：课堂内外教学

学习不限于课堂。核心素养的培育也不应局限于课堂内或教材里。在自然博物馆、科技馆、天文馆、海洋馆、动物园、植物园等场馆学习，是非常重要的非正式学习方式。教师应该更新教育理念、开阔视野，善于调用多方面的资源，把课堂教材与场馆学习资源进行融通整合、统筹规划。学习资源直接制约着核心素养的培育效果。

（2）学用合一：问题解决教学

传统的学科教学学用分离，先学后用，存在着极大的弊端。针对这一问题，核心素养的培养坚持体验—反思取向的教学过程，采用问题解决教学。作为一种与核心素养培育相匹配的教学样态，问题解决教学的精神实质在于将知识主线改为问题主线，将先学后用改为学用合一、知能贯通。复杂的问题情境是核心素养培育的场域，更加明确地讲，核心素养的培育需要引导学生在复杂问题情境中学习，在问题解决中学会学习，提升创新思维，提高决策能力、问题解决能力。

（3）学科融通：综合实践教学

由于社会问题日益综合化，单一学科知识已无法解决复杂的现实问题，这迫使教育必须从单纯传递学科知识的应试教育，向培养学生核心素养的素质教育转变。跨学科的综合实践学习活动作为落实课程育人要求的重要载体，设置的学科逻辑、内容承载、学习路径和学业质量都要贯彻素养导向。因此，教师应基于学生学情，结合具有探究和实践性质的研究问题，围绕学科核心概念和跨学科概念，以某一课程内容为基础，运用并整合其他课程的相关知识和方法，引导学生在跨学科学习实践中提升核心素养。跨学科教学是对生活经验、正式学习、不同观点和学科知识等的整合，解决了分科教育导致知识割裂的问题，实现不同课程育人的协同功能。

目前，教育教学仍存在许多不足，如：过分强调课堂，忽视校外学习场域的拓展；过分强调课内教材，忽视对校外学习资源的利用等。核心素养培养是一个复杂、长期的过程，需要我们不断去实践和研究，真正以人为本，启迪智慧，培养思维。

二、现场学习的内涵及意义

（一）现场学习的定义及特点

现场学习是一种通过创设有利于学生学习和发展的特定场所，让学生在其中开展学习的活动。这里的"现场"是一种综合性、探究性、交往性的学习情境，能够支持学生多感官体验、多方式操作和多元化表达，激发学生的学习内驱力和学生参与、体验与探究的意愿。现场学习是个体在日常生活中，基于现实场景，通过直接参与生活过程、生活事件所进行的一种综合性的学习过程[①]。它既是一种学习方式，也是课程实施的策略，还是一种符合学生天性与需求的教育样态，具有以下几个典型的特点：

1.参与性

现场源于学生真实的生活，是真实的、体验的、交互的生活情境和学习情境，需要参与主体行为、思维、情感和态度的全面投入。在科学场馆课程引领下的现场学习中，教师通过真实的场景、环境的提供、材料的选择等多种方式调动学生全身心、全过程、自发、自主地参与。

---

① 陈倩.现场学习：幼儿参与亲生命课程的有效路径[J].幼儿100(教师版)，2022(11)：12-15.

2.开放性

现场是一种感性的、探究的、综合的生活情境与学习情境。现场学习打破了教室和学校的限制,走出校园,走进大自然、社会,具有场域上的开放;现场学习的内容是丰富的、可拓展的、动态变化的,它打开了学科、领域的边界,将五大领域有机联系在一起,具有学习方式与内容的开放。场域、内容、学习方式的开放,必将促进师生视野的开阔、思维的开放。

3.实践性

现场学习包含现场集体教学、现场实践活动、小组项目探究、现场游戏活动等,强调学生的主动参与、自主学习,强调过程体验,最能够体现实践育人的根本要求。实践育人是让学习主体在真实的情境中学习,活动强调体验性与过程性,强调主体参与以及参与过程中的情感体验。这与科学场馆课程下的现场学习完全一致,体现了实践性。

(二)现场学习的意义

现场学习的直接性、体验性、细节性、丰富性等典型特点,使其对学生核心素养的提升效果更为显著。对教师而言,在教学活动中采用更生动具体的语言引导学生的形象思维,增强学生的身体体验,从而促进教学目标的实现;对学生而言,在教师有意识地引导下,和教师积极互动,通过身体活动、情境设置提升学习效果,激发学习兴趣,提高自身实践应用能力,增强学习的信心。

1.关注现场,课程内容更丰富

现场学习构建了开放、鲜活、生长的学习资源体系,结合学生现有的经验与兴趣,从场馆资源与现实生活的关系出发,加强学生与社会、大自然的联系。整合校内外、馆内外教育资源,使场馆资源和主题课程内容呈现丰富性与多样性,拓宽了场馆研学课程内容,拓展了学生学习空间,促进了研学课程的开发。

2.强调体验,课程途径更真实

年龄较小的学习者的学习是以直接经验为基础的。因此,教师应最大限度地支持和满足其通过直接感知、实际操作和亲身体验获取经验的需

要。现场学习关注体验，强调让学生亲历生活、亲历自然、亲历社会。可以说，所有的场馆都是学生活动和实践的现场。场馆现场学习实施过程中，教师为学生提供真实、丰富多彩的体验场所，引导学生不断亲历体验，客观地认识自己、认识世界，发现问题、解决问题。

3.满足需求，学习者更全面发展

学习者是独立、完整的个体，同时也是发展中的个体，有巨大的发展潜能。"现场"具有驱动情感、暗示诱导、引发移情等作用，能有效吸引学习者的注意力，激活学习者的学习内驱力，引发学习者的学习动机，让学习变得生动有趣。可以说"现场"在一定程度上给予了学习者自主探索、自由学习、自我觉知的空间，使学习者走进现场、主动参与、亲身感知、实际操作。这样的过程不仅是学习者获得知识、能力、经验、情感体验的过程，也是学习者自主选择适合自己的方法，吸收转化已有经验，解决问题、全面成长的过程，更能促进学习者获得个性而全面的发展。

总之，现场学习是关联课堂内外、经验和认知、获取和应用的重要载体，对核心素养的培育具有重要作用。现场学习需要并反映高阶学科能力及核心素养，是一种整合各类型、各层次学科能力及核心素养的学习方式和教学方式。现场学习能够促进学生核心素养全面融合发展，实现从知识到能力和素养的转化，帮助解决由碎片化知识向整体化、结构化知识的转化，使学习和教学从结论为本转向思维外显、情意融入，学生从解决习题转向解决真实问题并能进行完整表达。

三、指向核心素养的现场学习策略

场馆研学的最终目的不是让学生掌握某些科学知识或者某项科学技能，而是让其获得未来能够生存、参与社会生活、幸福生活的核心素养。根据核心素养的含义和发展需求，基于现场学习的内涵和特点，教师可以抓住四个关键的现场学习策略，将感知、行知和认知合一，让学生在此基础上创知，培养学生的学习能力并形成学习毅力，从而促进核心素养目标的达成，让学生"学在现场，成长在现场"。

1. 链接"感知",让"行知"更轻松

2019年7月印发的《关于深化教育教学改革全面提高义务教育质量的意见》明确要求,融合运用传统与现代技术手段,重视情境教学。科学研究表明,人类认识事物是从感觉器官的感知开始的,是由感性到理性的一般感知遵循,感知的深度和广度影响理性思维的形成。真实情境可以有效调动学生的生活体验,弥补学生的生活感知"缺失",使抽象知识变得具体直观。因此,在现场学习过程中,需要多视角链接生活、生产情境,通过情境素材把核心素养和场馆学习内容进行深度关联,帮助学生弥补感知,从感知到行知再到认知,形成螺旋式上升的学习结构,促进学生的学科核心素养发展。

生活中处处有科学,教师还可以链接时代背景,结合科学学科发展和科技前沿信息来创设感知情境。除此之外,还可以基于"人人都是德育工作者"的基本理念创设情境链接思想道德教育要素,让德育真正走进学生心里,促进学生的德智体美劳全面发展。再链接感知环节,学生在现场学习中减少了盲目性,后续的行知和认知难度就会降低。

2. 重视"行知",从"知识"到"识知"

没有知识,个体就不能发展行为,但是知识必须是"可降解的",否则反而会使思想僵化。在学习现场,教师需要重视"行知",摒弃传统灌输式浅层学习,提倡学生主动参与师生之间、生生之间的交流,主动发现问题,在交流中研究问题、探寻知识,促使"学生在教师创设的复杂环境下表现出高度投入、高阶认知参与并获得有意义的学习"[①]。

在现场学习中,教师设计有挑战性的学习任务,促进学生与任务深度互动;指导学生完成学习挑战,增加师生之间的深度互动;组织学生研讨和交流,增加学生之间的深度互动。通过师生和生生之间信息的多样传递和反馈,实现彼此间有效的心灵互动,帮助学生从"知识"走向"识知",在活动体验中做到游刃有余,学有所得。

---

① 崔允漷.指向深度学习的学历案[J],人民教育,2017(20):43-48.

3. 聚焦"认知"，提升学生的科学思维

教育的价值是促进人的发展和核心素养的提升，人的发展和核心素养的核心是科学思维。科学思维包括归纳与概括、演绎与推理、模型与建模、批判性思维等。培养学生的科学思维是现场学习的重要环节。这就需要教师聚焦现场学习，抓住"认知"，让学生在感知、欣赏、体验、探究中学习，通过分析、质疑、归纳、演绎等方式促进科学思维的形成与发展。

一是引领学生多角度交流。在现场学习中，有效的沟通交流对学生思维发展有很大作用。通过书写交流、动手操作、师生沟通等方式，引导学生积极思考、讨论交流，从而让学生的思维更加发散，想象力更加丰富，突破束缚以实现思维品质的提升。二是引领学生自主探究。把握"认知"节奏，留足探究时间和实践空间，让学生去感知、想象与表达，激发他们的想象力和创造性思维，提升思维品质。

4. 鼓励"创知"，实现知识边界的突破

鼓励创新一直是新课改的核心。对学生而言，教育教学是在教师引导下自主发现、探究和不断创新的过程。因此，在现场学习中，教师要鼓励学生大胆创新，在经历了感知、行知、认知的环节后，融通原有知识，突破原有知识的边界，进而收获新知。

场馆研学的教师还应积极引导学生转变学习方式，从被动接受走向自主发现和探究，鼓励学生发表不同的观点和见解，倡导"创知"，向更高级的思维发展。在此基础上，学生学会举一反三、闻一知十，创新精神和创新能力得到培养，学习的样态也会发生根本改变。

随着教育新时代的到来,场馆教育理念也在发生转变——从陈列藏品传递信息到创设学习情境提升素养。教育功能的日趋突出、理念的转变、对象的多样性、场地在时空上的拓展,以及跨领域合作、持续挖掘场馆教育潜能的同时,也使场馆教育项目的设计面临前所未有的挑战与机遇。运用经典的教育教学理论,在新技术新媒体的支持下,促进学习者素养提升已经成为众所周知的重要任务。科学场馆研学课程的设计和开发同样需要遵循教育教学理论逻辑和理脉。结合学术界研究新动态,在理解课程模型构建的一般规律和研究路径的基础上,以国家课程小学科学课程为突破口,尝试对科学场馆研学课程模型进行建构和探索。

第二章

模型建构:科学场馆研学课程设计的理论

学在现场 小学科学场馆研学课程的开发与实践

第一节
场馆研学课程设计的理论基础

> 场馆研学课程和小学科学课程都服务于中小学整体育人目标，两者也是中小学生核心素养培育和达成的资源和载体，两者在课程要素上虽有一些差别，但是从性质上来看，场馆研学课程隶属科学课程，它是将一系列活动依照课程要素和课程基本理论进行序列化、系统化组织，形成具有计划性的教育经验体系，具有课程性质和课程结构等要素。场馆研学课程的开发与实施需要遵从课程理论、教育学理论，在相关课程标准、国家政策文件等具体指导下有序推进。

陶行知的生活教育理论、皮亚杰的建构主义理论、库伯的情境认知学习理论、莱考夫的具身认知理论、施瓦布的实践性课程理论等，为设计"以学生为主体、教师为主导"的双主导研学课程模式提供了理论支撑。

一、生活教育理论

陶行知先生提出的生活教育理论由"生活即教育""社会即学校"和"教学做合一"三部分内容组成。"生活即教育"指出"到处都是生活，即到处都是教育；整个的社会是生活的场所，亦即教育之场所"[1]。"社会即学

---

[1] 陶行知.陶行知全集·第2卷[M].长沙：湖南教育出版社，1985:633-634.

校"是将学校扩大至社会，将家庭教育和社会教育结合起来，让社会成为学校。教育的范围即整个社会活动，社会是教育的内容也是教育的场所。传统封闭的学校教育，把学校教育与社会生活隔开了，学校与社会中间形成了一堵无形的"高墙"。"社会即学校"将学校与社会文化、环境、资源相联系，让学生在更广阔的环境下认知、学习，打破了教育场地的限制。"教学做合一"是对"生活即教育"的教学方法的具体化。"教学做合一"强调教育以社会实际生活中的需要作为"做"的内容，加强劳动与教育、理论与实际的联系，将教学过程与实际操作过程相结合，培养学生手脑并用，获得"亲知"，促进学生德智体美劳全面发展。

陶行知先生的生活教育理论是研学课程建设最根本、最核心的理论依据，要求研学实践课程坚持生活化、社会化、体验化的方向，克服学科化、知识化的倾向。研学实践要求学生走出课堂，走出学校，带着探究的眼光体验生活，审视生活，用学习到的理论知识解决实际问题，并在过程中锻炼自己的能力。这不只是教学做合一，更是理论与实践的结合。

二、现代课程理论和后现代课程理论

泰勒是美国著名教育学家、课程理论专家、评价理论专家，现代课程理论的重要奠基者，也是科学化课程开发理论的集大成者，被誉为"当代教育评价之父""现代课程理论之父"，其著作《课程与教学的基本原理》被誉为现代课程理论的"圣经"。"泰勒原理"是围绕四个基本问题展开的：第一，学校应该试图达到哪些教育目标？第二，提供哪些教育经验方能达到这些目标？第三，怎样才能有效组织这些教育经验？第四，如何确定这些目标正在得到实现？这四个基本问题可进一步归纳为"确定教育目标""选择教育经验""组织教育经验""评价教育经验"，即"泰勒原理"的基本内容。泰勒的现代课程理论作为西方课程理论的主导范式，揭示了课程编制的四个阶段：确定目标、选择经验、组织经验、评价结果。这四个阶段是现代课程理论最有影响的理论构架，对我国课程理论研究和实践工作具有重要的借鉴意义。泰勒现代课程理论具有预设性、控制性、封闭性、操作性的特点，也成为研学旅行课程设计与实施的基本理论依据。

20世纪70年代以来,后现代主义思潮影响不断扩展,以多尔为代表的后现代主义课程观异军突起。多尔批判以泰勒为旗帜的现代主义课程观,批判泰勒模式把课程的重点放在课程目标的选择上,课程评价只关注目标是否得以实现,对于目标的适宜性则不关注。多尔的"4R"标准强调课程目标的生成性,注重学生对过程的体验,认为课程是一个发展、开放的过程,在这个过程中,学习处理和文本之间相互作用,又可生成新的目标。其课程理论具有生成性、开放性、对话性、选择性的特点,顺应了时代的特点和需求,是研学旅行课程个性化、人本化的重要理论依据。[1]泰勒原理课程发展的线性模式,属于技术研究层面,并指向和指导教育实践;多尔强调课程目标的适宜性,指向外在的目标并受其控制。故笔者认为两种理论具有关联:多尔的后现代主义课程具有生成性、开放性、对话性、选择性的特点,顺应了人本化、个性化时代的特点和需求,是对泰勒现代课程理论的一种发展和补充。

表2-1 现代课程理论与后现代课程理论

课程理论	泰勒现代课程:四步骤	多尔后现代课程:4R标准
经典内容	确定教育目标	Richness(丰富性)
	选择教育经验	Recursion(回归性)
	组织教育经验	Relation(关联性)
	评价教育经验	Rigor(严密性)

三、建构主义理论

建构主义的学习理论是认知主义理论进一步的发展,该理论的代表人物为瑞士认知教育心理学家皮亚杰和美国认知教育心理学家布鲁纳。建构主义认为,知识是变化的,学习需要持续不断地深入同化和顺应,依赖

---

[1] 张林林. 泰勒与多尔课程观的比较及其启示[D]. 天津师范大学,2011.

新旧知识经验间反复、双向的作用,使已有认知结构产生相应的调整或改变。在教学过程中,学生是学习的主体,学习不是被动地将知识经验灌输到学生的头脑中,而是主动构建知识,每个人在学习时,通过与外界环境的相互作用,在之前自身已有的知识经验基础上进行知识的建构[①]。每个学生的经验背景、思考模式不同,因此不能对学生做共同起点、共同背景通过共同过程达到共同目标的假设,应该根据学生个人差异,寻找新知识适切的生长点。建构主义学习理论认为学习是以学习者自身知识储备为基础,最终深入理解知识并自主建构意义的过程,因而强调学习者的主动性,这与场馆研学实践的本质不谋而合。"意义建构""情景化"及"自主学习"是建构主义的三大要素,这三大要素精准对应研学实践的实质、研学课程的设计及研学主体诉求。个体在学习过程中的最终目标是建构意义,情境化的意义建构带动研学课程的自主实施。研学的本质是意义建构,其建构的意义是揭示事物在知识层面的性质、规律以及相应的内在联系,从而丰富学生的知识体系和世界认知。研学课程设计是创设情境的过程,营造有助于学生沉浸式探究的场景是研学课程设计中的重要内容之一。

  建构主义学习理论为研学课程的实施提供一般模式,包括研学情境创设、研学主体思考、研学知识获取三个阶段,研学情境创设是研学课程开发的基础。研学课程资源的开发要在真实的自然环境中,利用地方资源的区域特点,通过对自然环境的观察和记录等研学内容培养学生的自然观察智能、空间智能;通过社会调查、实际操作等研学形式培养学生的语言智能、运动智能、人际交往智能;在人文地理研学活动中感受地域文化的同时,培养其音乐智能;通过思维导图、调查报告、摄影绘图等多种研学成果评价形式,培养其内省智能、逻辑—数理智能。在设计研学旅行方案时,教师要注意每个学生的智能组合差异,根据学生的智能实际发展情况和核心素养培养需要设计不同水平和层次的研学目标,同时要注意学生优势智能的发挥,注重因材施教。

---

① 杨维东,贾楠.建构主义学习理论述评[J].理论导刊,2011(5):77-80.

四、情境认知学习理论

情境认知学习理论（Situated Cognition and Learning）最早是瑞兹尼克（Resnick）1987年提出来的，在学校情境下，人们更多地关注知识与技能的获取，此时学习是必然的。但是在日常生活中，人们往往倾向于利用工具来解决问题，此时学习又是偶然的[1]。随后，约翰·西利·布朗等人系统、完整地论述了情境认知学习理论。莱夫（Lave）从人类学的视角，在认知和实际操作场景中，探讨从业者的知识和情境之间的关系。此后，情境认知与学习理论成为独立的研究领域，越来越多的研究者参与其中，相关理论框架日臻成熟。现在，有关情境认知学习的研究已经深入不同的教育研究领域，比如基础、高等、线上、成人教育等。随着情境认知学习理论的发展，我国研究者也进行了一系列探究，对情境认知与学习理论的讨论，主要围绕"知识、学习与情境""实习场与实践共同体"展开。学者张华指出，情境教学是教师为了能让学生将课堂中所学的知识应用到课堂以外，根据教学需要和学生的学情等实际情况，为学生创造一个教学情境，帮助他们在真实的问题情境中运用知识，使学生在这个过程中完成对知识的理解和应用。其中，教学情境由情境主体、情境资源、情境空间、情境时间四部分组成，如图2-1所示。在这四个要素中，情境主体位于其他三者的中心，情境的主体包括教师、学生或师生共同体，即主体既是教学情境的设计者，也是教育情境作用的客体；情境资源为情境的创设提供了相应的资料，涉及多个方面；情境空间展示着教学情境发生的场所和作用的环境；情境时间体现一个整体教学情境呈现的过程[2]。

---

[1] 陈雅雯．基于情境认知学习理论的初中语文综合性学习教学研究[D]．广州大学，2022．
[2] 陈琦．教育心理学（高等学校心理学专业课程教材）(BZ)[M]．北京：高等教育出版社，2001．

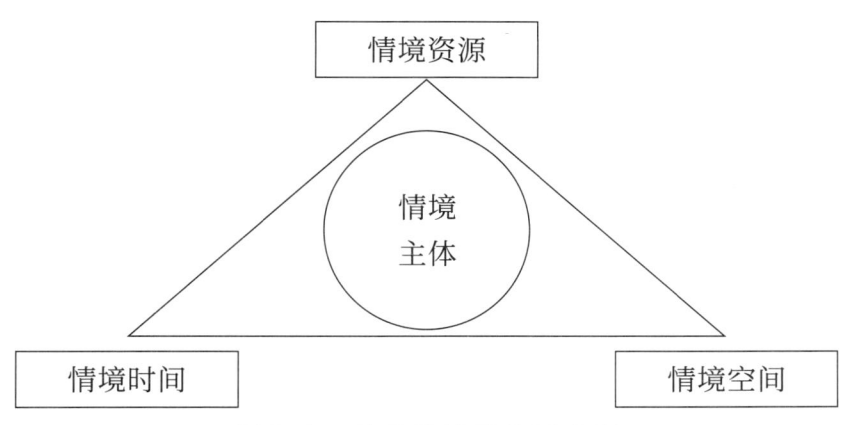

第二章 模型建构：科学场馆研学课程设计的理论

图2-1 教学情境结构要素图

情境认知学习理论强调情境是一切认知活动的基础。和传统知识观不同，情境认知学习理论认为，知识是一种高度基于情境的实践活动，包括个体和环境的交互状态，个体协调的行为以及个体适应动态发展环境的能力，并非是可打包的、自给自足的实体[①]。研学实践的开展方式以解决问题和实践探索相结合为主；组织形式是一种有着共同目标的集体活动，集体中既包含作为学习者的学生，也包含作为指导者的教师；活动内容高度体现体验性和实践性，强调学生进行真实的活动参与；参与主体是学生，即以学习者为主体进行。由此观之，研学实践这种教育活动符合情境认知与学习的教学模式特征，即基于解决问题的学习方法，以学生为活动主体，提供丰富且有意义的情境，强调学生的真实参与，组建具有共同目的、包含"指导者"和"学习者"的实践共同体。因此，研学实践本质上是情境认知与学习理论的具体实践。近年来，已有学者依据情境认知学习理论对博物馆情境下的研学课程开发与实践策略进行了研究，并从馆校结合的视角进行了探讨，认为课程开发需要秉持"重参与、重过程、重体验、重研究"的教育理念，以课标为基本参照，结合藏品资源，实施探究型场馆研学课程。

[①] 陈雅雯.基于情境认知学习理论的初中语文综合性学习教学研究[D].广州大学，2022.

五、具身认知理论

具身认知（Embodied cognition）也称"具体化"（embodiment），是心理学中一个新兴的研究领域。具身认知理论主要指生理体验与心理状态之间有着强烈的联系。强调认知活动根植于身体，形成于个体感知和行为与环境相互作用的过程图。认知是包括大脑在内的身体认知，身体的解剖学结构、身体的活动方式、身体的感知觉和运动体验决定了人们怎样认识和看待世界。环境对个体（包括身体和心灵）的认知和行为有重要影响，它支撑并作用于整个认知过程[①]。具身认知理论提出认知是通过身体与环境的交互产生的，学习者可以从有形的活动中获得隐性的意义，课堂教学理应重视学生的身体活动。莱考夫和约翰逊在研究中发现：心智是具身的，思维普遍是无意识的，抽象概念通常是隐喻的。梅洛·庞蒂在《知觉现象学》一书中指出，知觉的主体是身体，身体行为的产生来自知觉，身体是知觉和学习的领导者和执行者。而广义的具身认知，既注重身体的重要性，又强调身体与环境之间的交互，将身体、情境和认知三者紧密联系，不局限于身体的参与，而是延伸到特定社会情境。瓦雷拉（Varela）等学者认为，认知主要取决于经验的类型，经验来自具有不同视角和运动的身体，而身体存在于更为广泛的领域。威尔逊通过对具身认知的研究和理解，提出了具身认知的六点主张，强调认知发生在真实的情境中、环境是认知系统的一部分、认知的根本目的是指导行动。本书对具身认知的理解主要基于叶浩生教授的观点：身体的物理特征在一定程度上能够促进学习者认知的发展；认知内容源于身体，并以身体为基础；身体与环境的积极交互是认知系统的重要组成部分。

---

① 彭毅. 基于具身认知理论的信息化教学情境构建[D]. 湖南师范大学，2020.

```
       ┌─────────────────────────┐
       │        知识系统          │
       │  ┌────┐    ┌────┐       │
       │  │大脑│ ⇌  │环境│       │
       │  └────┘    └────┘       │
       └───────────┬─────────────┘
                   ↓
              ┌────────┐
              │  知识  │
              └────────┘
```

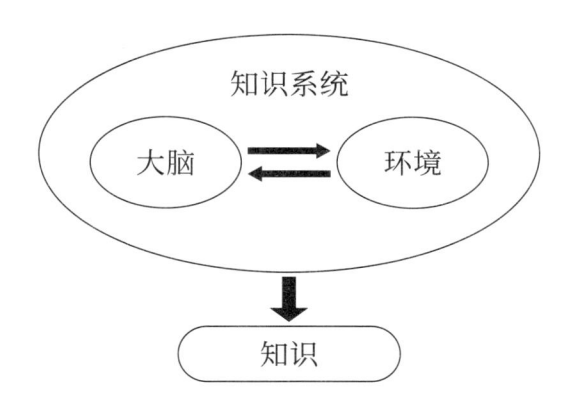

图 2-2　具身认知的内涵

借助具身认知理论指导研学课程设计必须充分掌握两个关键点：一是认知来自身体体验，身体是连接认知和学习环境的中介。身体决定认知过程的方法和步骤，并提供认知的内容。身体不仅是认知与学习环境的中介，也是学习者认识自我的途径。二是学习过程是认知、身体和环境的动态统一过程，即认知、身体与环境的适当互动，使学习以一种有效的方式发生。传统认知主义只将大脑中的符号信息和表征、命题和规则看作是认知过程。在研学课程设计时，具身认知理论是实践活动设计的主要指导，着重围绕身体、场馆学习环境以及二者之间的有效交互对科技场馆学习活动进行详细、完整的设计[①]。

六、实践性课程理论

美国的著名课程论专家施瓦布(J. J. Schwab)在亚里士多德、杜威等人的思想基础上提出并发展了"实践"概念，使"实践"具有实践智慧、实践理智以及塔木德式实践的意涵。施瓦布的"实践"概念真实意蕴主要体现在探究、抉择、审议以及实践兴趣等层面。在施瓦布实践课程观中，实践课程的本质属性主要体现在真实性、探究性、过程性与情境性等方面。

---

① 简腊梅.具身认知理论下地理研学旅行任务设计策略研究[D].华东师范大学，2022.

施瓦布实践课程建立的根本旨趣在于追寻实践兴趣,发展生活智慧与课程智慧,进而提升个体的爱并重建课程价值。施瓦布提出的实践性课程理论主要包括以下四方面内容:

一是实践性课程以实践旨趣为价值取向。哈贝马斯将"旨趣"作为人们认知的方向,将其分为技术旨趣、实践旨趣和解放旨趣[1]。技术旨趣以习得相应技术和能力为目的,基于经验法则,通过知识对环境产生认知。实践旨趣是以学生的实践兴趣为切入点,通过与环境的相互作用而理解环境的认知。实践旨趣强调以过程本身为目的,强调教学过程中教师与学生、学生与环境相互理解、相互作用。解放旨趣的核心是人,旨在引领人们摒弃虚假意识和教条主义。

二是实践性课程以教师和学生为主体。教师可以根据自身对课程的理解,对课程进行开发调整,学生可以根据自身兴趣与需求对课程提出要求,并选择教师提供的课程。

三是实践性课程以集体审议为课程开发方法。审议是学生教育参与者,包括学校、社会、家庭,对教学实践过程中所出现的问题,进行反复商讨,从而作出行动决策。课程应该在课程参与者的不断讨论之中,逐步走向完善,达到教师、学生、学科内容和环境四个课程要素的动态平衡。

四是实践性课程以行动研究为方法论。行动研究是将研究过程中所出现的问题作为研究对象,针对问题采取相应行动,以判断所采取的行动对问题解决的有效性的一种反思性研究方法,其目的在于解决特定情境中的实际问题。实践性课程中教师作为实践者也是研究者,将理论与实践整合在一起,为实践性课程奠定了良好的理论基础。

施瓦布实践课程观的确立突破了传统课程模式中对理论的过度依赖,强调课程理论与课程实践的结合,以有效解决课程中的实践性问题。此外,实践课程的提出明确了课程的实践旨趣价值取向,强调以"理解"为核心,突出了人的主体性,确立了课程的主体及生命立场。从多元视角解

---

[1] 阳海音.论哈贝马斯意识形态批判理论的价值和限度[J].社会主义研究,2007(5):92-94.

构施瓦布的"实践"概念,可揭示其所体现的内在意蕴,具体表现为对探究能力的重视,强调将探究作为学生学习的内容与方式,以培养学生在生活中作出恰当抉择的能力,并强调通过审议的方式对课程问题达成一致性理解,从而作出相应的课程决策。在对"实践"概念及内在意蕴揭示的基础上,深入挖掘实践课程的本质属性,呈现实践课程对真实的具体事例、实践情境以及课程过程的追寻,突出实践课程的情境性与动态性[1]。可以看出施瓦布的实践课程思想对当今课程领域的研究与改革仍具有一定的现实意义,当前研学课程领域的理论发展在一定程度上落后具体的课程实践,难以真正指导实践、为实践服务,因此,要促进课程领域理论与实践的进一步发展,在借鉴施瓦布实践课程思想内核的基础上,着重追求课程内在的实践旨趣,以实践促进新理论的形成与发展,进而再以新理论服务具体的实践活动,使理论与实践相适应,共同促进课程的复兴与发展。

  以上介绍的教育教学理论,均为研究提供了实际的应用价值和现实的指导意义。本书后续章节所展示的科学场馆研学课程正是基于这些论述的指导下开发的。通过梳理和对比泰勒与多尔两种课程理论,不难发现两者看似对立,实之互补。就主要区别而言,泰勒原理是以学生行为的改变作为课程目标,强调的是学生获得和掌握了多少知识,而这些目标都是可以预设、可具体操作的,能为我们提供了课程开发与实施的基本框架,具有预设性、规范性、科学性、操作性的突出优点。多尔的4R标准是课程发展的非线性模式,代表感性层面的感觉和想象,注重理念的研究和转变。很显然,在具体的研学课程设置中,两者都具有借鉴的价值,按照泰勒现代课程理论进行课程框架的设计与规划,按照多尔后现代课程理论进行课程设计的微观化、操作化,实现泰勒现代课程理论与多尔后现代课程理论的有机结合,这是研学旅行课程开发与实施的最佳策略,是更利于达成研学理性目标的现实选择。如何依据情境开发具备研究性、科学性、探索性和实践性的研学课程,实现场馆教育资源与学校教育的有机衔接,让场馆

---

[1] 袁利平,杨阳.施瓦布的"实践"概念及课程旨趣[J].全球教育展望,2020(1):17-26.

真正成为学校教育的延伸课堂，需要在理论与实践方面进行一些探索性突破。同样，建构主义、具身认知理论、实践性课程理论等，均能着眼场馆研学课程开发，给予基于学生能力的发展目标，挖掘研学课程资源，发挥馆校合作教育等方面优势，将学生的知识经验、生活经验进行有效组织，通过"研""学"结合的方式，指导学生在真实的社会情境、自然情景中学习、实践、总结、反馈。研学实践后的课程常常是以小组任务总结、实践成果总结、小论文、实验报告、创新成果等具体产品呈现，既对学习经验进行总结反馈，也对整个研学课程的开发和实施作出反馈，反馈的结果可成为研学课程的完善和新的研学课程开发的基础。

第二节

场馆研学课程设计的学习主张

自2016年11月起，教育部先后颁发了一系列推进研学旅行相关的政策文件和通知，此举有效促进了场馆学习的研究，推进了研学课程的真正落地。各地纷纷发挥地域资源优势开展研学主题教育活动。本节内容基于全国教育部规划办课题《场馆视域的科学研学课程建设实践研究》(HFB180599)，聚焦科学场馆研学课程的开发和实践，通过梳理文献，了解当下场馆学习的发展脉络及面对的挑战，结合当下培育"全面发展的人"的教育目标，提出科学场馆研学课程的学习主张。笔者认为科学场馆研学课程应以小学科学学科为出发点，教师根据学生发展需求，依托区域场馆资源进行课程拓展延伸，以学生为主体，通过开展多样化的实践活动帮助学

> 生理解科学知识，提高学生科学探究和解决问题的能力，最终促进学生核心素养的提升。

一、场馆学习的内涵和特点

目前，研究者和教师对场馆学习的定位并不清晰，实践形式也纷繁多样。对场馆学习的定位和意义的认识模糊，使得研究者与教师对场馆资源的利用以及基于场馆的研学课程能否有效促进学习存在疑问。也有不少研究者和教师担忧，场馆的学习是否会影响正常校内课程的学习，如今的场馆资源是否能有效带动校内课程的学习。在整理文献的过程中，笔者发现关于场馆学习的相关研究比较少，支撑场馆学习的理论也需要进一步深入研究和探讨。

（一）场馆学习的内涵与特点

当前场馆的建设数量、类型越来越多，并且规模越来越大，场馆资源为学习提供了各种帮助。只有明晰场馆学习的内涵和特点，才能更好地为场馆教育优质化提升助力。

1. 场馆学习的概念

学习是个体提高原有认知水平、习得生活经验的重要手段，它发生在任何时间、任何空间。学习在狭义上指传统学校课堂中的知识的教与学，广义上包括个体从任何活动中习得经验的行为。在以往的研究中，通常将传统学校以外的学习统称为"非正式学习"。其中，场馆学习（museum learning）正是近年来兴起的典型的非正式学习的类型，它起源于20世纪，而后随着场馆类型的增多、功能作用的升级转化成为所有场馆中参观学习活动的总称。从关于场馆学习的定义的研究中可以发现不同时代背景和思考视角下研究者的偏重有所不同。其中学者沈炯靓认为学生在场馆中的学习对于锻炼学生积极思考有着重要的作用，是对传统课堂这一正式环境的有效补充。学者弓立新指出场馆具有开放的环境，学生在这一背景下可以进行自由地观察和学习。学者汤雪平提出，场馆学习是个体通过对丰富的展品的观察和学习来进行意义建构的活动。学者鲍贤清在研究中提出"场馆学习中学生的学习是个人先前经验与现有学习环境的交互整合而并非机械地相加。"伍新春教授认为场馆学习作为非正式学习的一种，发生在场馆这一具有多元支持资源的环境中，是个体与社会历史文化的交互体验。也可以说场馆学习实际上就是人、物、社会因素的交织作用。基于以上学者对场馆学习内涵的理解可以看出，目前学界普遍认为"场馆学习"是通过丰富的资源支持，充分激发学习者的动机，通过体验新的学习方式，建构个人独特的知识经验，对传统课堂学习有着重要的补充作用。因此，笔者认为"场馆学习"是学习者通过不断地与场馆中的展品、人、环境的交互作用，来进行知识意义建构、个人价值提升的一种学习体验；还能促进学习者对知识的理解、构建、迁移并获得学习体验和提升综合能力的学习活动。

2.场馆学习的特点

作为主动参与的非正式学习形式，场馆学习被看作是与他人、展品和展示空间互动的辩证过程，以科技馆和博物馆为代表的场馆学习环境成为非正式学习环境的典型应用，日益受到人们的重视。场馆学习是情境化的学习、兴趣驱动的学习、基于具体经验的学习、基于实物的学习[①]。

（1）情境化的学习。场馆学习环境创设出一种较为真实的、具有支持性、贴近生活场景的文化境脉。如植物标本、原比例大小的实物模型、虚拟场景、空间环境等，还原了最初事物的原貌、状态，营造了真实的环境氛围。学习者在这一特定的接近真实的情境脉络中学习，使学习者产生强烈的好奇心和真实感，从而渴望进一步探索并了解新知。

（2）兴趣驱动的学习。场馆中的独特环境、活动主题、展品更容易激发学习者的好奇心，引发学习者主动学习的热情，不断去探索、挖掘背后的内容。场馆学习的发生和维持主要依靠好奇心和个体兴趣的驱使，因此

---

① 吴珊.馆校结合背景下场馆学习活动模型的构建研究[D].内蒙古师范大学,2019.

场馆学习是一种兴趣驱动的学习。

（3）基于具体经验的学习。场馆学习获得知识是采用自下而上的途径，主要通过观察和实践的经验而进行的，如设计的经验、表演的经验、直接的经验等。学习者通过主动探索，利用多感官的方式近距离了解事物，直接获得感知的经验。

（4）基于实物的学习。场馆学习多是物化的学习，从实物的感觉经验开始，进而将一定数量的事实性信息和亲身体验整合为一般性的感受，再抽象出具体的概念和特定实物的普遍特点，并联系相关的社会、文化背景，认知该物件的意义和价值，判断自我与该物件的联系，将相关知识、价值整合到自身的知识结构中。场馆学习是从具象到抽象，从物质到知识的过程。

（二）回溯场馆学习的发展

18世纪初，启蒙运动的兴起让人们更加注重社会教育，通过文化、艺术来教育公众。在19世纪后半期，这种思潮带动了欧洲场馆的变革，欧洲各国开始注重场馆的教育功能。20世纪初，欧洲建立了近代公共教育制度，开展了一系列的公共教育活动并将场馆纳入近代公共教育体系中。在我国，20世纪50年代以前，场馆一直被赋予的是社会教育任务，而不是学校教育任务。大多数是为了传承历史文化，而展示并科普各种古代文物，向公众展现我国的历史内涵。在看到西方开始进行馆校合作教育后国人逐渐意识到场馆的育人作用。20世纪初，张謇提出了"设苑为教育"的思想，说明我国也认识到了场馆资源的教育价值，但当时场馆并未建立与学校合作的关系。在这之后的很长一段时间内，馆校合作的概念都处于模糊的状态，合作关系松懈、不持久，合作形式单一。近年来，随着新课程改革的逐步深化，我国开始注重学生的全面发展以及探究能力和创新精神的培养。由于学校课程资源的短缺，开发校外教育资源成为优先选项，因此，教育部自2006年起，相继出台了多项相关政策、措施，明确了工作方向，不仅促进了场馆功能由"展览"向"教育"转型，而且对场馆课程的开发与课程活动的实施也做了相关的要求和指示。

为满足培养21世纪全面发展的人才的需求，场馆学习这类非正式学习逐渐受到国家、博物馆、学校和家庭的重视。最初，场馆中的参观者主要通过场馆的讲解员对产品的介绍和讲解，了解展品的相关信息以及产品背后所蕴含的科学文化知识。这个时期的博物馆讲解员被赋予了与学校老师一样的地位，参观者对讲解员和工作人员的专业性是比较认可的。由于主要是通过工作人员的讲解，参观者在这个时期的学习比较被动，在学习过程中，学习者与展品之间没有实现良好的互动。博物馆教育仅作为正式学习的补充，并没有真正发挥出自身的教育价值。

随着教育理论的发展，以及场馆被新时代赋予的职责和义务，场馆教育得到发展，并不断受到了家长、学校和社会的重视，关注点逐步聚焦到参观者身上。场馆设计者及场馆教育研究者不单单从产品的教育角度进行考虑如何让产品更有吸引力，还开始关注参观者的需求，以杜威的做中学理论为支撑，倡导不断提高场馆的教育功能。杜威表示，要让参观者获得学习经验和具有教育价值的展品，在设计时要满足两点：第一，经验，不仅能够上手，还要能上心。上手指具有操作性，上心是要引发学习者的思考。第二，场馆中的展品要经过精心的组织设计。经过精心设计的展品，具有针对性，能更好地发挥出展品的教育功能。在杜威的教育理论影响下，美国的一批科学家和教育家开始探讨如何利用科技场馆来普及科学知识。代表人物是弗兰克·奥本海默，他创建了旧金山的探索馆，这是世界上第一个可以人与展品互动的科学中心。这个探索馆得到了社会的认可，并开始风靡世界。它之所以得到快速推广，究其原因是：场馆所具有的能够激发参观者的兴趣、好奇心和探索未知欲望的展品和活动，真正让参观者在探究中自主发掘展品和活动背后隐藏的科学文化知识，并且能够带给参观者很好的学习体验感。

二、科学场馆研学课程的学习主张

主张是指对某种行动提出见解或对事物的认识和看法。在信息高速发展的今天，学生接受知识的途径比较多元，教师不再是知识的掌握者和灌输者，而是学生学习的引导者，因此，变革教育实施方式势在必行。指向核心素养的科学场馆研学活动设计，是基于大概念视域下，从概念建构层级方向引导学生更好地建构知识网络，自主全面地掌握知识联系，最终完成对知识的迁移与应用，达到深度学习的目的。而让学生深度学习的目的就是培养学科核心素养，使学生形成应具备的适应终身发展和社会发展需要的必备品格和关键能力，为其终身发展奠定坚实的基础。

科学场馆研学课程的学习，首先，是一种能够为学生自主学习提供更丰富的实践机会，是学校学科学习的延伸和拓展；其次，科学场馆研学课程设计是借助场馆的资料和资源，通过设计有结构的课程内容助力发展学生的高阶思维能力；再次，科学场馆研学课程倡导学生和教师共同参与设计，有助于提高学生的合作精神，丰富学生在校内外获取科学知识、提高科学能力和改变科学态度的路径，进一步提升科学素养；最后，科学场馆研学课程的实施空间和场域决定了它兼具正式学习和非正式学习的优势。经过实践和反思，科学场馆研学课程的学习主张具体表现为以下六个维度："学在长程""学在现场""学在实践""学在协作""学在贯通""学在节点"。

（一）科学场馆研学主张：学在长程

"长程学习"是指在整体把握学习目标的背景下，通过学习设计，放长学习过程、思考过程、理解过程的学习，从而促进学生的学习充分展开，经历完整的思考问题、研究问题的过程，获得更深的理解和更多的领悟[1]。教师进行长程设计的最终目的是促进学生的发展，进而提高教学质量。教师对学生的影响不仅仅停留在书面知识的传授上。教师如果具备了长程设计的素质，在教学互动中，会使学生的学习习惯和思维方式得到优化。长程设计，强调一种全面的、系统的、长远的思想倾向性，强调统筹兼顾的理念，设计内部具有逻辑与智慧。从教学来说，当学生体验到教师系统有序的基于长程设计的教学规划时，他们会感受到"有序、结构化"的魅力，才更有可能尝试对自己的学习进行思考和规划，进而提高科学场馆研学的

---

[1] 朱德江.长程学习：促进深度学习的有效方式[J].教学月刊：小学版（数学），2018(10):4-8.

质量。

1. 科学场馆研学与长程探究学习同向而行

其一，长程探究学习要求以学生为中心，通过教师引导，学生主动探索现实问题，获得更深刻的知识和技能。即教师或者学生自己从现实出发，提出问题，并通过小组分工、合作的形式解决问题。在这个过程中，学生从现实生活中发现问题，综合运用各种知识探究问题，自觉调动各种能力解决问题，学生的知识是活的、有用的，学习过程是创造性的、刺激的，且能享受到解决问题之后的成就感、幸福感。

其二，长程探究学习是一种最接近实际生活的学习，项目的设计源于生活，任务的完成基于生活，项目取得的成果又指导生活。在学习过程中需要运用到各种能力，如搜集整理资料的能力、分析归纳问题的能力、实际操作的能力、组织协调各方面关系的能力、语言表达的能力、撰写文章的能力等，学生各方面都能够得到锻炼。和纯知识性课堂内容相比，能够更好地促进学生的德智体美劳全面发展。

2. 科学场馆研学为长程探究学习提供契机

其一，长程探究学习是一个长期而复杂的工程，有的项目可能需要整个学期甚至更长的时间才能完成，很多大项目还需要拆分成很多个小项目。研学课程常常以主题式、项目式、研究性课题展开，跨越学校内外的课程学习不仅利用课堂时间，还利用节假日等校外时间，这为长程探究学习提供了时间方面的保障。长程探究学习从学生的兴趣出发，综合调动各种素养、利用各种知识才能完成任务，有时还需要家长们的配合，既可以充实"双减"之后空余的时间，又能增进亲子之间的交流和情感。

其二，长程探究学习是一种学科大融合式的学习，并和研学课程的综合性保持一致。为了研究某一领域，完成某一任务，需要运用多种学科的知识与能力。同时，长程探究学习吸引人的地方在于它的呈现形式多种多样，可以是论文报告，可以是演讲，可以是义卖活动，还可以是成果作品展示会等。这符合当下教育改革的目标——让学生在社会实践中发现自己的兴趣点和擅长的领域，发展自己的特长。在长程探究学习的过程中，学生可以通过实践发现自己的兴趣所在，找到一个可行路径，确保不断提升自己所学的特长。

(二)科学场馆研学主张:学在现场

借助资源和实地空间开展现场学习探究已是科学场馆研学最基本的模式。研学实践一般发生在场馆现场,是一种有学习目的与学习意图的活动,也可能在不经意间发生,常常没有固定的学习目标、学习场所、学习形式和授课教师。在场馆研学过程中,主张学生通过现场的直接体验获得直观感受和经验,通过近距离的探究实践、面对面的交流获取生动的学习素材,从而获得丰富的信息。可以说,场馆研学也具有现场学习的直接性、体验性、细节性、丰富性等典型特点。

1. 直接性

学在现场的"直接性"指的是学生就是学习现场的一部分,直接参与到学习场景中。在学习活动过程中,学生对各个环节、对自身或他人活动都会产生直接的感知和体验。学生深入现场看到的是"实景",听到的是"真声"。这种"学在当下"的真实感,对学生的刺激远远大于其他的学习形式,更有利于帮助学生聚焦学习目标,使学生从自我需要的角度出发产生个人的认识、思考、分析和见解。

2. 体验性

"我听见了,我就忘了;我看见了,我就记得了;我做过了,我就理解了。"一般来说,学在现场的体验性表现在:学生在具体的场景和真实的活动中获得体验,与小组成员共同交流,分享个人体验并实现学习目标。现场学习将学生的思维与行动结合在一起,并在这一过程中促使学生的角色发生转换,从而成为积极主动的学习主体,不仅让学生通过体验获得了效果持久的认识,同时也体会到学习的乐趣。

3. 细节性

"小事成就大事,细节成就完美。"细节决定成败。学在现场为学生提供更多关注细节的可能。现场学习中,学生亲临现场,直接体验,因此有了更多的机会去敏锐捕捉学习对象的细节,从而对学习对象形成的形象更真实,更完善。由于每个人的视角存在差异和侧重点不同,不同学生能发现不同的细节。这些细节会促进学生的知识记忆和理解，帮助学生提升学习效率。

4.丰富性

学在现场的丰富性特点，是学生最容易感受到的。学生在现场学习中，可以观察场馆环境，进入非正式场馆实地考察，观摩或参与场馆相关活动，与场馆师生、游客访谈，查阅场馆有关资料等，这种非正式的学习，无论是内容还是形式，都更为丰富，对学生具有更强的吸引力。

正因为现场学习的直接性、体验性、细节性、丰富性等典型特点，其对学生核心素养的提升效果更为显著。对于教师而言，在教学活动中会采用更生动具体的语言引导学生的形象思维的形成，增强学生的身体体验，从而促进教学目标的实现；对于学生而言，在场馆教师有意识的引导下，能在场馆学习现场中和教师进行全身心的积极互动，通过身体活动、情境设置更好地促进学习效果，激发学习兴趣，提高实践应用能力，增强学习的信心。

当前中国教育追求更加高效、高质量的教育模式，而场馆教育提供的真实情境跳脱了常规手段，将抽象枯燥的书本知识以直观实物的形式进行展示，这有利于提升学生的主动性、参与性，培养学生的学习兴趣、自主探究能力、创新意识等。

（三）科学场馆研学主张：学在实践

"纸上得来终觉浅，绝知此事要躬行"，学生在课堂上获取的知识，如果与生活没有联系，久而久之，学生会失去学习的兴趣。陶行知先生在晓庄书院的讲话中曾提到"没有生活做中心的教育是死教育，没有生活做中心的学校是死学校"。在科学场馆研学的过程中，教师要利用各项活动，将理论付诸实践，让学生在真实的生活情境中，灵活地运用知识。在此，"学在实践"就是积极倡导学科实践。从学科与实践的辩证关系看，学科成于专业的实践，学科在实践中得以发展，且致力于人类实践的改善。学科实践是课程改革的逻辑必然，具有一定的学理依据与实践基础。夏永庚和尹巧玲在《论"学科实践"的课程与教学论意义》一文中指出，学科实践的内涵集中体现了"四个统一"：理论与实践的统一，真理性与价值性的统一，特殊性与普遍性的统一，个体性与社会性的统一。学科实践是对知识授受与探究学习的超越，代表学习方式变革的新方向。

1.理论与实践的统一

从学习的本质看，学科实践是理论与实践的统一。学科实践并不是传统二元论（不是唯理论，也不是经验论）视域下作为理性活动对立面的实践，而是站在马克思主义实践哲学的立场上诠释学科实践的内涵，所强调的是"实践、认识、再实践、再认识"循环往复、螺旋上升的认识形式。一方面，只有亲自参与实践，在实践中亲身经历知识产生的历程，"学了"才能变成"学会了"，书本上的命题、理论才能变成真正被理解的、属于自己的知识；另一方面，学习知识又是为了更好地参与实践，通过参与实践又可以进一步反思、重构学科知识。究其本质，学科实践是知行合一的学习。

2.真理性（求知）与价值性（育人）的统一

从学习的目的看，学科实践是真理性（求知）与价值性（育人）的统一。所谓真理性，主要特征是合乎客观规律；所谓价值性，主要特征是合乎特定目的。在核心素养时代，课程改革最重要的目的就是全面育人。学科实践的真理性体现在其包含了求知的维度，要求学生通过学科实践掌握必要的学科知识，建立完善的学科体系，自觉运用学科思维探索世界，求索真理。学科实践的价值性在于，可以在实践中培养学生解决问题的能力，可以在社会性互动中回应人生、幸福、道德等价值关切。任何成功的学科实践必然是以真理和价值的统一为前提的。学科实践既求真，更求善、求美，既是追求真理的有效手段，又是实现育人的价值诉求。

3.特殊性与普遍性的统一

从学习的内容来看，学科实践是特殊性与普遍性的统一。实践不能盲目地展开，必须要体现出学科性，既包括该学科独有的部分，如研学课程（含科学学科内容、科学学科核心观念、科学学科思想方法等），也包括在实践推进过程中突破学科边界所涉及的与其他学科的关联、跨学科共通的范式和概念等。由此展开的学习主要特征就是综合性。譬如美国《K-12科学教育框架：实践、跨学科概念与学科核心概念》指出，科学与工程实践、学科核心观念、跨学科概念三个维度有机构成了科学学习的全过程，三者的关系是有机统一的。其中，包括了四个领域的学科——物质科学，生命科学，地球和空间科学，工程、技术和科学应用；还有七个跨学科概念，即模式、因果关系、规模、系统和系统模型、能量与物质、结构和功能、稳定与变化。这些跨学科概念在各个学科领域都有所渗透，使得不同学科之间的边界得以打通。因此，围绕科学学科展开的实践是特殊性（学科）与普遍性（跨学科）的统一。

4.个体性与社会性的统一

从学习的历程看，学科实践是个体性与社会性的统一。杜威有一句名言：教之于学，犹如卖之于买。教了不等于学会了，只有学生真正"买账"（即学会）了，教学才是有效的。在这个过程中，至关重要的环节是如何将课本上命题性知识变成学生真正理解并知道运用的知识，只有将实践作为桥梁，教学才能实现质的飞跃。美国《K-12科学教育框架：实践、跨学科概念与学科核心概念》也指出，"我们的期望是：学生将亲身投入实践，而不是只学习关于实践的二手资料"。从这个意义上讲，科学研学实践首先是个体的实践，只有亲自投身实践，验证命题性知识，才能说一个人真正地掌握了知识。当然，学科实践绝非孤立的个体行为。以科学实践为例，《K-12科学教育框架：实践、跨学科概念与学科核心概念》提到的"基于证据的论争""获取、评估和交流信息"等活动，都需要多向互动和协作才能实现。马克思（K.Marx）曾说："人的本质是一切社会关系的总和，人类天然地具有社会属性。"在信息时代，知识内容及结构有复杂性，知识更新速度愈来愈快，意味着学科实践势必要在学科共同体中展开，乃至超越学科范畴延伸到社会大环境当中。在这个趋势下，科学场馆研学将会进一步模糊学科实践与生活实践的边界。

（四）科学场馆研学主张：学在协作

"协作"，《现代汉语词典》解释为"若干人或单位互相配合完成任务"。一份优秀的科学研学课程设计离不开多方资源的共同努力，活动开展时，师师、生生之间的配合也至关重要。因此，在课程开发时各方需要思考：

学校如何加强与场馆的合作,为学生创造良好的教学环境?校内教师与场馆教师之间如何亲密协作,共同推进校内外课程的开展?在以小组为单位的团队协作中,学生之间如何有效合作?只有在多方协作下,馆校之间、师师之间、生生之间才能完成一次完满的研学课程。

1. 场馆和学校通力协作

为了让学生在场馆中获得更大收获,需要场馆与学校相互配合,产生1+1>2的效果。馆校合作的实质是学校和场馆为实现特定的目标而建立的一种合作关系,并且这种关系是持久的,产生的效益是正向的[①]。馆校合作将场馆中关于教育教学的软硬件资源引入现行的小学课程教学中,能够充分发挥场馆的教育功能、教育优势和教育价值,扩充了学校的教育资源,因此,馆校合作实质上是将场馆与学校的资源最大化利用的一种新的教育方式。要注意的是,场馆要对学校的课程有充分了解,并且依据课程标准制订适合学校以及学生发展特点的课程计划,只有这样场馆与学校的合作才会达到最大化,场馆课程资源的利用率才能提高。馆校合作过程中的智识参与较之普通场馆学习有较大的优势,一方面,它是明确的目标导向型活动,学生在教师的指导下清楚地知道自己应该获得的结果;另一方面,馆校设有科学的评测模式,在不断地反馈与调整过程中,能够使学生的智识参与最优化。

2. 教师和场馆导师协作

人才建设是课程成功进行的一个必要条件。对此,西方馆校在合作中十分注重对中小学教师的博物馆课程设计能力与合作能力的培养与培训。教师通过对博物馆资源的熟悉程度与把握来指导课堂资源的准备,同时还可以提升自身的专业水平。馆校合作对学校和博物馆而言都是一种全新的尝试,要想顺利地开展馆校合作,除了校内教师要具备综合的能力与素质外,场馆教育工作者也应具备教育领域的专业知识和技能。基于我国场馆教学的基础情况和授课特点,现有常规研学课程存在一定的弊端,

---

① 黄丹萍. 素质教育理念下博物馆教育与学校教育的有机结合[D]. 哈尔滨师范大学, 2016.

即场馆教师在讲授时，更多的是在"讲"而不是在"教"。场馆教师关注于场内展品本身的内容，但是在面对学生时，简单地陈述不利于学生对知识的理解与吸收。校内教师具有一定的专业授课能力，但是对于场馆内知识了解不多，如果校内教师与场馆教师相互协作、相互交流、相互学习，各取所长，将校内教师具有的对学生学习情况的分析能力与一定的授课技巧，与场馆教育工作者对场馆信息的熟悉度相互融合，将有利于课程的开展与推进。

3.学习伙伴的共同协作

研学课程是一项以学生为主体，激发学生自主能力的主体性实践活动。学习伙伴在彼此尊重中分工协作，提高合作意识与合作能力，这既是一种有效的学习方式，也是时代和社会对未来人才的要求。因此，在研学中越来越强调学生合作探究的体验。原教育部基础教育一司司长王定华在全国基础教育学校论坛上谈道："研学旅行要以动手做、做中学的形式，共同体验，分组活动，相互研讨。"场馆研学课程以引导探究与合作学习为课程教学方式，使学生在学习中积极合作，集体参与，促进了学生之间相互帮助与学习，提高了彼此的合作意识，养成了良好的学习习惯。通过群体化的活动，不同个性的学生在团队中能够尝试寻找合适自己的位置，在教师的指导和协调下获得更好的发展。

（五）科学场馆研学主张：学在贯通

"融会贯通"出自《朱子全书·学三》："举一而反三，闻一而知十。乃学者用功之深，穷理之熟，然后能融会贯通，以至于此。"这个词告诉我们，知识的"学会"和"会学"的方法是相通相融的。因此，在学习中能够融会贯通，定是既有真正"理解"、能够"迁移"并已"内化"的系统知识建构，又掌握了规律性的学习方式和方法。场馆研学一般发生在场馆、大自然、企业工厂等非正式学习场所，这类学习场所和我们的生活密切相关，具有实践性、真实性等优势。学生在研学活动中，通过真实的实践和探究唤醒每一处感官，触发其思维的律动，科学规范地贯通教师的教授与自主学习、科学知识内化与素养技能形成、个体情感体验与理性思维养成之间的联结。通过场馆研学抓住学习的本质，融会贯通，达成内化建构。

1. 教授与学习的贯通

学生是研学课程的中心，教师是活动的推动者、辅助者。研学活动中教师既要引导和规范学生的学习，又要尊重和培养学生的主体性。通俗地说，教师的"教"是为学生的"学"服务的，教师在教的过程中既要保护学生的创造性思维，珍惜学生的独到见解，又要鼓励学生大胆质疑、提问。学生在活动中除了承担学习的任务，从某个角度来看，也承担着"教"的角色，比如在团队中互相指导，协助完成小组的各项任务，对同伴作出准确正面的评价。

2. 认知与践行的贯通

场馆研学课程作为一种课堂之外的综合实践课程，其目的就是要让学生在实践中感受生活、感受自然、感受社会，真正做到"知行合一"。学生通过亲身的实践，在实践中理解知识、验证知识、运用知识，真正实现"知识—实践—知识"的良性循环，达成知与行的贯通。课程设计者在开发课程前，不仅需要制订知识目标，还需要针对学生的技能、探究能力设置知识和实践融合目标，让学生在掌握知识的同时，提升一定的生活技能、动手能力，提升学生的多方面素养。

3. 情感与理性的贯通

场馆研学活动的类型较为多元化，内容也很丰富，带给学生强烈的学习体验感。学生可以在非正式学习场域学习知识、欣赏自然、体验历史文化、考察社会活动，在此过程中，学生不仅能对我国优秀传统文化有更多的了解，还能感悟到革命英雄的奉献精神，感叹改革开放之后祖国的巨大变化和显著成就，这些都可以增强学生对中华民族的自豪感、认同感，培养他们的爱国主义情怀，鼓励他们自主投入建设富强、民主、文明、和谐的社会主义事业中。学生通过丰富、真实的研学活动，在收获文化知识、技能的同时，形成正确、积极、向上的人生观、价值观，理智与情感双向都得到升华，促进情与理的贯通。

（六）科学场馆研学主张：学在节点

所谓"节"，多指竹子或草木茎分枝长叶的部分，如竹节、节外生枝；也指物体的分段或两段之间连接的部分，如关节、两节车厢；还有段落、事项的意思。在不同的语境中，"节点"的意思不尽相同，本书的"节点"特指场馆研学中学习主体的认知规律关键点、课程内容衍生节点、资源素材的联结节点、科学学习的逻辑节点等。场馆研学课程是国家课程的延伸和拓展，又因为课程实施在校外场域，所以特别强调与国家课程的密切联系、强调与学生的成长需求匹配、强调与场馆资源联结、强调与科学学习逻辑吻合。在场馆丰富资源的支持下，学习内容存在了更多可能性，笔者主张学习结合不同领域的内容，在适当或关键的节点发力，有效提升学生情感上的感知。

1.认知规律是关键节点

场馆学习是"以学生为中心"的，充分发挥非正式学习理念赋予学生更大的自主学习空间。教师在实施教学工作的过程中，以对学生开展学习指导为第一目标，重视对学生学习技能、学习思维的开发与培养，不再强调课程本身的教育功能，而是将教育活动转移到不同的环境中开展，多角度引导学生参与真实的科学探究活动，从而进一步激发学生的兴趣。儿童认识发展理论指出，儿童认知结构的发展对教育教学有制约的作用。因此教师设计课程首先要符合学生的认知规律，在明确不同年龄段学生身心发展、兴趣点、已有知识和经验的基础上，立足学生发展结构，遴选适宜的场馆学习资源，选择能促进该阶段学生认知发展的科学内容进行开发。同时，还需关注学生的不同需求，针对学生的差异，在学生成长的关键节点开发课程。如此，研学课程才能够精准引起学生的求知欲，使学生积极主动地参与研学活动，提高其学习效率。

2.课程内容是衍生节点

场馆研学课程是一门校本开发的综合实践课程，课程内容的设计紧紧围绕着学生发展目标展开，并根据时间节点和区域资源设计不同的课程内容，体现了课程的综合性和学生参与的自主性，关注学生活动的过程性和体验性，帮助学生不断突破认知边界，由点及面地拓展学生体验的范围。场馆课程内容具有整合性、自主性、过程性等特性。因此，研学课程内容的设计需考虑通过三种方式衍生拓展。第一，在课程整合中衍生（综合性）。从课程整合的视角把研学活动课程化、系统化，根据学生的年龄特点选择相应的课程内容，并与学科学习整合，与班级、学校活动整合，从而实现科学场馆研学课程主题、学习方式、知识内容、参与主体的整体设计。第二，在学生参与中衍生（自主性）。在课程内容的推进中，一般有固定的项目课程并随学生年龄增长而不断深化，比如自护自理课程、行囊准备课程、研学营地的选择、研学手册的制作等，为学生提供更多的自由度，充分发挥学生的主观能动性。在研学前，组织学生一起参与行前安全紧急预案制订，学生根据课程内容安排发表建设性意见，共同参与《研学手册（单）》的研制和课程内容的具体选择等。第三，在学生实践中衍生（过程性）。相较于传统的课堂教学，研学课程更注重培养学生解决实际问题的综合实践能力，在一定程度上可以匡正当前学校课程过于偏重书本知识、课堂讲授，以及学生被动接受学习的弊端，弥补学生经验狭隘、理论脱离实际的缺陷。在课程的开发过程中，课程内容设计要注重学生的真实体验与发现，鼓励学生积极参与、独立思考、勇于探究；注重学科知识在生活中的实际应用，强调学生通过自身实践和实际操作发现问题、解决问题；注重培养学生与人交往、合作的能力，以及积极向上的价值观和情感体验。

3.资源素材是联结节点

课程资源是实现课程教学目标的基础条件和重要保证。"谁赢得了课程资源开发与利用的先机和活力，谁就会在课程教学改革大潮中先人一步、快人一拍，领先走向开放性教学的良性发展之路。""问渠那得清如许？为有源头活水来。"场馆资源为科学场馆研学提供了最重要的学习资源，不同的场馆提供着不同类型的知识和技能实践场域。就科学教学来说，充分利用校外场馆资源，既有利于激发学生的学习兴趣、优化教学结构和过程，又有利于开阔学习视野，不断丰富课程内涵、拓展教学活动的深广度和厚度。笔者所指的场馆不仅包括博物馆、科技馆、研学基地等，还包括公园、工厂、医院等一切具有教育意义的场所。众多的场馆给课程设计提供了无限的可能性，但最终的设计应该遵循小学科学研学课程开发逻辑，把场馆资源与科学课程进行联结。首先，选择的场馆资源内容要和研学课程内容相匹配，符合教学的要求；其次，在研学主题统整下，根据场馆内的资源和课程内容进行结构化设计，细化课程学习的每一个环节，如选取合适的展品、最佳活动场所，进行综合知识渗透，形成体验式探究活动；最后，在场馆资源的保障下，让学生在环境优美、现代化的学习场地中，亲身经历科学实践、了解科学技术，获得各种体验感受，在真实的学习情境中不断成长。

4.科学学习是逻辑节点

基于场馆视域的学习逻辑由学生认知序列、学科内容特征、学科核心素养、学习效果反思四个节点构成。学生认知序列是学习逻辑的重要影响因素。不同年龄阶段的学生具有不同的认知水平、认知模式，这使学生认知序列表现出由具体到抽象、由简单到复杂的序列过程。因此，研学学习要遵循学生的认知发展水平，要重视学生在学习过程中真实地投入其感觉、知觉、思维、情感、意志、价值观，发挥学生的主观能动性。学科内容特征本质上包含了学科发展的来龙去脉，其发展顺序是学生学习该学科之后获得发展的缩影，蕴含着核心内容群与教学主题，因此，学生所能习得的知识、具备的能力具有学科特征。这要求场馆学习的内容尽可能规避零散的、繁杂的、无序的知识点，通过构建学科核心内容群，形成具有反映学科本质和一定挑战性的教学主题。科学学科的教学逻辑要注重学科本质特征，帮助学生在学习中形成学科思想和学科核心素养。教师在研学教学时应充分考虑科学知识的特点，站在科学发展的视角，帮助学生探求学科结构，形成科学逻辑和科学思维，注重学科核心素养涵盖的学科知识、关键能力与学科思维的培育。学习效果的评估离不开对学习效果反思，反思是保证学习活动能够深层次发生的基本条件，在一定程度上保证了学习的批判性、独立性与实践性。场馆研学依赖于学生自身对研学结果的反思，缺少反思容易陷入浅层学习。在研学实践中抓实学习的反思与元认知，有助于学生主动对学习过程进行回溯和再思考。教师借助学习效果反思可以改善研学课程实施过程、提升教学质量；学生借助学习效果反思可以诊断自己在学习中存在的问题，促进其对学科概念进行深层理解，拓展并重构自身的学科知识结构。

第三节
场馆研学课程设计的整体构架

> 研学旅行作为新事物，因其自身理论和实践体系不完善，引入中小学教育系统后使得研学课程的发展参差不齐。多数机构或研学基地组织的研学活动，尚且停留在"学而不研""游而不悟"的浅层学习。研学实践教育虽是近几年基础教育领域较为热门的研究话题，但多从各级政府文件的解读、基地的建设、泛课程设计等方面进行研究，基于国家课程建设的基础开发符合学生身心发展规律的研学课程相对较少。本节以小学生为研究对象，对该学段学生的情绪发展、学习能力、认知能力、记忆能力和人际交往能力等方面进行分析，在综合实践教育基本原则的框架下，探索小学科学场馆研学课程开发、设计、实施的策略和方法，并初步构建科学场馆研学课程模型和基于素养导向的研学课程开发三大模式。

一、场馆研学课程的内涵

小学科学研学课程是教师依托场馆资源拓展延伸科学课程的实践载体，强调以学生为主体，通过开展项目式学习的教育活动来传授科学知识、提高学生探究能力、科学素养。小学科学研学课程开发，首先在于拓展学校的教育空间，将学校课程与校外活动结合，提供"教育所必须、学校所不足"的教学资源，使之成为学校教育的有力补充。其次是从育人成效角度出发，通过研究科学场馆研学课程与学生核心素养发展之间的相互作用，探明其多样化的表现形态，真切把握研学课程建设的本质和动态规律，形成科学研学课程建设的程序与策略，进一步推进区域科学研学课程朝着实践化、规范化、品质化的方向发展。以场馆教育为基础，以研学课程建设为核心，其最终指向的是让研学课程能够有效融入学校教育课程体系中，不断提高学校科学课程的实施成效。

二、场馆研学课程开发的逻辑

场馆研学课程的开发是基于学校中长期发展需要和师生主体的现实诉求而开展的活动，以落实党和国家关于科学教育育人的政策方针为导向，以培养具有综合素养人才为指引，以统筹调配校内外多元主体的多种资源为支撑，进行设计和实施。在深化现代教育体制改革中，场馆研学课程开发遵循"以素养提升为目标""做好国家课程的延伸和拓展""基于大概念统整视域下学习进阶有序发生"的实践活动逻辑，以素养逻辑为基础，有序衔接知识和实践逻辑，力求找到科学场馆研学课程开发转变的创新之路。

（一）目标：指向核心素养提升

随着新课程改革的深入，推动提升学生的核心素养成为课堂教学的重要目标之一。学科核心素养是学科育人价值的集中体现，新课程标准凝练了学科核心素养，明确了通过小学科学教学使学生在价值观念、必备品格和关键能力等方面应达到的水平，精选课程内容，促进学生科学核心素养的落实。科学核心素养包括科学观念、科学思维、探究实践、态度责任等方面。在科学观念的培养方面，教师在进行科学场馆研学课程资源开发时，可以从把握科学观念在解释自然现象、解决实际问题中的应用，凸显研学课程的实践意义，精选适合学生进行科学研学的内容三个方面出发，从而培养学生的科学观念认知能力。在科学思维的培养方面，注意在研学活动的创设中留白，给学生自主思考和发挥的空间，锻炼学生自主学习、形成思维、运用能力，把思维发展的过程让渡给学生，学生自主将学习的内容进行应用和延伸,从而提升综合思维能力。在探究实践的培养方面,教师在进行资源开发时,要注意选择适合学生动手操作、实践体验的研学内容,让学生在真实的体验中形成科学探究能力、技术与工程实践能力和自主学习能力,落实核心素养的培养。在态度责任方面,研学活动应该注意培养学生正确的价值观念,理解科学世界与人类的关系。教师在进行资源开发时,要注意开发内容的深度和高度,要注意开发适宜学生通过亲身体验进而思考人与科学关系的内容,给予学生在学校课堂感受不到的最直接的直观体验[①]。

(二)内容:国家课程延伸和补充

新课程标准优化了课程内容结构,提出设立跨学科主题学习活动,加强学科间相互关联,带动课程综合化实施,强化实践性的要求。然而在现行推广的科学教材中,由于课时安排及学校、家长对于学生安全的考虑,教材当中的部分跨学科活动和需要实地观察或者体验的活动存在走马观花的现象,并没有得到真正的有效实施。因此,在场馆研学课程中,教师应依据课程标准有效依托校外资源和学习场域实现教学目标,提供真实情景深化对教材复杂知识的理解,培养学生的实践应用能力。可以概括为本课程的实施是教学内容在校外课堂的有效延伸,是给予教师进行科学场馆研学课程资源开发最直接的依据,是落实学生核心素养培养的有效媒介。需要提醒的是,教师在进行场馆研学课程资源的开发时,要结合教材活动探究内容,开发与教材活动内容一致或同类的课程资源,使拓展教材活动探究内容发挥实践教育价值,真正做到知识的延伸和补充。

(三)过程:指向大概念的学习进阶过程

《义务教育科学课程标准(2022年版)》将科学内容分为13个学科核心概念。这些概念具有中心性、持久性、可迁移性,呈现出网状结构,是科学教育中基于大概念的学习的重要改革理念。学习进阶则围绕着学科核

---

① 周璇,何善亮.中小学研学旅行课程:一种新的课程形态[J]教育参考,2017(6):6.

心概念构建而成,核心概念在学习进阶的设计中起到了"中心骨架"的作用。在研学课程中,依靠恰当的教学策略,使学生关于某一核心知识及相关技能、能力、实践活动在一段时间内进步、发展的历程呈现发展序列,这说明学生对核心概念的理解不是一蹴而就的,需要经过许多个不同的中间水平。这种发展变化绝非是简单的、线性的、单维度的,它是多种因素相互联系、相互作用的结果。一方面,指向大概念的学习进阶能够统整学科中的许多知识、技能和事实,使知识形成体系;另一方面,借助于统整后的知识体系,学生能够组织、建构和扩展他们对科学的理解,从而达到解决问题的目的。

三、场馆研学课程开发的流程

周子烨教授认为"研学旅行课程开发的程序是:资源收集调研——资源分析筛选——资源整合"。学者曾磊认为研学旅行课程开发思路应"从主题选择、内容选择、课程设计、课程实施、课程评价五个方面"入手。研究者邱涛认为"活动课程开发的技术路线为:明确研学主题、确定研学目标、选择基地资源、融合学科知识、综合研学要素、编写研学方案、研学实践检验"。综合国内学者的理论成果,自2018年以来课题组全体成员及思明区徐晨来名师工作室全体小伙伴结合泰勒、多尔等课程开发理论,从核心素养培育角度整理出"明确课程主题,确定课程目标——搭建课程框架,构建课程支架——形成课程方案,夯实课程内容——形成实施方案,提供课程体验——获得课程成果,课程优化提升"场馆研学课程开发五大环节。基于场馆的科学研学课程将校外场馆中的资源和国家义务教育科学课程内容作为研学课程开发实践的生长点,以研究性科学实践探索活动为形式,有效实现科学学科的育人使命。

(一)明确课程主题,确定课程目标

确定课程主题是课程设计的第一环节。这时需要设计者做好两个分析,一是对学生特征的分析,包含对学生的基础知识和基本技能掌握情况以及学生的学习能力、创新能力、实践能力和思维能力的分析;二是从课程整体设计角度进行顶层分析,包括对科学学科课程标准的分析(包含涉

及的其他学科)、对学习内容的分析(包括所需要学习的知识点、掌握的学习方法和培养的价值观),也可以从学习的难易复杂程度、研学活动地的独特性,以及活动开展地的环境和设施进行分析。第二环节为制订研学课程需要达到的任务目标,进一步将课堂的学科知识与学生的实践紧密结合,补充书本之外的相关知识内容。这样一是可以厘清开发的中心思想,让整个开发过程紧紧围绕目标,增强开发内容的针对性;二是可以梳理出总体的开发途径与方法,使开发过程明朗、清晰,提高开发效率,减少开发的无序性和杂乱性。

新课程标准要求5至6年级的学生知道地球系统不同圈层的相互作用产生了各种自然现象、掌握自然灾害对人类的影响和防灾减灾常识,并要求学生认识地震的危害和成因、学习抗震防灾的基本常识。但在传统课堂中,教师多以富有冲击力的图片、视频以及实验模拟材料构建学习环境,难以复刻真实的地震场景,学生在缺乏具身感知体验的情况下,学习效果欠佳。作为防震减灾类科普场馆,在提供专业性、行业性、研究性科普教育服务上具有天然的优势。然而在具体投入使用过程中,因为展项多、课程不系统等,学生难免走马观花,科普教育效果甚微。课程设计者通过分析学生的需求和馆校的优势与不足,确定主题和课程目标,结合实际需求,积极挖掘家乡场馆资源,将研学环境锁定在具有逼真体验场景的"厦门市防震减灾科普教育基地",并根据具身式研学课程设计原则及《义务教育科学课程标准(2022年版)》的要求,设计了"防震减灾"研学课程并开展教学实践。

(二)搭建课程框架,构建课程支架

课程框架是研学课程的主心骨,在确定了研学主题和目标之后,需要理性分析学生的实际需求,基于此进行课程资源的选择,科学整合相关学科的基础知识,再融入研学主题的探究活动。课程一般分为研学前、研学中与研学后三阶段,开发者可根据学生需要,有目的地对课程结构进行设计。

研学前阶段是准备阶段,包括目标的确定、路线的设计以及活动的准

备。研学目标是根据相关教材内容及其对应的课程标准，围绕科学核心素养进行设定。研学路线的选择应通过地图模拟后实地考察，将安全性放课程的首位，同时结合时间的长短及研学内容的设计来综合确定。而活动准备包括知识准备、工具准备以及安全准备。为了避免知识准备中出现设计者随意地对知识进行简单挑拣的现象，特别指出所需要准备的知识是指学生认知范围之外，而又与研学内容息息相关，以及知识结构比较复杂，学生容易搞错的知识。

研学中阶段是研学导师带领学生到指定地点进行研学活动的过程，是学生习得科学知识，提升自身素养的具体途径。考虑到研学课程承载着高质量学习的重任，设计者应提前充分了解研学地点的资源特征，结合教材内容，站在统一规划的高度，对研学内容进行精心规划，使研学内容形成一个有机的整体。结合以上分析，研学途中为学生提供研学旅行考察活动表与任务单，考察活动表由考察项目、地点、活动、发现四部分组成。由于某个研学主题内容笼统，知识体系繁杂，故在主题下根据知识的侧重点不同，将一个主题细化为几个课题，而考察项目是包含的所有知识点。考察项目的设定，将研学主题分割成不同板块，方便学生明确知识目标、了解活动内容。辅助工具研学手册就像学习单，相当于传统课堂上使用的书本练习册，便于辅助学生学习和记录、讨论问题等。

研学后阶段是研学活动的总结、评价阶段，包括成果展示和填写评价表。学生在这个阶段对考察内容进行梳理，梳理完成后，以小组为单位进行成果展示。展示的内容应包括学生的资料获取通道、整理思路、成果呈现。

"气象追踪之旅"科学场馆研学课程依据"重参与、重过程、重体验"的理念，以学生需求为导向，以场馆资源为基础，以双向自我实现为目标，基于学校和天文气象馆，将"气象追踪之旅"课程分解为研学前、研学中、研学后三个渐进式学习模块：俯瞰鹭岛——气象现象我来说、秋季追踪——气象专家我来当、学无止境——气象万千我来展。依据情景线的设计，形成"追忆莫兰蒂""气温知多少""天上云·地下雨""吹进风世界""天气'候'报"和"多样气象展"共计6课时研学内容。在每学时研学过程中，每一课时都制订了具体单元的教学目标、教学重点、教学步骤，有对应的评价标准去衡量。本课程突出以"学生为中心"，基于单元教学为课程生长点进行设计，从感知到探究再到运用，单元教学目标在各课时中逐一达成。利用场馆研学模式进行单元设计，力求"把课堂还给学生"，构建以学生为主体的开放式课堂，注重学生的亲身实践和社会交往；将探索性学习贯穿研学课程始终，学生的"被动听"转为"主动学"；立足于生活经验和感受，有机融合学生内心的感性与理性知识，激发学生对知识的渴望，将学习动机转变为学生的内部动力。

（三）形成课程方案，夯实课程内容

课程方案是课程设计的灵魂，包括基于什么样的背景条件对课程内容进行选择、课程的学习方式、课程的设计策略、课程的主要环节等。课程内容的选择不仅要基于一定的社会环境背景，还要符合科学课程标准、结合小学科学教材的内容，更要考虑到科普场馆的实际情况以及学校和学生的因素，选择契合课程标准和小学科学教材内容、符合小学生年龄特点的场馆资源，结合学校实际进行活动教学。同时课程内容与要求也是对课程组织结构的具体阐释，对每一模块下的主题活动内容、活动目标、活动地点、学习对象及课时量等进行说明。课程具体活动是整个研学活动的要核，是在联系资源特点和学生的认知规律的基础上，通过制订实验、观察、访谈、手绘等活动内容，充分利用学生的认知负荷、调动学生的积极性，打开学生的认知思维，使学生在头脑中形成原理、形态、特征的系统知识链条，以弥补课内教学方式的局限，促进学生在真实情景中的认知发展。由于研学旅行途中的实际情况千变万化，在课程方案设计时，特别是每个课程活动实施后要设有"考察发现"部分，为学生的知识探究留下思考空间。学生在考察活动中根据实际情况，将相关信息记录在任务单上，方便后期对知识的整理与复习。本书的第三章至第十章分析了8种不同学习方式和学习特点，实施价值和意义，确定了其特有的学习流程，提供了8个学习方式视角下科学场馆研学课程案例，案例内容包含：课程开发背景与开发愿景、课程目标、课程基本属性、课程具体结构与内容、课程实施过程分

析、课程评价等环节。

（四）形成实施方案，提供课程体验

课程的实施方案是研学课程的血肉。课程实施方案主要是指场馆研学活动课程实施过程中的具体安排和实施的主要组织形式。实施过程的具体安排主要包括学习对象、课时安排、活动时间、活动地点、学生活动所需的材料和教师的准备等。实施过程中的具体组织形式是指课程活动的组织策略，也可以按照参观前期准备（包括场馆、学校、教师和学生的准备等）、场馆现场活动过程以及参观后续活动的发展分别进行阐述。在课程实施前，学校要根据课程计划事先与场馆联系，明确活动的时间、要求以及场馆配套的支持要求，保证学生带着任务来。在体验、发现、探究等活动过程中可以引入学习单作为活动引导性工具，以帮助学生自主学习，使每个学生都能最大限度地参与到学习任务中，体验主动发现、主动探索、解决问题的学习过程。在小组合作进行探究性调查活动时，利用学习单可以使学生更好地进行分工合作，并记录下每个人的思考轨迹，充分体现了合作性和探究性。而且学习单的使用可以帮助教师进行角色的转变，由知识的传授者转变为活动的组织者、帮助者。在课程实施方案的指导下，课程建设还设计了研学任务单（册）、研学微课、搭建展示和互动评价平台等，帮助研学者对体验行为、展品使用、展品理解获得有效的引导。通过内引外邀，补充校外学习资源，提供学习支架，为研学者更好地利用场馆资源，理解展品内容和主题提供真切的帮助。

（五）获得课程成果，课程优化提升

课程的成果指的是课程的评价，包括评价原则、评价内容、评价方式等内容。评价一个课程有许多标准，如学生的参与度和积极性、教师的教学能力等，但从根本上来讲，课程评价要关注学生，以学生为本。新课程标准提出课程评价的目的是要了解学生实际的学习和发展状况，发现和发展学生的潜能，以促进学生的学习，提高每个学生的科学素养。所以课程评价要从关注教师的教转向关注学生的学，促使学生体验探究的过程，组织学生主动参与到学习、活动中，关注学生在小组合作交流以及学习过程中的表现，而不是仅仅注重学习的结果。同时，科普场馆活动课程的开发是要促进师生共同发展，所以课程评价也要有利于教师进行课程总结，让教师能够根据学生的实际需要不断地调整方案内容，促使教师不断提高自己的教学水平及课程研究能力。成果展示的形式多种多样，可以让学生自行选择，也可统一规定某种形式，常见的形式有PPT、板报、小论文等。由于研学旅行有综合性、实践性的特征，因此不仅需要在知识层面对学生进行评价，还需对学生的深层次素养进行评价。为避免评价流于形式，教师在组织评价内容时，应尽可能全面且详细。设计的课程评价表对应三个不同时间段，评价项目分为研学准备、研学实施、研学总结。每个项目内对应该时间段的学生表现，并由学生自己、小组成员、教师分别完成填写。评价表后附有学生对自己表现的个人反思，以督促、引导学生及时针对自己的不足进行反省、改正。评价表里的考察地点对应考察项目，为该次研学资源内所挑选的最合适的地点，在挑选过程中，应注意资源的安全性与典型性。

四、场馆研学课程开发的原则

当下社会上开展的研学，虽然挂以研学课程的名义，但实际上大部分只是无目的"被动式"体验和"走马观花式"旅行体验，并无课程实质。因此，在开发之前应先确立一些原则，才能为课程开发提供明确的导向，规范课程开发的目标、内容、方向。一般而言，基于核心素养培养考量，着力从课程设计的视角出发，依据课程标准和相关知识领域，主动选择有意义的教学内容和场馆资源素材，制订精准的学习目标、策划结构化的学习内容和设计序列化研学活动，辅之以全程持续性的学习评价等，才能更好地发挥研学课程所具有的沉浸式学习优势。

基于场馆的小学科学研学课程，其课程目标的定位是更好地让学生在真实的世界中获得综合素养提升。从课程属性上来说，首先，它隶属研学课程，是基于区域科普场馆资源视域下开发和实践的课程。其次，小学科学研学课程是基于小学科学课程教学标准，为提升学生科学素养开展的小学科学拓展性课程，它是学校校本课程建设行动的组成部分，是学校对国

家科学课程的校本化改造,它与学校的整体课程内容既相互补充又各自独立。再者,基于场馆的研学课程同样具有稳定的课程体系,研学内容具备缜密性、有序性和结构性的特点。基于场馆的小学科学研学课程,能够充分发挥场馆优势,突显研学课程的优点,成为科学课程的有效延伸。

(一)课程目标设置:精准化原则

基于场馆的小学科学研学课程,是参与的在校学生都要掌握和共同学习的综合体系,因此目标的设置要符合课程规范。只有系统分析学生的需求、研学内容、场馆资源的优势后,在课程标准纲领性文件的指导下,才能让课程规划更为精准,设置的课程目标、课程内容和教学要求才能够契合场馆研学实际。因此,第一,课程目标制订应该秉持"下限思维",即课程目标要面对全体学生,把握好课程目标的难易程度,切不可把课程目标制订得过高,也不能过低,学生通过努力可以摸得到、够得着的标准,才能适应评价的导向作用。第二,制订的研学目标应该具有"唯一性",即依据学生发展所必需的,针对校内没有完成或者完成效果不佳的现状,制订出校内外各有侧重,密接但是不交叉、分层又有递进的教学目标。第三,目标需要具体行为动词来描述,可以采用布鲁姆对认知领域的教学目标分类方式,从记忆、理解、运用、分析、综合和评价六个层次,呈现层次性的课程目标,以利于明确评价方式并满足师生自我评估的要求。只有以课标为核心指导,结合研学内容精细化设置目标,才能够合理地制订出有利课程实施、引导学生成长的精准目标,让他们能够带着明确的目的在场馆中开展有意义的探究活动。推进课程目标设计的科学化和精准化,更利于教学质量与教学效果的提升。

(二)课程内容策划:结构化原则

科学研学课程的内容,往往是小学科学课程内容的延伸和拓展,因此,更需要建立新的结构化内容体系,才能确保课程内容的科学性和系统性。科学研学课程内容结构化对于研学实践具有重要作用,课程设计者必须结合学生的认知规律和发展阶段,将课程内容结合场馆实际,按照一定的纽带进行排序和归类,使孤立、无序的内容变成具有一定逻辑关系且相互联系的整体。结构化策划课程内容主要采用以下三个方法：一是基于知识联结的结构化方法，课程设计者寻找知识之间的相互关系或存在的逻辑关联，或者是研究对象存在的交叉与重叠，把分散的知识通过某种要素进行结构化编排；二是基于认识路径的结构化方法，对于一些跨度较大的知识和内容，可以从认识路径或研究方法或应用场景的角度，寻找内在联系，明确分类标准，使之成为有机联系的结构化课程内容；三是基于学科大概念的结构化方法，围绕科学大概念对课程内容进行编排，将大概念分解成不同层级的概念体系，围绕概念的层级关系形成结构化内容。就如布鲁纳所认为的："获得的知识如果没有完整的结构把它们联系在一起，那多半是会被遗忘的知识。"当学习以结构化的方式展开时，学生可以迅速地理解所学知识的意义及其来龙去脉，随着学习的积累，学生会逐渐加深对概念的理解，从而形成自身知识的建构，在往后应用时能快速地检索提取。科学研学课程内容的结构化，成了新知识的生长点，也是引导学生科学学科核心素养形成和发展的有效途径。

（三）课程过程设计：活动化原则

对中小学而言，如果学生群体的学习离开了活动，那么知识体系的建构就失去实践根基。在这样的情形下，研学课程实践过程的活动化设计具有重要的现实意义。活动化设计课程过程指的是基于泰勒的课程理念，从培育核心素养的视角出发，从活动目标、活动内容、活动实施和活动评价四方面入手，着力改变当下研学活动的不可控性，改变原有活动的"无意识化"等问题，进而达到提升育人价值的目标。在具体科学研学课程中，以活动作为研学的载体或中介，把研学课程按一定的线索或主题，将课程所需要达成的科学知识、科学技能、科学态度、科学精神等都镶嵌于活动中，真正实现外部实践活动和内部学习建构活动的统一。活动化课程设计的步骤有三：其一，把研学课程处理成序列化的主题模块，使课程过程组织具有模块化、活动化的结构和特点；其二，把活动化的模块课程和真实生活情境链接，使活动具体内容与实践经历产生有效互动；其三，采用多种视角建构课程活动过程，依次引导学生主动参与、主动体验、协助生成、辩论和反思等有目的的行动。通过活动化设计课程过程促进外在学习环境和客观事物耦合，与主观能动群体之间的交互通感过程，实现学习环境信息化传导，实现个人知识的积累与发展。

（四）课程环境搭建：沉浸式原则

认识发展领域理论的研究表明：儿童的学习过程是通过与环境的积极互动，在头脑中构建认知结构或概念。具身认知理论指出：学习环境是指一种心智嵌入大脑、大脑嵌入身体、身体嵌入环境的多重嵌套型学习环境[1]。金伯利·基尔在畅想未来时曾说道："教育不仅发生在课堂，它还发生在包括博物馆在内的各种社会资源所组成的生态系统中。"从以上不同研究成果中可以看出研学环境的选择与创建对学习同样起着重要作用。基于场馆资源开发的研学课程就是要让儿童借助场馆丰富的标本、实物、场景等环境元素探索和了解世界，通过观察、探索和人际交往等途径理解实物，并将不同事物联系起来，形成对世界的认知。为了让研学环境能够更好地辅助课程教学，课程设计者在搭建研学课程环境时需要根据不同情况采取不同策略，例如尽可能创设增强性研学环境，突出强调与研学主题相关的环境，弱化无关环境，使学生能够聚焦学习目标和内容，更好地促进身体与环境的交互，进而提高学习效率。还可以根据教学需求采用模型或模拟替代环境来表达所需的研学环境，或者创设替代性研学环境作为必要补充。例如地表的形成这类随着时间推移进行演化的场景，可以借助虚拟现实的形式进行环境复原及演示；对有些特大型或微小型环境及无法在特定的时间内完成的学习，可以通过微型的临展等呈现完美的替代性研学环境。巧妙利用替代性研学环境既可解决环境空缺的难题，又可更加顺利地推动研学有序开展。以具身学习理论为指导搭建研学环境，能让体验性学习实现"深度"回归，学生愿意积极主动地参与并沉浸到研学活动中，在场馆研学中获得学习的最佳体验和最大收获，大幅提高学习效能。

利用场馆开展科学研学是新时代提升教育教学质量的有效路径，是场

---

[1] 单良，刁鹏博，谭晓红.基于具身认知理论的研学旅行策略研究[J].地理教学，2020(5):4.

馆等非正式学习场域的资源和正式学习场域——学校——同频共振发挥教育功能的有效创新，亦是教育界用实际行动回应新时代教育教学改革的呼唤。令人欣喜的是，越来越多的教师已经行动起来，主动关注区域中的场馆资源并基于学生成长所需设计、开发和应用"本土化、学科化"的研学课程，重构学习和实践场景、创新科学教学模式，填补学校与场馆之间的教育空白地带。希望经过笔者和伙伴们实践后思考所形成的科学研学课程开发原则，能够为开发更多优质课程提供借鉴。

五、场馆研学课程开发的模式

在西方英语世界里，课程（curriculum）一词最早见于英国教育家斯宾塞（H.Spencer）的《什么知识最有价值？》一文中。它是从拉丁语"currere"一词派生出来的，意为"跑道（race-course）"。课程就是为不同学生设计的不同轨道，从而引出了一种传统的课程体系；而"currere"的动词释义是"奔跑"，从这个角度理解课程，并放在个体认识的独特性和经验的自我建构上，会得出一种完全不同的课程理论和实践。根据这个词源，最常见的课程定义是"学习的进程（Course of study）"，简称学程。

（一）课程的开发

课程开发（Curriculum Development）是指通过需求分析确定课程目标，再根据这一目标对某一个学科（或多个学科）的教学内容和相关教学活动进行计划、组织、实施、评价、修订，最终达到课程目标的工作过程。课程开发包括课程目标、课程内容、课程实施和课程评价四个环节。目前课程开发因其诉求不同，主要分为两类，一类是以各大高校为代表的学院式课程开发体系，另一类是以各大中型企业为代表的实战课程开发体系。本书涉及的科学场馆研学课程开发体系的主要特点是强调教学知识的系统、全面，注重教学内容的严谨、科学，很显然属于第一类。从另一个角度，当前的课程还可以分为产品类别和流程类别。产品类别以结果为导向，成绩是首要目标，重点放在成果上，而不是学习过程上。流程类别则更具开放性，侧重过程，即学习在一段时间内的发展。

课程设计（Curriculum Design）是课程开发的前期工作，是对课程目标、课程内容的设计，是一个有目的、有计划、有结构的产生课程计划（教学计划）、课程标准（教学大纲）以及教材等的系统化活动。越来越多的研究者把课程设计界定为一种计划或方案。它是在学校教育环境中，旨在促进学生把知识进行迁移，进而促使学生全面发展的、具有教育性经验的计划。这种课程观突破了课堂教学的局限，把范围拓展到整个学校教育环境中；突破了以往只注重知识、经验积累的局限，把积累、迁移、促进学生发展等多方面因素作为指标，并将课程分为形式课程与环境课程。所谓形式课程，是在教育工作者的直接参与或指导下完成的，环境课程则不需要教育工作者的直接参与。

（二）课程开发模式

常见的三种课程开发模式：以学科为中心、以学习者为中心、以问题解决为中心。

1.以学科为中心

以学科为中心的课程设计围绕特定的学科或科目，如数学、文学或生物学。这种课程设计模式倾向于关注学科主题，是当前学校最常见的标准化课程模式。这种模式设计的课程的共同点在于把内容作为课程的横向、纵向结构的基础，而其他课程成分（目的、目标、学习活动等）对课程的组织所起的作用不大。与其他形式的课程设计相比，以学科为中心的课程设计不以学生为中心，较少关注个人学习风格，这可能会导致学生的参与度不高和学习动机不强烈，并可能导致对这种模式不适应的学生落后其他学生。

2.以学习者为中心

以学习者为中心的课程设计是以人为中心的哲学思想的产物。这种课程设计强调个人发展，课程的组织形式产生于学习者的需要、兴趣和目的。这意味着学习者自己要明确需要和兴趣，而不是由成人考虑学习者需要什么或他们的兴趣应当是什么。这种设计的典型例证就是"活动—经验"设计，教师实施"活动—经验"设计的重要任务是发现学习者的兴趣是什么，帮助学习者为学习而选择最重要的兴趣。所以这类课程不以学科为中心的设计方式来预先计划，只有当教师和学习者共同确立追求的目标、规定查阅的资料、计划实施的活动，以及安排评定程序等，课程结构才会形成。

3.以问题解决为中心

以问题解决为中心的课程设计与以学习者为中心的设计模式一样，根植于以人为中心的哲学理念，教学目标指向核心素养提升，都强调创设真实解决问题的情景、过程性评价和结果性评价相结合。二者的区别在于，以问题解决为中心的课程设计更强调集体的作用，重点考虑个人与社会生存的问题。事实证明，以问题为中心的课程设计模式能激发学生在课堂上的创造力，缺点是学生的个人需求和兴趣并不总是被考虑到。

（三）指向素养提升的三种课程开发模式

学者钟启全说过，核心素养要真正融入教育，必须借助教育主要载体——课程。小学科学研学课程是依托场馆资源拓展延伸国家课程科学课的实践载体，能发挥研学课程所具有的正式学习和非正式学习的优势，从而辅助学生科学素养的提升。

指向核心素养的研学课程设计需要在概念统摄下开展，依据国家科学课程标准中的13个学科核心概念和4个跨学科概念，主动选择有意义的教学内容，通过梳理概念内容、馆校内外育人目标、学生成长需求等因素综合推进实施，尽可能发挥场馆辅助优势。通过制订精准的课程目标，策划结构化的课程内容，设计有序的活动过程，搭建沉浸式课程环境，满足学生发展核心素养的基本需要，有效助力学生在真实的世界中获得核心素养提升。

笔者和团队成员们经过多年实践，总结出基于概念发展或建构视角下的小学科学研学课程开发模式有三类：以促进学科概念完善为目标的拓展型课程；以促进核心概念迭代为目标的单元重构型课程；以促进跨学科概念融合为目标的跨学科型课程。通过聚焦概念，提供清晰的、可操作、可实践、可复制的具体方法，以达到丰富和促进当下科学教育目标。

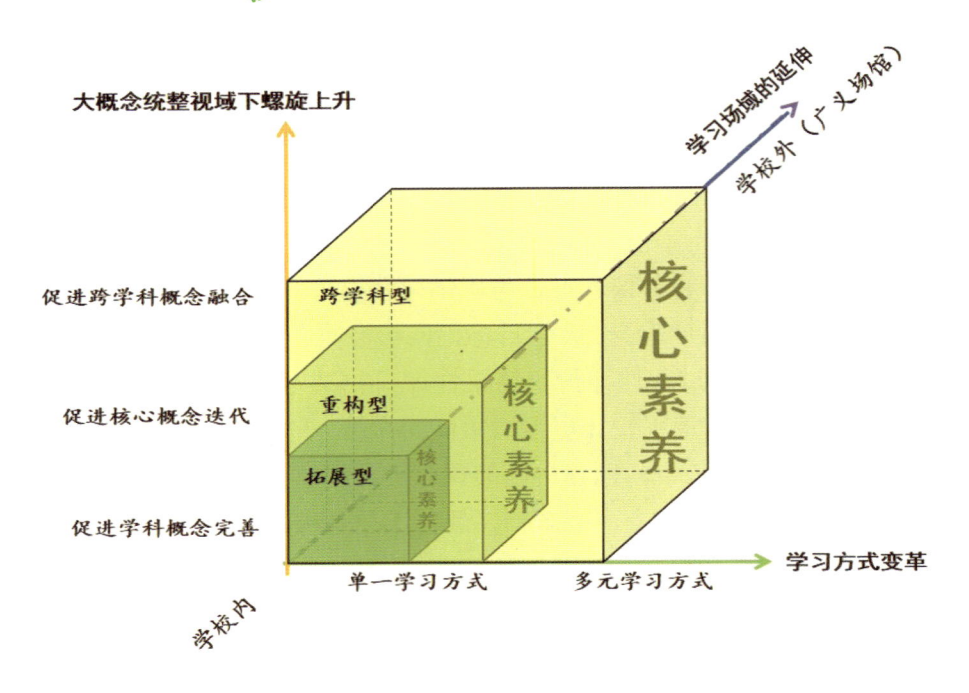

图 2-3 指向素养：小学科学场馆研学课程开发模型

1. 以促进学科概念完善为目标的拓展型课程

拓展型课程从课程内容上来看是学科课程的延续，但两者又各自独立存在。这类主题课程以完善学生的概念认知结构为宗旨，充分发挥场馆的展品、实地场景、真实体验等资源的优势对小学科学教材内容的外展延伸，着眼于激发、培养和发展学生的兴趣爱好，具有一定开放性。

拓展型课程设计需把握三个要素：①确定概念待完善处。教师首先要对概念的内涵和外延有准确定位，从学生已有的学业水平角度出发，通过分析学情和生情发现学生对学科概念的薄弱处，从"待完善概念"找准课程生长点，制订研学课程目标。②围绕概念进行研学活动设计。为了让学生在已有概念基础上提升和完善，应优先设计驱动任务环节，让学生把将要学习的概念和生活进行链接，如让学生聚焦相关话题并收集材料，引发他们的关注。然后，结合场馆资源（展品、展览、体验等）创设真实的探究空间，并在活动中注重培养学生综合运用概念、思维、创新能力，以满足学生学习进阶成长需求。③采用场馆最佳资源和空间为概念建构提供支撑。地方教育资源是研学活动开展的重要资源依托，也是研学主题的重要发源地，课程设计时应联结能用、好用、方便实施的场馆，凸显最佳资源提供的学习空间或特色的实践机会，真正发挥沉浸式学习环境的作用，促进学生完善学科相关概念。

以江苏凤凰教育出版社（以下简称苏教版）出版的三年级下册第四单元"身边的材料"为例，笔者和工作室成员发现学生经过课堂学习，已具备识别生活中常见的材料的能力，能对常见物体进行特征观察和使用，对常见材料表现出关注和进一步的探究兴趣。但是因为学习仅发生在课堂并受校内课时所限，导致学生对"材料是由物质组成的""内部物质的变化会影响外部材料的特性"等内涵感悟不足，对材料在生活中的运用认识也不够丰富，可以说学生对"材料"概念的迁移建构不完善。厦门市湖滨小学借助学校附近的"闽南非遗蔡氏漆线雕艺术馆"设计的"探寻非遗的奥秘——千变万化的闽南漆线雕"科学研学课程，就是为达成课程目标和促进概念建构而开发的，如表2-2所示。

表2-2 "探寻非遗的奥秘——千变万化的闽南漆线雕"科学研学课程设计

探寻非遗的奥秘——千变万化的闽南漆线雕				
课程目标：带领学生走进场馆参观、体验和实践，如把砖粉和大漆混合成漆泥、探究漆泥的特性、创新漆雕制作等活动，丰富学生对材料的认知。通过分析和比较，学生知道材料的性质会随着物质成分比例、制作方式的不同而改变，充分感知材料和人类生活、生产的密切关系。				
课程规划	一、初识漆线雕 1课时（学校）	二、漆线雕的历史 1课时（场馆）	三、漆线雕的奥秘 3课时（学校+场馆）	四、守护漆线雕 1课时（学校或场馆）
	认识漆线雕	漆线雕的历史演变	1.我是配方大师 2.我是工艺大师 3.我是修补大师	我是闽南非遗漆线雕传承小使者

(续表)

	探寻非遗的奥秘——千变万化的闽南漆线雕			
课程活动内容	①搜集有关漆线雕的图片、视频 ②收集非遗传人蔡水况和漆线雕的故事等 ③交流分享汇报	①参观展品 ②观看漆泥制作视频 ③观摩漆线雕制作流程	①通过对比实验探究不同物质比例变化探究、发现改变材料性质的秘密 ②用不同材料制作线雕作品 ③采用新配漆泥维修旧漆雕	①制作漆线雕宣传海报 ②拍卖线雕作品，开展义捐义卖实践活动 ③开展"我是闽南非遗漆线雕宣讲小达人"评选活动
相关概念学习	了解不同材料在生活中的运用	认识不同物质混合可以形成新的材料	知道物质成分和比例不同会使材料有不同的性质	感知材料和人类生活、生产的密切关系

可以看出，本课程设计在不改变现有国家课程结构的前提下，充分发挥当地特色资源优势，结合场馆的展品、实地场景、真实体验，创造性地对小学科学课程进行延伸，充分发挥课程独有的魅力，从而促进学生学习向更高质量进阶。

2.以促进核心概念迭代为目标的单元重构型课程

单元重构型课程是在国家课程内容基础上，以学科核心概念为纽带，按照由低到高的层次建构概念，打破学段和单元的壁垒，重视知识点之间的链接及其在生活中的运用，把素养培育的目标和学习活动有机融合在一起的项目式课程。

这类型课程设计需要把握三个要素：①以学科核心概念为中心，链接课程内容。为促进核心概念迭代升级，在大概念的视角下围绕项目主题，以单元建构方式对学科小概念进行链接和重构。②结合不同主线指向概念，进行有序整合。主线可以是主题、科学史、大概念等，按任务、时空或发展顺序，以"整体——部分——整体"或"简单到复杂"的学习形式，改变零碎的知识分布，促进核心概念的有效强化。③将学习活动和场馆资源有效整合，以促进核心概念迭代。当下科普场馆间资源各具优势但无逻辑关系，其优质内容无法和科学课程内容一一对应，整体上难以提供优质的学习支撑。若以核心概念为纽带，围绕场馆资源进行设计，加上馆校携手实施推进，能更好地促进学科核心概念的迭代升级。

以"探寻中国科技崛起之路：传统、现代与未来"课程为例。不同年级的学生分别学习物质、生命和地球宇宙领域的相关内容，了解到摩擦力的产生、利用机械能省力和降低工作难度、基因是生命体的密码等知识和技能，并关注过该知识和技能在生活的作用。通过分析，笔者和其他教师发现学生认知以不连续点状方式存在，难以从整体把握和理解"技术的核心是发明，工程的核心是建造"。于是在研学课程开发时，借助学科核心概念"技术、工程与社会"，结合科学发展史，在"技术与工程能改变和促进人们的生产和生活"统整下选择课程内容，遴选对应的优质场馆群进行单元重构，如表2-3所示。

表2-3 "探寻中国科技崛起之路：传统、现代与未来"科学研学课程设计

探寻中国科技崛起之路：传统、现代与未来		
课程目标：借助优质场馆组合探寻中国科技崛起之路，理解技术的核心是发明，工程的核心是建造，充分感知科学、技术、工程的相互影响和促进。		
学科核心概念	技术、工程与社会	
原有课程	四年级"摩擦力"	五年级"神奇的机械"	六年级"遗传与变异"
学习场馆	学校+轮胎博物馆	学校+厦门同安苏颂纪念馆	学校+鑫美园科普航天蔬菜馆
融入科技发展史	陈嘉庚和近代工业发展	苏颂和水运仪象台	袁隆平和杂交水稻

(续表)

	探寻中国科技崛起之路：传统、现代与未来		
课程规划	改变世界的历史：橡胶与轮胎（3课时）	古人智慧今犹在：苏颂与水运仪象台（3课时）	现代农业科技：基因和超级水稻（3课时）
课程活动内容	①观看《嘉庚系列：初试锋芒》《轮胎是这样生成的》《轮胎花纹作用大不同》，参观博物馆 ②完成"小轮胎，大运用"科学探究系列活动 ③实验探究轮胎花纹和摩擦力的关系	①观看《东方达·芬奇——苏颂》《擒纵机构原理》，参观水运仪象台等 ②完成"科技小达人"系列挑战：a.为苏颂写一份简历；b.完成齿轮传送任务——小球旅行记；c.完成制作擒纵结构——齿轮也疯狂 ③为水运仪象台制作一张推荐卡	①观看《袁隆平：天下粮仓》《未来农场，无土栽培》，完成对家中大米种类和数量的调查 ②参观科技大棚，观察完成"农业知识我知道"研学任务单：a.观察太空水果；b.植物健康我能辨；c.大棚科技奥秘多；d.蔬菜产量我知晓 ③实验探究：探秘无土栽培
相关概念学习	知道摩擦力在生活中的具体应用	知道简单机械及其在生产生活中的应用	知道生物的繁殖、遗传、进化及生物多样性

单元重构型课程的课程内容更加贴合学生日常生活，重新定义了学习内容与学习方法，充分展现了课程的整合性和实践性，经过不间断地实践与优化逐渐实现从知识为重向素养提升转换。

3.以促进跨学科概念融合为目标的跨学科型课程

跨学科型课程以学生的成长需求为出发点，以学生的核心素养培育为落脚点，选择内容推进整合，围绕一个或几个中心主题，融合多门学科的思维方法，引导学生在真实的情境中提高综合分析问题、解决问题等高阶能力，通过跨学科概念整体设计，整合馆校育人场域、育人行动和育人担当协同。

该类课程是国家整体课程育人理念之下的复合型综合课程,课程设计把握三个要素:①多学科"联合"。根据詹姆斯·比恩等学者的观点,课程统整既是一种课程设计的组织形态,也是一种教育理念。融合设计不是纯粹的技术手段,而是通过跨学科概念联合,消除各学科领域之间的壁垒,改变内容之间缺乏衔接的设计。②顶层设计。以学校基础课程建设作为设计起点,以科学学科为主,其他学科为辅,围绕学生关注的社会生活和发展话题进行顶层规划,同时着重考虑场馆资源和素养目标对接,以此强化学生经验及其概念有机融合。③多方协同。首先,设计者的素养需全面提升,要对其他学科的知识有所涉猎,才能实现多学科高效整合。其次,需在科学素养支撑下思考"怎样的活动才能实现学科有机融合?"最后,坚持以学生实际能力为设计起点,设计符合小学生认识规律和学业水平螺旋上升的课程,朝着跨学科概念的目标努力。

下面以"你好!科学——厦门城市探索"科学研学课程为例说明。课程以时空发展为线索,以厦门的过去、厦门的当下、厦门的未来即科学文化、科学技术、科学智造三大版块为主线,挖掘厦门市一切可利用的育人资源,除了主题场馆外,还有公园、工厂、工作室等广义场馆。因为跨越多学科,所以对学生的要求高,当学生对知识的接受和整合能力不足时,无法实现思维和各学科的整合,无法达成预期。只有依托跨学科顶层概念的指导,实现本学科和其他学科综合思维网络的建立,才能达到学科融合的最佳效果。同时在知识积累不广泛的情况下,充分调动学生的学习积极性和主动性,增加与学生的互动,正确地评价反馈,发挥学生的主体性,兼以多样化手段综合实施,才能实现科学学习跨学科融合。如表2-4所示。

表2-4 "你好!科学——厦门城市探索"科学研学课程设计

你好!科学——厦门城市探索
课程目标:以社会大课堂为书本,围绕社会生活和社会发展,以"发展学生核心素养,培养全面发展的人"为目标,引领学生在课程实践中学会参与、学会自主、学会担当,深入了解和感受独特的闽南文化,树立知家乡、爱家乡的情怀,立志成为具有匠心精神、家国情怀、国际视野的现代少年。

（续表）

	你好！科学——厦门城市探索		
课程规划	"鼓浪千年，鹭岛非遗"厦门市科学文化研学课程（12课时） 古驿站道鉴春秋 闽南童玩古童趣 珠光青瓷重现天 ……	"科学家居，鹭岛新歌"厦门市科学技术研学课程（12课时） 电磁发展妙趣多 智慧城市环保家 台风警报不慌忙 ……	"智创鹭岛，沧海放歌"厦门市科学智造研学课程（12课时） 斗转星移通天塔 人工智能多伎俩 航天育种黑科技 ……
学习场馆	区域内可育人资源	区域内可育人资源	区域内可育人资源
课程活动内容	①考察仙灵古道和闽南古驿站遗址 ②体验和制作筷子枪、小鸡啄米、纽扣小人 ③到博物馆参观了解珠光青瓷的学术价值，到挖掘现场观察古窑结构和内部原理 ……	①制作电磁铁，了解它在生产生活中的广泛应用 ②观看视频、听讲解、观察展品，完成"新能源时代你准备好了？"调查表，认识新能源 ③参观气象台，体验信息搜集和大数据分析方法，播报气象新闻 ……	①在蔡尖尾山气象台探究、观察、记录移动的行星、变化的月相、流星雨等自然现象，感知现代技术是宇宙探秘的关键和保障 ②认识从农业领域到国防领域的机械；从机械到机器人到人工智能，感知科学技术的发展和人工智能的重要作用 ③了解航天育种过程，理解基因变异的作用和原理 ……
相关概念学习	了解丰富的传统文化中的知识和技能	探索科学技术对学习、生活、生产等领域的重要影响	感受科技智造的飞速发展，在探究和设计组装过程中感知技术、工程和社会的关系

本跨学科研学课程围绕学生群体社会生活和社会发展的真实情境，以

厦门城市探索为主题，以时空发展为线索，以概念融合为目标，为学生提供真实体验。一方面，学生在解决问题的过程中必须运用多种学科知识或方法，在实践中将这些原本单一的知识、方法有机融合并转化为自己的学科核心素养。另一方面，重新构建的跨学科课程具有实践性强、理解性强、综合性强等优点，为实现跨学科概念融合提供了有效载体，是超越学校课程现有结构的综合课程。

概念建构视角的科学场馆研学课程经过多年探索与实践，在学生核心素养培养方面取得了良好成效。研学课程将知识从学校转移到场馆，突破场地限制，帮助学生将书本知识延伸至现实生活，体验真实情境；打破学科限制，整合各学科的知识与方法，帮助学生逐渐形成多元思维；不断拓展、迭代、融合概念，学生的学科核心素养在反复实践与认识中培养。与学校的一般课程相比，科学场馆研学课程不仅跨出了学校的围墙，而且在课程目标、内容、形式、评价方式等方面均有不同，成为提升学生的学习能力与人文素养，致力于21世纪的人才自主发展和社会性发展，实现学校课程体系"素养化"变革的新路径。

第四节

学习方式视角下场馆研学课程的划分依据和开发类型

转变和变革学习方式是当前教育研究和实践领域的热点话题，更是中小学课程改革的关键突破口、创新型人才培养的重要着力点。基于学习方式变革的科学场馆研学课程建设能够更加精准地着力和实现"以学为中心",将科学学科价值、课程目标、课程资源和评价等进行统整考虑和整体设计。学习方式变革具有路径依赖性,不同的学习方式变革依赖不同的变革路径。驱动学习方式变革的路径既有学生自身发展变化的需求,也有新理念与新理论、新媒体与新技术、政策等外在动因,还有学习方式自我进化等自组织系统的影响。对学生个体而言,不存在最好的学习方式,应根据学习内容、环境、自身情况选择最适合自己的学习方式。基于场馆视域的八种不同学习方式的创新和实践,最终目的是促进学生提高学习能力,从而更好地培养和提升学生的综合素养。

一、学习方式视角下场馆研学课程的划分依据

(一)以学习方式变革凸显生本取向

当下,中小学学习方式变革重在改变传统教学过于强调接受学习、机械训练的现状,倡导学生采用主动、探究和体验式的学习方式,养成应对复杂情境、解决真实问题的关键能力和必备品格。鉴于此,新型学习方式的应用必然以学生素养发展为根本目标,将"学"作为课程教学的出发点,强化"教"在课程实施中的引导和支持学习的作用,从而确保研学课程建设不脱离"生本价值"。也就是说,基于学习方式变革的场馆研学课程建设,在目标定位上强调为不同层次、不同类型的学生提供个性化、多样化的教育服务,以促进学生主动学习、释放潜能和全面发展。在这种路径下,课程目标定位不仅要重视学生(跨)学科知识的学习、技能目标的达成,还要关注学生信息搜集能力、分析能力和合作能力的提升,以及在此基础上相应必备品格的养成。

(二)以学习方式变革联动资源统整

基于学习方式变革的课程建设,要求课程必须是一个开放的系统,要与学生现实生活建立密切联系。也就是说,课程内容结构应更具开放性。

因此，要着重注意两点：一是课程内容结构要更好地适应学生学习特点的多元性，呈现"课程纲要+现实生活"的内容架构，即课程纲要所呈现的内容只是基础内容（或"源内容"），更多的学习内容是学生为完成课程目标而主动获取的外部（社会场馆、大自然等）资源。只有将整个社会变成学生成长的"大课堂"，全面拓展学生学习场域，才能真正实现课程学习的生活化。二是课程内容的课时安排应实现动态统整，打破原有校内班级授课组织形态下的学习时间分配方式，将课内、课外（节假日、寒暑假）时间结合起来，灵活设置长短课、大小课，为研学课程实施提供更为充足与灵活的时间，让学生成为学习时间的掌控者，从而更好地完成课程目标。

（三）以学习方式变革强化效果达成

基于学习方式变革的校本课程建设，需抓好实施与评价这两个关键环节。具体来讲：一是学习方式的选择，这是关系校本课程建设的基础性工作，是联动课程目标设定、内容编制和课程评价的核心问题。因此，必须注重选择和运用以"自主、探究、合作"为主要特征的新型学习方式，在突出学生主体地位的同时充分发挥教师主导作用，推动传统课堂教学结构发生根本性变革，即由"以教师为中心"的教学结构转变为"主导—主体相结合"的教学结构。二是评价方式必须与课程目标相对接，与学习方式及课程内容相匹配，实现教—学—评一体化。基于此，课程评价不仅要关注学生对每节课的知识与技能的掌握情况，还应关注学生合作能力、问题解决能力及情感的发展情况等。需要特别注意的是，在教育与信息技术融合发展的背景下，学校及教师应积极探索、运用大数据支持的评价方式，更加精准和及时地对学生学习情况作出评价与反馈，指导和促进教学改进和课程优化。

（四）以学习方式创新研学课程表达

2018年，习近平总书记在全国教育大会上强调，要把立德树人融入思想道德教育、文化知识教育、社会实践教育各环节。场馆研学作为学校教育和校外教育衔接的重要载体，是落实立德树人根本任务、培养学生核心素养的重要路径。研学课程在实施中表现为知识讲授、参观体验、探究活

动等多种形式，相较于传统的课程形态，形式上更加多元，内容上更加综合。鉴于研学课程整合所具有的教育性、开放性、体验性特征，研学探究实践理应具有鲜明的育人导向、跨学科取向和具体实践取向。由此笔者认为研学实践是革新传统教学方式、促进学科课程整合的重要途径。从实践来看，虽然当下涌现出了形式多样的新型学习方式，但在一定程度上呈现出"集体聚焦"的变革趋向，即学习方式变革是将人的发展目标、各学科的教育价值、本学科的学习内容与资源等进行统整考虑的过程。

教育教学的改革对课程设计者提出了更新、更高的要求，以学习者为中心的育人方向需要课程设计者设计出满足学习者个性化需求的课程，本书中的课程开发特别强调学习过程的重要性，倡导设计者勇敢地变革学习方式，重构学习场景，促进学科融合，在培育学生创新精神方面进行更多探索。以学习方式变革撬动课程内容的创新设计，实现课堂内外教学有效实施，推动课程评价方式的深度变革。书中第三章至第十章是笔者基于教育改革的思路和方向，对学习方式转变以及课程开发深度理解的基础上，进行的课程创新、开发与实践，通过场馆视域设计的科学研学课程来丰富和完善学校现有的课程体系。

二、学习方式视角下场馆研学课程的开发类型

当前，学习方式变革是中小学课程改革的关键突破口，也是创新型人才培养的重要着力点。学习方式变革已成为课程变革的重中之重，是课程建设的关键所在。基于学习方式变革的研学课程建设能够更加精准地着力和实现"以学为中心"，将科学学科价值、课程目标、课程资源和评价等进行统整考虑和整体设计，从而更好地落实生本取向，培养和提升学生的综合素养，也有利于提升学校利用区域资源设计和开发校本课程，提升学校的育人成效。

笔者将结合具体课程案例，探讨课程设计者如何基于学习方式变革，开展场馆研学课程建设的研究与创新，并借助丰富的研学实践活动凸显学习方式变革的价值和作用。

(一)具身式研学课程

具身式学习是一种无意识的学习,即身体在受到刺激后,心理上和情感上会产生一定的变化,而这些变化同时会对身体产生影响,从而使认知活动、学习活动受到影响和发生变化。具身学习作为一种身心共同参与的学习活动,学生能够通过实践活动和身体活动,与环境发生交互作用,在已有经验的基础上建构知识,实现完整的学习与认知。在具身式学习过程中,学生的身体行为、实践活动以及所处学习环境状况等都可能会对学习活动产生重要的影响。具身式学习强调在学习过程中身体与大脑的协同参与以及与环境的交互作用,是对传统离身学习的颠覆和突破。

(二)沉浸式研学课程

沉浸式学习是一种追求学生在学习过程中完全投入的学习方式,学生"沉浸"在特定的教学环境中,全身心投入,在学习过程中获得积极的学习体验,从而达到高效的学习目的。对于沉浸式学习可以从以下两个方面来进行理解:从教师层面来看,教师要发挥引导作用,从教材出发,充分利用教材和实践活动场所为学生营造沉浸氛围,提高学生学习兴趣,使学生在学习过程中获得积极的学习体验。从学生层面来看,学生从被动地学习转变为主动地学习,在沉浸状态下获得愉悦的学习体验,促进学生的全面发展。沉浸式学习改变了以往存在的刻板的教学模式,使师生共同沉浸在教学过程之中,教师感到酣畅淋漓,学生感到意犹未尽,在这样的学习中师生之间能够实现心灵的沟通、情感的对话。

(三)跨界式研学课程

所谓跨界学习,是指跨越边界、整合融通的助推儿童完整发展的一种学习方式。根据学习(价值)主题,跨越学科、时空、身份、文化等边界,以"跨界整合"为主要策略,以"学科+"为思维载体,以"跨界整合微课程"为课程载体,对学科知识、儿童生活及社会体验进行适度统整与融通,使儿童学习成为完整学习。它具有主题性、开放性、整合性、情境性、创生性、主体性、适合性等特征。跨界学习也是一种教学和学习策略,根据学习内容,跨越一个或多个学科整合学习资源,融合多种学习方式,达成立

体化学习目标。学科核心素养背景下的跨界学习包括跨章节的单元学习、跨年段的主题学习、跨学科的STEM学习、跨学段的衔接教育、跨时空的真实学习等。跨界学习为学生提供更为广阔的视野、更为立体的感官刺激，能够激发学生认知热情，开启探索解决问题的新视角，为未来培养具有竞争力的人才。跨界学习的根本要义不在于跨越原有学习的边界本身，更不仅仅是内容性知识的习得，而是通过跨界思维的训练与形成，培养出具有跨界思维的创造性复合型人才[1]。

（四）项目式研学课程

项目式学习是一种以学生为中心的教学方法，它提供一些关键素材构建学习环境，学生组建团队，通过在此环境里解决一个开放式问题的经历来学习。项目式学习过程并不关注学生解决某些问题，更强调学生在试图解决问题的过程中发展出来的技巧和能力。比如：如何获取知识？如何计划项目以及控制项目的实施？如何加强小组沟通和合作？夏雪梅博士及研究团队认为学习素养视域下的项目式学习（Project-Based Learning），是通过对真实有挑战性的问题进行持续探究，形成公开产品，达到对核心知识的深度理解。也就是通过这个项目式学习过程赋予了学习者应对未来挑战的能力[2]。

（五）探究式研学课程

"探究式学习"既是一种学习方式，也是一种学习观。作为学习方式，探究式学习常发生于课堂教学中，师生共同协作解决某一学科问题，从中提升学生主动思考、勤于动手的探究能力，培养其团结合作、勇于创新的探究精神；作为学习观，探究式学习强调学生在学习中和日常生活中，都应秉承着善于发现问题、解决问题的积极的学习态度。在整个学习过程中，学生在教师或他人的帮助下，可以在原有的经验基础之上建构新的经

---

[1] 於凤婉，刘鹏.跨界学习的目的、形态与实施[J].开封文化艺术职业学院学报，2021(6):188-189+195.
[2] 夏雪梅，崔春华，刘潇，瞿璐.学习素养视角下的项目化学习：问题、设计与呈现[J].教育视界，2020(10):22-26.

验或知识,实现新旧知识适度的衔接与整合,并习得相应的技能[①]。

(六)体验式研学课程

体验式学习又称作"体验性学习"或"体验学习"。体验式学习是一种包含认知学习、反思性学习、理论学习和实验学习四种学习方式的综合学习。体验式学习理论贯穿研学活动的整个过程,旨在提高学生的积极性、参与度,激发学生对科学研学的热情和兴趣,进而提升学生的观察、探究、理解、创新等能力。体验式学习强调学习者亲自经历获取直接经验,注重主体的需求与感受,启发生命的价值,注意激发与培养情感,与社会生活相联系[②]。在教学过程中,体验式学习注重培养学生的自主反思意识,促进经验的内化构建与实际应用,以达到更好的学习效果。

(七)游戏式研学课程

游戏式学习并不是仅仅将游戏作为一种教学方式结合到学习过程中,而是关注课程设计对游戏元素的使用。将游戏元素运用到学习过程当中,如将愉悦的游戏体验感融入学习过程中,而非单纯强调游戏娱乐。游戏式学习的最终目的是改善枯燥乏味的知识学习过程,激发学生学习动力,促进学生学习。游戏式学习可以将原本枯燥的理论知识和程式化的技能训练转化为充满乐趣的游戏模式,立足人的本能和天性,将学习这一看似枯燥乏味的事情转变为有趣快乐的事情。学生通过游戏式学习,激发了学习兴趣,提高了学习热情,把被动学习变为主动学习,在游戏中快乐地学习,达到教学与学习的最佳状态。

(八)混合式研学课程

混合式学习不仅仅是一种全新的学习方式,更是一种全新的学习理念。它给现行教育理念、模式、方法带来的影响重大而深远。信息技术的发展改变了知识的生成、发展、获取与应用,人类的学习方式和学习规律

[①] 王旭.基于探究式学习的小学科学教学设计研究[D].华中科技大学,2018.
[②] 袁文婷.体验式学习理念在博物馆教育中的实践与启示[J].文物鉴定与鉴赏,2019(5):94-97.

也随之改变。混合式学习不是一项技术创新，也不是一项科技发明，而是信息技术发展到一定阶段的必然产物，是人类学习史的一个崭新阶段。混合式学习把信息技术、互联网资源和教育紧密结合，是教育模式的重要创新和进步；混合式学习打破了不同学校、不同学科的知识壁垒，使优质资源不再是精英院校的专利，在促进教育公平上发挥作用；混合式学习注重培养学生的学习主动性，注重兴趣的激发，将学生放在教学活动的中心，通过对学习过程的大数据挖掘和分析，及时了解学生的学习状态，极大提升了教育质量。

我们常常说"开卷有益",因为书本是学习者认识世界的工具,现在我们常说世界是学习者的"书本"。作为"行走的课堂"——研学旅行,因其能够让"读万卷书"和"行万里路"二者相遇相融而备受关注。但研学并非一场说走就走的旅行,作为基础教育的排头兵,不仅需要注重身体的参与,还要聚焦于学生思维的发展,强调学习环境的建构,重视积极情感的伴随,旨在为学习者打开一个生动、多彩的世界,从而让学生的学习自然而又真实地发生。本章从具身学习视角剖析研学旅行活动,在"行万里路,读万卷书"的理念下,探索科学场馆研学课程的开发与实践,借鉴具身认知理论,为课程研究提供新的实施方式,以"让身体动起来"为出发点,注重"物理"与"意义"双重建构。本章的课程设计,从学科教学、主题活动、校本课程、学习环境、资源平台等方面入手,致力于探索现实生活世界中教育实施的新样态。

第三章

基于具身式学习的科学场馆研学课程开发

学在现场　小学科学场馆研学课程的开发与实践

具身认知理论以"涉身性""体验性"和"嵌入性"为重要特征，强调通过身体和环境的相互作用进行学习，研学旅行是一种身体参与的学习活动，同样倡导将旅行体验和研究性学习有机结合。将具身认知的观点迁移到科学场馆研学课程的建设之中，为促进教师正确认识与理解儿童、拓展与丰富儿童学习、开展"儿童具身学习"提供了新的研究视角和思维方式。本章节，基于具身学习视角的科学场馆研学的课程目标、基本过程、设计要点等方面进行整体开发，通过学校和场馆携手实践研究，总结梳理出设计流程、实施策略、实施保障、学生学习评价方法等。同时教师和学生、研学导师的全程学习、交流、反思等深度参与，更好地体现了场馆教育的内涵，继而落实通过实践教育提升科学素养的教育目标。

第一节

具身式学习概述

皮亚杰曾说过，儿童的身体活动是所有学习的基础。[1]直到20世纪80年代，传统教学中被限制束缚的学习者的身体，才逐渐受到研究者的关注，具身式学习方式慢慢走进大家的视野。

一、什么是具身式学习

心理学对人类认知或学习的研究一直作为教学设计的重要理论根基，

---

[1] 叶浩生，身体与学习：具身认知及其对传统教育观的挑战[J].课程·教育研究，2015(4)：113.

深深地影响着教学设计理论与实践的发展。20世纪50至70年代，在对脑与心理关系的研究上，忽略了所有人类参与的即时现实和特有的鲜活经验，因而不可避免地陷入离身心智的困境。受其影响，教学过程被看作既定客观知识的传授过程。学习者在学校里的学习通常与他们的经验相分离，学习者的所学成了对他们现实经验毫无关联的抽象符号知识的记忆，以至于无法迁移到他们的日常生活或新情境中。

最早提出具身学习理论概念的成人教育学者卡罗琳·克拉克，结合成人学习自身特点定义具身学习理论：具身学习不是一种有意识的学习，而是指在日常生活或工作中身体受到刺激后，通过感觉而发生在心理和情感水平上的变化，而这种变化又通过身体作出反应。[1]而塔米弗莱雷认为具身学习是一种感觉，是人与环境相互适应得到的一种具体的身体经验。学者普赖斯和希尔德里克论述说，具身学习相互联系的本质说明，"在直接经验中，生理和压力反应下的情绪反应，有其遗传基础，身心自我平衡则意味着这种天赋能够深层次地挖掘具身的认知和学习，以达到影响生存的效果"。我国张旭亚指出，具身学习是特定学习环境中学生的全身心学习，学生会通过身体行为、实践参与、思维活动、情感体验等实现对知识的获取与建构。胡德运认为儿童具身学习是以"让身体动起来"为出发点，是契合儿童认知特点和思维方式的学习。具体包括四层内涵：一是彰显身体作用，注重儿童身体的解放和对身体的开发；二是注重"身心和谐"，追求身体与心智的整体性和一致性；三是强调"身体参与性"，通过身体动作、身体表达、身体经验以及参加各种身体力行的活动，增强学习体验和切身感受；四是将知识"嵌入"情境之中，唤醒儿童的身体感觉，生长新的身体经验，逐渐实现"身体自觉"。

通过梳理上述学者观点，具身学习是指，在一定学习环境中具有心智功能的身体通过身体的行为、体验、感受等活动实现知识获取与建构的学习方式。具身学习作为一种学生身心共同参与的学习活动，学生能够通

---

[1] 朱旭，周峰.基于深度学习的高校在线课程的实施模型及检验[J].高教探索，2021(2)：62.

过身体活动和实践活动与环境发生交互作用，在已有经验的基础上建构知识，实现完整的学习与认知。在具身学习过程中，学生的身体行为、实践活动以及所处学习环境状况等都可能会对学习活动产生重要的影响。

二、具身式学习的特点

具身学习作为第二代认知科学的代表性理论，关注"身体"与"环境"的交互作用，强调身体对心智或认知的"塑形"，关注"感觉—运动"过程及其协调在高水平认知发展中的作用，强调身体、大脑和环境的耦合关系，打破了传统的离身学习范式。本节具身学习中学习主体的学习状态、学习环境等均有不同于其他学习方式的意蕴，其基本特点归纳为主体性、整体性、情境性、平等性和过程性五个方面。

1. 学习主体的主体性

学习的主体是学生，因此科学的学习观必须要充分考虑学生，尊重学生身心的发展规律。但是在实际的教育教学中，学生的身心发展规律并未被很好地考虑，往往只考虑到学生"心理"层面的发展规律，而"身体"层面的发展规律却被大大忽视，出现了为了所谓的效率和效果不惜规训学生身体的现象。

尊重"身体"含有两个层面的内涵。第一层面，尊重学习过程中身体的参与和活动，不能开展和制订不利于学生身体健康发展的活动和规则。第二层面，明确身体会在学生学习的过程中发挥重要作用，并运用身体活动实现更好的学习。具身学习具备的主体性特征指出，教和学的过程都要符合人本性的要求，关注学生的个体需要和自身体验，在学习过程中给予学生身体和精神更多的自主性。学生不是"一无所知"的生命体，学习是建立在学生个体经验基础之上进行的，每个人都拥有独一无二的经验和思维方式。学习不是一件纯理论性的、封闭的、单一的活动，而是学生身心共同参与的、受身体经验和外部环境影响作用的、复杂的认知活动。

2. 学习状态的整体性

具身学习理论认为，学习并不只是头脑内部神经之间的活动，也不只是"涉及"身体的活动，而是由学生的身体、大脑、学习环境等协调统一在一定学习环境中开展的系统性活动，具有整体性的特征。传统小学课堂教学中，为了便于管理，往往存在一些限制学习者身体自由活动的规则。这些规则具体体现在，上课期间不允许学习者身体乱动，教师在讲课时学习者应双手平放胸前，发言前要规范举手。但这种严格控制学习者身体行为的课堂规则逐渐受到了质疑。从具身学习的视角来看，学习者虽然在课堂上，但不能发挥身体在学习中的作用，仍然是身体"缺席在场"的状态，学习状态未能达成整体统一。

想要更准确地把握具身学习活动，就必须认识到学习活动中身体和环境的重要作用。在小学具身性教学中，学习者应该呈现出身体自由、身心一体的整体性学习状态。身体自由意味着学习者可以相对自由地选择舒适的坐姿和双手的摆放；身心一体意味着在身体体验的同时，调动思维共同参与学习活动[1]。那么，创设便于学习者身体参与的学习环境，充分利用学习者身体和姿势的学习，能够促进学习者学习效果的提升。通过具身学习，促进知识、学生和环境之间的交互和共生，让学生能够更加全身心地投入学习。

3.学习环境的情境性

认知及建构活动需要基于一定的情境才能有效开展，课堂教学必须立足于现实世界，具身学习环境的创设要贴近真实的生活，要有情境性。具身学习是认知主体的身体嵌入在学习环境中进行的实时的活动，是在一定的文化和社会背景和情境下发生的，受所处环境、情境、身体状态等因素的影响，因此具身情境的创设至关重要。通过视频再现，让学习者感同身受；通过实物演示，让学习者在对可碰触、可掂量的学习材料的操作中理解知识；还可以通过表演模仿、音乐渲染等方式，触发学习者的情绪体验，实现身体参与，融身于内的学习。

在情境性的学习环境中，学习者能够获得身临其境、融身于内的感受，这对于儿童理解学习内容是非常有效的。在小学时期，孩子们容易被所看

---

[1] 魏晓波.从"离身认知"到"具身认知"：考量思政课获得感生成的新视角[J].教育理论与实践，2020(9)：34.

到、听到、感觉到的事物吸引，他们的认知以多种基于身体感觉的经验所强调，这样的体悟比基于抽象符号的学习更加切实。加强教学内容与生活的联系，在教学情境中再现真实生活，也是具身性学习环境的特点。

4.学习过程的平等性

在课堂教学的过程中，师生之间存在身体场域，在这身体场域内师生是以身体作为主要的互动媒介，身体的互动方式和模式也有一定的逻辑和必然性。[①]在具身学习过程中，教师与学生之间是民主、平等的关系，教师是"平等中的首席"。因此具身学习过程具有平等性特征，这里的平等性有两层含义，一是教师与学生之间的地位平等，二是指学生与学生之间受教育的地位平等，这就意味着，在教和学的过程中应当理解并尊重学生个体间的差异。

具身学习理论强调，每位学生的认知方式和学习过程都是不同的，指导、运用、评价的方式和过程也应当灵活地作出适应性的调整，坚守具体情况具体分析的原则。教师要意识到学生的文化背景、体验、经验之间有着无法忽视的差异性和独特性，学生所拥有的知识经验、所处的环境、身体条件、机能水平、文化底蕴等方面的差异都会造就学习方式、认知过程、学习过程等方面的差异，从而赋予不同学习者学习活动的独特性。同一个学习环境当中，不同的学习者学习相同的知识内容，会产生不同的学习结果，从而产生不一样的理解和思考。因此，在具身学习过程中，教师不仅要避免占据主导地位，还要营造平等的学习氛围，让不同的学生个体对知识内容进行不同方式的理解和建构。

5.学习评价的过程性

具身学习将学习看作是学生的身体、经验、学习环境等共同参与的活动，是在学生与教师、学习环境等的不断交互作用影响下动态生成的过程。具身式学习评价具有过程性特征，观身察行、注重过程的学习评价是小学

---

① 董芬.具身性课堂教学策略的探究——以小学语文教学为例[D].江苏：南京师范大学，2014.

具身学习的重要评价方式[①]。

身体的表现和行为能够真实反映出学习者的学习状况,在教学过程中,教师要敏锐地体察学习者通过身体行为所表现出的学习状态,即时给予反馈。观身察行的学习评价是在学习过程中进行的,因此要注重将对学习者学习的考察贯穿教学全过程。在教学开始之前,可以通过与学习者简单地交流和互动了解学习者的学习兴趣和态度,以便顺利开展教学。在教学过程中,要关注学习者的身体、思维和情感的参与度[②]。根据教学内容的难易程度,及时调整教学节奏,并通过学习者外显的身体体现,确定学习者的投入程度。教师也要有意识地运用自身的身体语言,给予学习者及时的提醒。教学结束后,除了运用知识测试的方式,还可以采用面谈,基于情境完成任务的方式评价学习者的学习效果。

三、具身式学习的价值

具身学习强调在学习过程中身体与大脑的协同参与以及与环境的交互作用,是对传统离身学习的颠覆和突破[③]。研学旅行倡导将研究性学习和旅行体验有机结合,重视思维品质培养和情感体验,正是学习方式从离身迈向具身的体现和探索。因此,通过充分挖掘具身学习的理论意蕴来指导研学旅行设计,对于转变学习方式、落实课程目标、实现深度学习具有积极意义。

1.改变"视听"学习方式——感官与心智的融合

德国哲学家威廉·狄尔泰提出,人可以通过"体验—表达—理解"的方式阐明人的意义世界。但目前的研学旅行中,孩子们大多数是在导游的带领下进行"走马观花式"的旅程,"视听"仍然在研学活动中占主导地位。

[①] 刘艳晓.新课改下小学语文的教学评价[J].软件:教育现代化(电子版),2013(18):1.
[②] 郭虹.如何提高中小学英语课堂教学的有效性探讨[J].读与写(教师),2021(2):1.
[③] 梁美盈,周玉琴.基于具身学习视角的研学旅行设计研究——以"走读长江水,品悟三峡情"为例[J].地理教学,2020(1):56.

在这种教育思维范式下，学生的"身体参与"被边缘化，身体认知功能并没有被彰显出来。如何进一步改善学生的学习方式，促进身体感官与心智活动的有机融合，是一个亟待解决的现实问题。"具身学习"注重儿童的身体参与、身体经验和情感体验，它使儿童学习回归到儿童的生活方式、回归到儿童的可能性上去，可以有效改善儿童的学习方式。

2. 改善"异化"学习状态——实践与经验的联系

知识是一种处理经验的工具，是处理连续不断的新情况的工具，这种新情况是生活的多变性所导致的。杜威作为一个经验主义者，他认为一切学习和思维都始于经验，经验是发现活动和发生结果之间的联系，"从做中学"正是这一观点的体现，即要求学生身体力行，亲身经历和体验知识背后的奥秘并能运用其创造性地解决问题。而在传统的研学活动中，我们往往过于注重"符号"的教学，而将儿童束缚在表征世界中，隔离其与生活经验的联系；过于喜好用抽象的"说理"进行教学，而忽视了儿童的感性认识和学习经验。在实践与经验失联的教学中，学生的心智与身体处于剥离状态，其在这过程中的学习也被视为一种可以"离身"的精神训练。"具身学习"强调儿童的认知、思维、记忆、学习、情感和态度等是在身体作用于环境的活动中塑造出来的，注重实践学习与身体经验的联系。从"离身"到"具身"，将知识的学习与学生的经验建立联系，通过学生在真实情境中体验各种经历，并由此将知识以及其他的各种可能转化为自身的经验，实现自身的变化。

3. 改易"成人"学习模式——本我与真我的回归

在课程改革深化、核心素养提升的大背景下，进一步深化对儿童学习的研究，使儿童学习回归到本真状态，实现本我与真我的回归。在已有的研究中，具身学习更多的是作为一种成人学习的新型方式。实际上，就儿童学习特点而言，具身学习更加契合儿童学习。从"具身认知"类比到"具身学习"，从"成人具身学习"类比到"儿童具身学习"，对学校的教育教学有着重要的启发和借鉴意义。"儿童具身学习"聚焦在儿童身上，关注每一个儿童，关切儿童学习，将儿童"身体参与"置于学习的中心位置，改易目前"成人化"的学习模式，有效弥补当前基础教育中儿童"身体在场"的缺失，推动学校教育教学的实践创新，进而培养健康、活泼、灵动的儿童。

4.改进"静态"学习评价——及时与动态的同步

反思是具身学习中的一个关键阶段，强调学习者回顾和反思自己的真实体验，深层次、系统化地重构认知经验，从而指导后续的学习行为。当前的研学旅行评价往往偏重活动后的评价定级，而忽视学习者在活动过程中的反思完善。研学旅行历时长，及时反思有助于学习者深化学习经验，在研学过程中不断改进从而使学习者得到最大限度的成长。例如，教师在每一主题活动结束后给学习者提供分享感悟的机会，促使学习者主动反思"这个活动的意义是什么？""我通过这个活动有何感受和收获？""我为集体做了哪些贡献？"，也可为学习者提供个人反思评价表，在每一研学主题活动结束后进行自查。

第二节

基于具身式学习的科学场馆研学课程开发策略

具身是一种身体动作经验，具身学习强调在学习过程中身体与大脑的协同参与及其与环境的交互作用。研学旅行是研究性学习和旅行体验相结合的校外教育活动，倡导学习者走进具体的真实环境，在实践中体验和感悟，从而获得知识和经验。由此可见，研学课程与具身学习的主旨要义高度契合，因此，在研学旅行的具体实践过程中，以具身学习的理论为指导推进研学，能让旅行体验实现深度"回归"。

一、基于具身式学习的科学场馆研学课程定义

基于具身式学习的科学场馆研学课程是在具身学习特性的基础上，将具身学习理论融入研学旅行，并指导研学活动开展的科学课程。其主要是指学习者走进具体的真实场馆，在身体与大脑的协同参与及其与环境的交互作用下，而习得科学知识、科学方法、科学思维的一系列研究性学习和旅行体验相结合的教育活动。

二、基于具身式学习的科学场馆研学课程目标

基于具身式学习的科学场馆研学课程提出了以具身认知理论为指导的研学旅行新策略，首先，通过提高学习者身心参与度、研学环境的充分利用，让学习者与场馆设备的交互目的更为明确，不再盲目于琳琅满目的场馆设备的选择与使用，可以有效减少场馆设备的损坏，提高场馆设备的合理利用。其次，基于具身认知理论设计的进阶式研学课程，可以有效提高学习者的参与度，从而促进研学旅行更加顺利而有意义地开展。最后，具身理论指导下的创新研学课程，对于学校教育质量与场馆服务质量的提高起到了双重的促进作用，更好地实现了通过实践教育提升科学素养的目标。

三、具身式学习的基本过程

通过具身体验、知识内化、具身强化和反思总结四个环节实现学习者身体的体验和知识的生成。

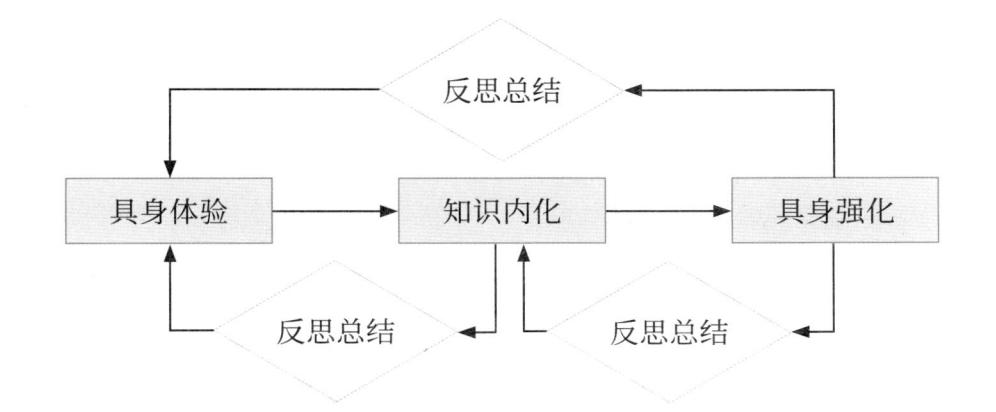

图3-1 具身式学习的基本过程

1. 具身体验

在具身体验这一阶段,分为物理具身体验和想象具身体验。物理具身体验是学习者基于身体体验或通过一个外在"代理"所表征教学内容的材料,获得本体经验。想象具身体验是在脱离身体体验或"代理"的情况下,在进行概念性学习的过程中,通过对先前具身经验的回忆和想象实现具身行动和感知,促进对知识的理解和迁移。该教学环节遵循了儿童从具体到抽象,从直观到想象的认知规律。

2. 知识内化

通过学习者的亲身体验,建立对知识的感性认识,这可以看成是学习的第一次飞跃。而知识的内容是将感性认知结合自身的知识基础,向理性知识转变,这是学习的第二次飞跃。在这个过程中,身体的感知觉经验为知识内化提供实践基础,从而形成具体的与身体经验相关联的概念。

3. 具身强化

知识内化后,能够根据具体的情境进行知识的迁移与运用,需要在具身强化中,通过不断的试误、纠正、尝试,再纠正的过程,一步一步消除尚未解决的问题。在不断纠错的过程中,强化对知识的理解。具身强化的过程,往往伴随着学习者之间的知识共享和交流探讨。通过交流,发现彼此的认知冲突,激发对知识的又一次学习与体验。当学习者对客观体验的解释不尽相同，甚至出现明显的冲突时，教师要有针对性地给予指导和意见，并且剖析错误出现的原因。为了提高具身强化的效果和乐趣，具身性学习环境的设置要能够激发学习者的好奇、想象和挑战的欲望，即使是反复操练，也能保持昂扬的兴致，从而起到具身强化的作用。

4.反思总结

反思总结是在某一阶段学习之后，对知识理解与记忆的巩固和强化，并且总结具身强化阶段的试误过程，总结成功的经验，反思失败的教训，为未来的学习奠定基础。

四、基于具身式学习的科学场馆研学课程开发要点

具身学习涉及环境、身体、大脑的耦合循环，如图3-2所示。环境作用于身体，刺激身体的视觉、听觉、运动系统等感知器官，使身体作为一个完整的系统与环境发生交互，这种交互促进大脑的同化、顺应，引发学习者对认知过程进行及时反思，使其身体产生新具身行为而与环境产生持续性交互。

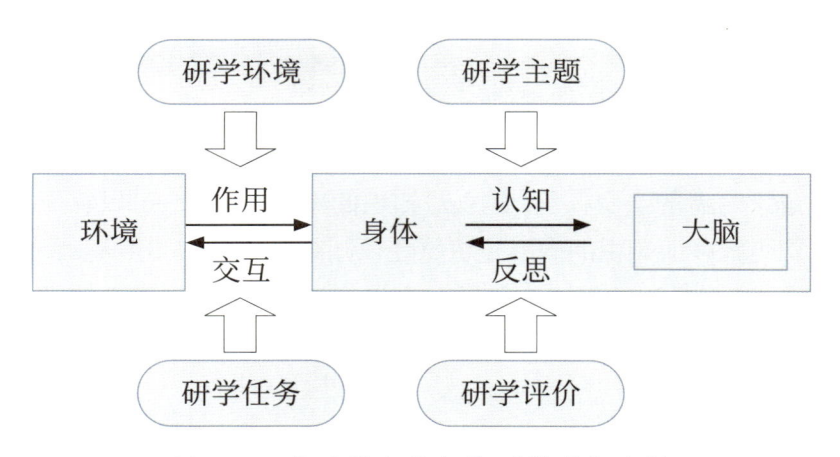

图3-2 基于具身认知的研学课程设计

由此可以看出，身体（包含大脑）和环境是具身认知最核心的两个要素，基于具身理论指导的研学课程开发与实践，应考虑从研学环境、研学

主题、研学任务、研学评价这些方面进行综合设计，来提高学习者身心参与度、环境利用有效度，以促进研学的有效开展。

1. 分析研学环境，促进环境对身体正向作用

教师可以从物理环境、资源环境和社会环境三个方面有效选择与构建研学环境，发挥环境对身体的正向作用，激发具身感知，获得身心交融的学习效果。因此，教师要实地考察并分析研学活动场所及其基本设施，选择与研学主题直接相关的环境，弱化干扰环境；精心选择学习资料、学习工具、互动媒体等资源环境，以弥补物理环境的缺失；营造和谐的师生关系和良好的合作氛围，构建融洽的社会环境。

2. 拟定研学主题，促进生理与心理循环耦合

具身学习涉及物理、生理和心理过程的耦合循环，通过身体与环境的持续互动，外界的物理刺激引发学习者的身体感知、记忆、思维等认知过程。教师应聚焦研学课程主题的拟定，强调渲染研学情境，旨在让学习者通过研学获得情感意志体验，生理与心理形成循环耦合，促进学习者做到身心协调。因此，教师前期应做好学习者和学习内容分析，熟悉特定学段研学对象的身心发展特点及规律，才能设计出契合学习者身体与心智发展特点的研学主题。

3. 嵌入研学任务，促进环境与身体持续交互

从具身学习的视角看，研学任务是研学课程实施的主线。精心设置的研学任务，有利于激发学习者亲身去感知、经历、操作的动机，将外在环境压力转化为内在学习驱动力，实现身体与环境的深度交互。教师要基于现有的环境资源、融合知识内容，设计符合生活实际、指向问题解决的研学任务。

4. 关注研学评价，促进大脑对身体动态反思

具身认知的学习是一个动态生成的过程，研学课程的评价能够引发学习者对"认知"进行主动反思，提升身体与环境之间更深层次的交互，达到动态螺旋上升的效果。教师在设计研学评价时，要着眼于促进学习者认知能力的动态发展，积极建立多样性、生成性的研学评价方式，促进大脑

对身体的持续性、及时性的动态反思。

五、实施保障

具身式学习强调学习环境的创设，置于社会环境中的场馆环境比校内传统环境更加复杂，因此本课程的开展重点在于支持系统的建设。

（一）构建支撑性环境

为儿童具身学习的开展创造良好的生态环境，我们需要构建支撑性的研学环境，其中创建增强性的研学环境是重要手段。多创设增强性研学环境是指突出强调与研学主题相关的环境，弱化无关环境，使学习者更加明确学习目标，有利于身体与环境的交互作用，进而提高学习效率。例如场馆内一些与"防震减灾"无关的设备应予以关闭或绕行，教师要与馆内工作人员做好沟通工作并提前布置好路线。

（二）建设服务性平台

这里的服务性平台主要是指替代性研学环境，当我们面对一些无法直接显现或者不易进行研学的环境时，采用模型或模拟替代环境来表达所需的研学环境。例如对于地层断裂时产生的危害，从场馆一些"眼观"的展项中无法给予身体运动系统的具身体验，所以我们要提供一些木板、竹片等资源替代，让学习者进行实验探究。替代性研学环境既可解决环境空缺的难题，又可顺利地推动研学有序开展。

（三）关注隐形性资源

隐性研学旅行资源是一种不在教学目标之列，主要是指通过教师引导或者学习者自发思考发现一些现象或问题的研学旅行环境，这种环境下所产生的思考被称为生成性问题。生成性问题的探究往往可以提高学习者的洞察力，促进其思维发展，提升其综合思维能力，对于研学来说，可以使研学成果更加丰硕，推动研学师生共同进步。隐性资源之所以迷人，就在于其具有未知性。要鼓励学习者多观察、多思考、多发言，形成学习者自发提问的研学氛围。

（四）建立多元性评价

在研学活动中，需要形成目标多元、手段多样、方式灵活的儿童具身学习评价机制。这种彰显身体参与、注重活动体验、关注学习过程、强调情感表现的多元性评价机制，不仅激活了儿童的学习状态，让学习充满活力，更让儿童在知行合一、学思并行的学习过程中，获得新知、增长经验，实现了整体与个性的协同发展。

除此以外，还要综合考虑空间限制、学习效果、价格、危险性、操作难易等多种因素，经过反复比较，选定最佳的研学环境。

第三节 基于具身式学习的科学场馆研学课程开发范例

> 基于具身式学习的科学场馆研学课程重视场馆环境对学习者身体的作用，增强环境对身体的视觉、听觉、运动系统等感知器官的刺激，身体与环境所发生的交互促进大脑形成认知。基于具身理论指导的研学课程开发策略只有被运用到具体的课程当中，才能被大家真正所理解与掌握。现以"防震减灾"研学课程"动感地球奇妙之旅"为例，展示基于具身式学习的科学场馆研学课程开发与实施。

一、课程开发背景与开发愿景

（一）课程开发背景

《义务教育科学课程标准（2022版）》要求，五、六年级的学习者要知道地球系统不同圈层的相互作用产生了各种自然现象，知道自然灾害对人类的影响和防灾减灾常识，要求学习者认识地震的危害和了解地震成因，学习防震减灾的基本常识。在传统课堂中，教师多以富有冲击力的图片、视频以及实验模拟材料构建学习环境，但都难以复刻真实的地震场景，在学习者缺乏具身感知体验的情况下，学习效果欠佳。

（二）课程开发愿景

作为防震减灾类科普场馆，本身在提供专业性、行业性、研究性科普教育服务上就具有天然的优势。然而在具体投入使用过程中，因为展项多、课程不系统等，学习者难免走马观花，科普教育效果甚微。

结合实际需求，积极挖掘家乡场馆资源，将研学环境锁定在具有逼真体验场景的"厦门市防震减灾科普教育基地"，并根据具身式研学课程设计原则以及《义务教育科学课程标准（2022版）》要求，设计"防震减灾"研学课程并开展教学。期望以具身学习的理论为指导推进"防震减灾"科普知识的相关教育。

二、课程目标

通过具身式研学活动，在真实环境中体验地震，充分感受地质灾害的破坏威力，掌握防震减灾和应急逃生的基本方法。在与地震相关的地壳运动实验探究中，知道地震这一自然灾害产生的原因和危害；能够基于减震技术的发展，发挥创造联想，通过口述、图示等方式表达自己的设计与想法，并尝试将创意物化；了解科学技术可以减少自然灾害对人类生活的影响。

三、课程基本属性

表3-1 "动感地球奇妙之旅"课程属性

课程名称	动感地球奇妙之旅
研学地点	厦门市防震减灾科普教育基地、学校、家庭
研学对象	小学五年级学生
执行人员	√科学老师　√研学导师　√家长　其他
课程总用时	8课时
资源属性	√自然生态类　人文历史类　√科学技术类　√体验创造类
资源可关联学科	√道德与法治　语文　数学　英语 √科学　音乐　美术　体育与健康　√工程
评价方式	√个人发言　√小组讨论　√研学评价表　√研学成果展示
课程教具	研学手册（单）、教具和学具、项目制学习脚手架工具、彩笔等

四、课程结构与内容

本研学活动意在让学习者通过身体及感觉运动系统与环境的交互来汲取知识。首先引导学习者到真实的环境中体验地震，充分感受地震这一地质灾害的主要特征和破坏威力，树立维护生命安全的意识；接着利用场馆的实物、影像资源、模型以及可触摸、可操作的实验材料，让学习者具身参与与地震相关的地壳运动的发生，深度理解地震的形成过程，激发探索地球内部奥秘的求知欲；最后指向问题的解决，让学习者亲自感受地震波的活动特征，具身体验减震技术的发展，激发学习者的具身感受和创造联想，通过口述、图示等方式表达自己的设计与想法，并尝试将创意物化。

（一）课程结构

基于具身学习流程，让学习者经历具身体验、知识内化、具身强化并反思总结，从而达到防震减灾科普教育效果。基于具身式学习的科学研学

课程——"动感地球奇妙之旅"的课程结构按照研学课程实施的时间先后分为研学前、研学中、研学后，研学中的课程结构由过程线、情景线、任务线、场馆路线和素养线五条主线构成，如图3-3所示（见第109页）。

(二)课程内容

与传统学习活动相比，具身学习更关注学习者的活动状态及身心投入程度。因此在研学活动开展前的主题导入、明确任务、确立评价标准和建立学习小组这四项学习活动的有效开展，都有助于提升学习者在研学旅行中的体验感。

研学中的课程内容是本课程结构的核心内容。具身学习是通过具身体验、知识内化、具身强化和反思总结四个环节实现学习者身体的体验和知识的生成，基于具身式学习的科学研学课程的学习"过程线"必然遵循这样的学习规律；依据学习者的学龄特点和具身学习特征，将"防震减灾"主题融入地震安全小达人、地震探秘小专家、地震解密小能手三大"情景线"，让学习者对"动感地球"形成立体的认知；具身学习强调环境的作用，场馆路线是本课程的关键，教师要实地考察并分析研学活动场所及其基本设施，选择与研学主题直接相关的环境，弱化干扰环境，形成与情景相关的"场馆路线"；依据"情景线"和"场馆路线"科学安排进阶式的学习任务，形成系列"任务线"；科学研学课程指向的是学习者科学核心素养的发展，基于具身式学习的科学研学课程形成的"重体验""重探究""重思创"的三大"素养线"，充分体现此课程的育人价值。

反思是对直觉行动的理性思考，有利于促进学习主体认知的意义建构，为未来的学习奠定基础。在研学过程中教师引导学习者及时反思，在每个主题活动结束时给予学习者充分分享感悟的机会。在研学活动后，学习者通过展示减震隔震的产品进行投票选择最佳作品，通过互动点评作品畅谈感受，达成自我反思评价的目的。

五、研学实施过程

我们在研学课程实施的过程中以实践旨趣为价值取向、以教师和学生为主体、以集体审议为课程开发方法、以行动研究为方法论等，根据实际

第三章　基于具身式学习的科学场馆研学课程开发

研学前：主题导入 → 主题导入 → 主题导入 → 主题导入

研学中：

过程线｜情景线｜任务线｜场馆路线｜素养线

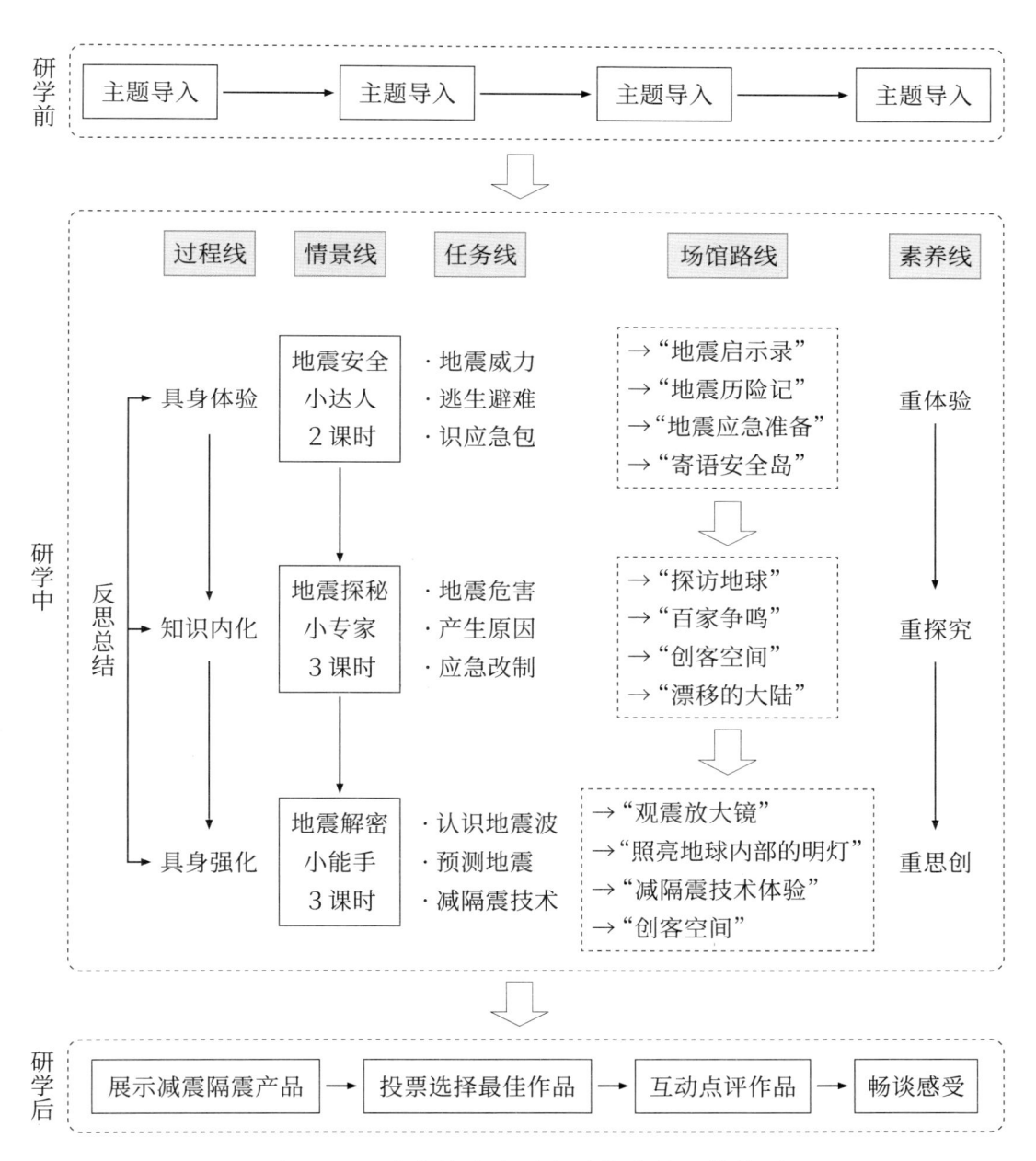

具身体验 — 地震安全小达人 2课时
- 地震威力
- 逃生避难
- 识应急包

→ "地震启示录"
→ "地震历险记"
→ "地震应急准备"
→ "寄语安全岛"

重体验

知识内化 — 地震探秘小专家 3课时
- 地震危害
- 产生原因
- 应急改制

→ "探访地球"
→ "百家争鸣"
→ "创客空间"
→ "漂移的大陆"

重探究

具身强化 — 地震解密小能手 3课时
- 认识地震波
- 预测地震
- 减隔震技术

→ "观震放大镜"
→ "照亮地球内部的明灯"
→ "减隔震技术体验"
→ "创客空间"

重思创

（反思总结）

研学后：展示减震隔震产品 → 投票选择最佳作品 → 互动点评作品 → 畅谈感受

图 3-3　"动感地球奇妙之旅"的课程结构图

的应用价值和对现实研学执行落地的指导，一般把研学课程实施按阶段分为研学前、研学中与研学后，开发者可根据学习者需要，有目的地对课程结构进行设计。

【研学前】协调研学环境，平衡具身感知

（一）设计思路

本案例研学场所——厦门市防震减灾科普教育基地——资源丰富、环境错综复杂，导致学习者更多地关注身体的操作而忽略了知识的汲取，因此教师需要做好协调研学环境的前期准备，平衡具身感知。首先，基于学习者身体和心智的发展规律，制订"体验类→互动类→观看类"的场馆旅行路线，并将路线以任务的形式呈现在研学单上。研学单是资源环境重要的一部分，除此之外还要提供与地震相关的地壳运动实验素材，如探究褶皱产生、岩层断裂和地球板块错动等。

对于社会环境的构建，教师要让学习者清晰了解研学主题与任务，并对评选"小达人""小能手"等的标准与规则进行阐述，激发学习者的参与热情，以"组内异质，组间同质"的原则建立学习小组，让团队间产生情绪共鸣，促成积极学群关系。

（二）研学目标

通过明确研学主题与任务，激发学习者对自然灾害的学习兴趣和探究欲望；通过建立学习小组，明确评价标准，并在团队间产生情绪共鸣，促成积极学群关系。

（三）研学准备

1.主题导入：观看地震场景图片、视频，并根据所提供的内容提出问题，激发对地震这一自然灾害的兴趣，调动学习者的探究欲望。

2.明确任务：学习者交流讨论，如果要减少地震所带来的灾害，要从哪些方面入手。学习者交流讨论达成共识，教师适时补充并确立研学活动主题。

3.确立评价标准：学习者阅读现有的评价量表，大胆提出质疑并适当补充。学习者交流讨论，并确立评价标准以及评价方式。

4.建立学习小组：以"组内异质，组间同质"的原则建立学习小组，并讨论确定小组组长。教师强调组内任务，并引导学习者进行合理分工，促进小组形成积极学群关系。

【研学中】调动学习内驱，深化具身体验

（一）设计思路

在研学活动开始前，教师要布置研学主任务，将"地震安全小达人""地震探秘小专家""地震解密小能手"与地震监测员、科学家等职业建立关联，加深人文情怀，引导学习者明确研学过程中的任务职责，明确任务目标，调动具身学习内驱力。

在研学活动中，往往会生成不在预测范围内的问题，如"地震产生的能量能不能收集？""地铁的角落会不会比地铁外面更安全"等。教师应不拘泥于事先设计好的任务主线，根据实际生成满足学习者的探究欲望，及时调整研学任务内容，驱使其主动全面地进行探究。教师要鼓励学习者多观察、多思考、多提问，洞察学习者的具身生成，以新任务与新问题深化其具身体验。

（二）研学目标

通过在真实环境中体验地震，掌握防震减灾和应急逃生的基本方法；通过实验探究知道地震这一自然灾害产生的原因和危害并了解科学技术可以减少自然灾害对人类生活的影响；能够基于减震技术的发展，通过口述、图示等方式表达自己的设计与想法。

（三）研学过程（共三个阶段）

第一阶段具身体验："地震安全小达人"2课时

场馆路线："地震启示录"→"地震历险记"→"地震应急准备"→"寄语安全岛"

学在现场 小学科学场馆研学课程的开发与实践

图 3-4 "地震安全小达人"场馆路线设计图

具身体验任务一：地震初识（图 3-5）

学习者互相交流"地震后的场景""历史上有名的地震""地震的危害"……观看《大地震启示录》，回答研学单上关于地震知识的问题。

具身体验任务二：体验地震（图 3-6）

学习者分组重现"地震历险记"中电梯逃生、地铁逃生的场景，交流感受以及讨论最佳的逃生方式；学习者分组在"家""街区"两个场景体验地震；体验"龙卷风"并与"海啸"赛跑，感受地震次生灾害的威力。

具身体验任务三：识别应急物品（图 3-7）

学习者参观"地震应急准备"的物品，在研学"应急包"上贴上相应"物品"贴纸；交流总结需要做哪些应急准备；学习者带上"应急包"在"安全岛"留影，并写下自己的体验感受。

任务一：观看展厅内的《大地震启示录》

1. 快和你身边的小伙伴讲述你看到的地震报道。
2. 动动小手，画出你看到的地震发生后的景象。

图 3-5 "地震初识"研学单

任务二：地震逃生大体验

在场馆中找到这些地震逃生体验点，完成体验后在圆圈内打钩。

○ 龙卷风体验　○ 地铁逃生　○ 地震预警　○ 地底探测　○ 安全居家

○ 地铁逃生　○ 与海啸赛跑　○ 虚拟灭火　○ 埋压自救　○ 街区逃险

图3-6 "体验地震"研学单

任务三：准备家庭应急包

家庭应急包是在发生意外灾害时，能够提供必要的逃生工具、求生工具、医疗包扎用品等的包裹，它同时还可以临时存放家中重要物品，是一款能够帮助顺利逃生，增加生命安全保证的家庭必备品！（请圈出你选择的物品，并说一说理由）

113

图 3-7 "识别应急物品"研学单

第二阶段知识内化:"地震探秘小专家"3 课时

场馆路线:"探访地球"→"百家争鸣"→"创客空间"→"漂移的大陆"

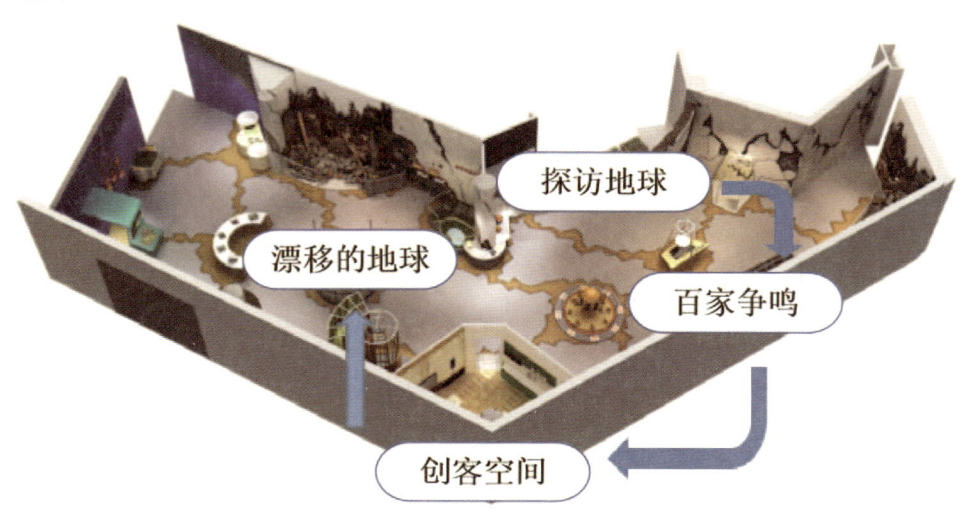

图 3-8 "地震探秘小专家"参观路线设计图

知识内化任务一:探访地球(图3-9)

在"探访地球"展项中,自主观看了解地震造成的危害;分析"百家争鸣"中对地震产生的可能原因,并交流自己的看法。

知识内化任务二:实验探究(图3-9)

于"创客空间"中设计实验,分组探究地震的产生,了解地震发生时的地层状态。

知识内化任务三:总结交流(图3-10)

移步"漂移的大陆",在"给地球做CT"、观看"断层与地震"后,在研学单上标出板块与地层的运动方向,总结交流地震的产生原因。

活动一:与百家同争鸣

地震成因是地震学科中的重大课题,目前有板块运动学说、爆炸致震说、流体致震说、天体引力致震说,分析"百家争鸣"中对地震产生的可能原因,谈谈自己的看法。

活动二：探究地震产生的原因

1.用海绵模拟地层，对它施加力后，观察它的形态会发生怎样的变化。

我发现：_____

2.掰断木片，体验"岩层"断裂的感觉。

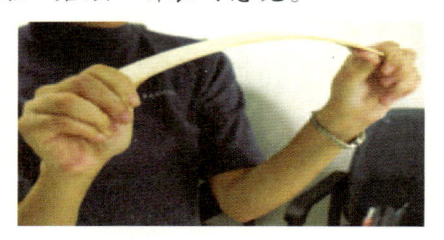

我发现：_____

3.用力挤压挨在一起的泡沫板，观察"地球板块"的错动、抬升，及对环境造成的影响。

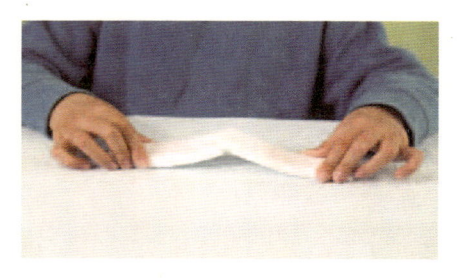

我发现：_____

图3-9 "探访地球"和"实验探究"研学单

活动三：总结交流

在场馆内观察板块错位的三种情况，用箭头在图中标出运动的方向。

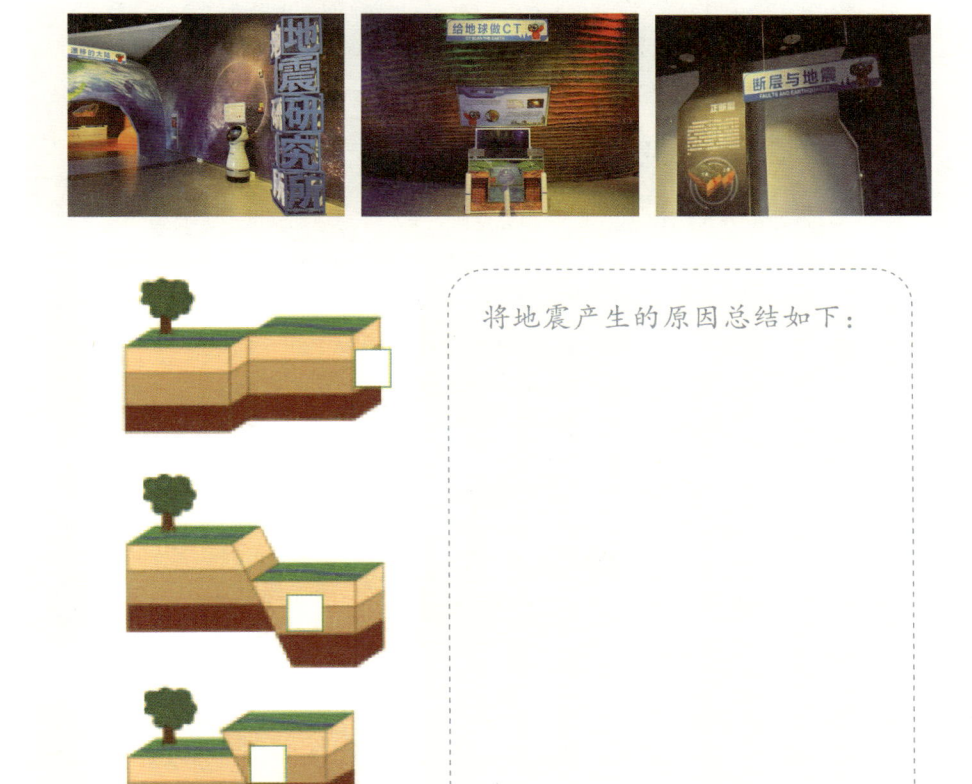

将地震产生的原因总结如下：

图3-10 "总结交流"研学单

第三阶段具身强化："地震解密小能手"3课时

场馆路线："观震放大镜"→"照亮地球内部的明灯"→"减隔震技术体验"→"创客空间"

图3-11 "地震解密小能手"参观路线设计图

具身强化任务一：探究地震波

通过"观震放大镜"，研究地下流体与地震发生过程的相关关系；在"照亮地球内部的明灯"中观察、探究地震波的特点，了解地震预警工作原理。

具身强化任务二：了解减震原理

体验减震隔震技术，观摩减震隔震产品的模型，了解减震原理。

具身强化任务三：创造减震隔震产品

在"创客空间"，利用材料设计制作减震隔震产品。

强化任务一：深入地球的内部

1.在"观震放大镜"中认识地球的内部构造，在图3-12中写出地球内部分层的名称。

2.在"照亮地球内部的明灯"中观察，尝试填写图3-13中的空白部分。

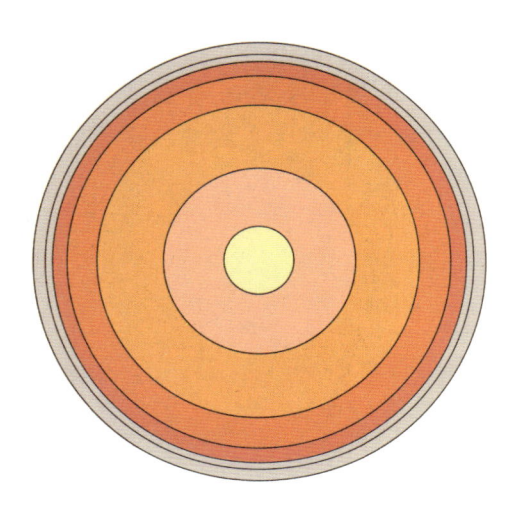

第三章　基于具身式学习的科学场馆研学课程开发

图3-12　地球内部分层示意图

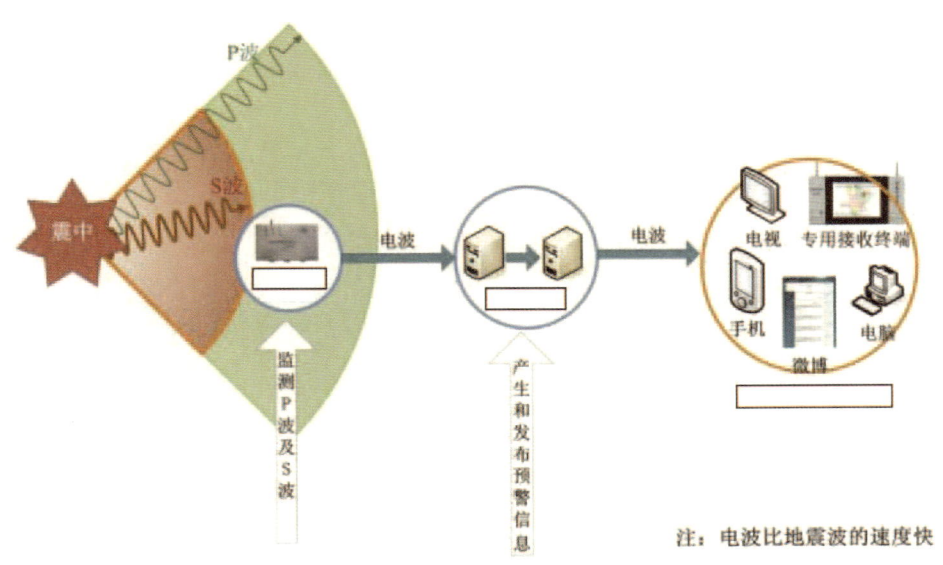

图3-13　地震预警原理示意图

强化任务二：体验减震隔震产品

　　观看并体验场馆内减震隔震产品，与同伴们分享讨论减震隔震效果，并且向他们介绍每一样产品的减震原理。

强化任务三：设计减震隔震产品

地震破坏性大，易造成大量人员伤亡和巨大的经济损失。让我们一起想办法利用高科技来减震减灾，设计一款减震隔震产品。

选择的材料：

设计图如下：

【研学后】动态研学评价，反思具身行为

（一）设计思路

研学旅行的课堂是瞬息万变的，具身式研学课程的研学评价应动态贯穿于整个研学活动。首先，评价要及时，教师在活动中引导学习者自察和互察，在体验场馆展项时反思身体、思维和情感的参与情况，发现自身问题，及时调整，不断激励引导自我走向高阶水平。其次，评价要动态，不能只有针对地震的产生、危害等低级、静态的记忆性知识评价，而应更多反映具身认知的动态变化，例如灾难意识、安全意识，以及解决地震灾害问题的实践能力等的动态发展。在研学活动结束之后，还要结合研学过程和成果作出总体评价。

（二）研学目标

学生能够根据研学畅谈反思研学活动的收获与感受；能够客观地对他人作品进行评价；了解科学技术可以减少自然灾害对人类生活的影响。

（三）研学小结和反思

1.展示减震隔震产品：教师提前创设好有利于学习者展示、欣赏作品

的教室空间,引导学习者欣赏他人作品。

2.投票选择最佳作品:师生交流讨论从哪些方面评价作品,并引导学习者根据评价标准,投票选出最佳作品。

3.互动点评作品:教师引导学习者从评价标准出发,点评他人作品,并对问题提出自己的建议。

4.畅谈感受:教师引导学习者对本次活动进行总结,并交流活动感受。

六、学习评价设计

当前研学课程评价的识记化与答题化,是学科课程评价方式在研学实践活动中的沿用,是研学课程评价偏离正轨的反映。观身察行,注重过程的学习评价是小学具身性教学的重要评价方式,在研学课程活动中观身察行,关注身体行为的及时反馈和情感的参与状态。

1.注重学习者的身体行为

身体的行为表现能够真实地反映出学习者的学习状况,在研学旅行过程中,教师要敏锐地体察学习者通过身体行为所表现出的学习状态,及时给予反馈。

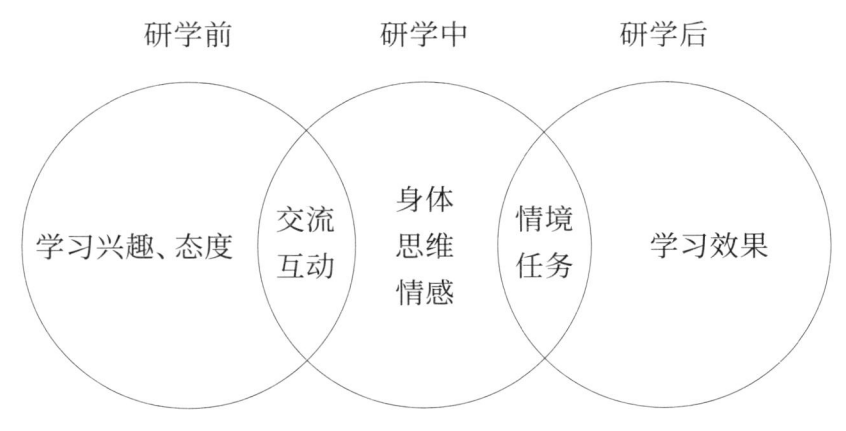

图3-14 基于具身式学习的科学研学课程评价

观身察行的学习评价是在教学过程中进行的,因此要注重将对学习者学习的考察贯穿于教学全过程。在研学前,可以通过与学习者简单地交流和互动了解学习者的学习兴趣和态度,以便顺利开展教学。例如学生是否表现出情绪高涨,或者是否积极参与交流互动,以此来判断其学习兴致的高低。在研学的交流互动过程中,关注学习者的身体、思维和情感的参与度,教师可以根据研学过程中的具身评价表(表3-2)关注学生具体的达成情况。根据具体情境中研学任务的难易程度,及时调整研学节奏,并通过学习者外显的身体表现,确定学习者的投入程度。研学结束后,除了运用知识测试的方式,还可以采用面谈的方式了解学生的达成情况,例如审阅学生在"寄语安全岛"中的表述,从中了解学生的具体达成情况。最后以基于情境完成任务的方式评价学习者的学习效果。

表3-2　研学过程中的具身评价表

一级指标	二级指标	指标的核心要点	具体的达成情况			
			较多符合	基本符合	较少符合	不符合
学习者身体参与情况	视听通道参与	学习者能够利用视觉和听觉感知方式获取认知				
	半身肢体参与	学习者能够利用手势、表情等参与具身学习				
	全身肢体参与	学习者能够充分调动头部、手部、腿部等全身肢体参与具身交互学习;学习者实现身体行动自由,通过全身性的行动感知完成学习活动任务,从而获得知识				

（续表）

一级指标	二级指标	指标的核心要点	具体的达成情况			
			较多符合	基本符合	较少符合	不符合
学习者思维状态	模型建构	学习者能够基于具身经验，对场馆研学中的事物进行概括				
	推理论证	学习者能够基于证据与逻辑，运用分析与综合、比较与分类、归纳与演绎等思维方法，建立证据与解释之间的关系，并提出合理见解				
	创新思维	学习者能够从不同的角度分析、思考问题，提出新颖而有价值的观点和解决问题的方法				

（续表）

一级指标	二级指标	指标的核心要点	具体的达成情况			
			较多符合	基本符合	较少符合	不符合
学习者情感状态	自主学习	学习者积极独立自主地利用环境资源或技术完成相应的研学活动任务，实现自身的具身体验				
	小组合作	学习者乐于与同伴们组成学习小组，进行任务分工、角色轮换，小组成员彼此协作，共同利用具身学习环境的资源和工具完成研学活动				
	集体探究	学习者主动参与集体探究，与同伴关系融洽，能很积极地参与组间合作，完成具身学习研学活动任务				

2.关注学习者的情感参与

在"动感地球奇妙之旅"科学研学活动中，学习者的情感参与状态是学习者具身参与程度的一项具体表现，可以从自主学习、小组合作、集体探究三个方面进行观察。其中，小组合作和集体探究最能体现其情感状态，教师可以从分工情况、参与情况、合作情况等多个维度进行评价（表3-3），确定学习者的情感投入程度。

表3-3 学习者情感参与状态评价表

指标	维度	不同层级		
		5分	3分	1分
小组合作	分工情况	组内分工明确,任务分配合理	组内分工不够明确,只有基本的任务分配	组内分工不明确
	参与情况	服从安排,每个成员都能积极参与小组活动,发挥自己的才能	大部分成员服从安排,尽可能参与小组活动	只有个别成员服从安排,参与小组活动
	合作情况	每个成员愿意听取别人的意见并发表自己的看法见解	大部分成员愿意听取别人的意见,发表自己的看法	只有个别成员愿意听取别人的意见
	资料共享	每个成员都将自己的资料共享给小组	大部分成员将自己的资料共享给小组	只有个别成员将自己的资料共享给小组
	任务完成	任务总是能按时完成,有很大的收获	大部分任务能按时完成,有一些收获	只有个别任务能按时完成,收获不大
集体探究	组间关系	关系融洽,能很积极地参与组间合作	关系一般,小组能参与组间合作	关系冷淡,基本不能参与组间合作
	资料共享	小组能将自己的全部资料共享给其他小组	小组只将自己的部分资料共享给其他小组	小组基本上不把自己的资料共享给其他小组
	研讨价值	合作效果好,问题有实质性的进展或有有价值的成果出现	合作效果较好,问题有一些进展或有一些成果出现	合作效果一般,问题几乎没有进展或没有成果出现

七、课程故事

自2018年课题立项后,整个课题组的小伙伴经历了近4年的科学场馆研学课程开发和实践。从学习、理解学习方式的内涵和价值起步，反复探索具身式学习和场馆学习有机融合的实践，尝遍酸甜苦辣等滋味。此时此刻，我再一次体会到"教育的根是苦的，但其果实是甜的"的真谛。欣喜的是，在这一场具身研学旅行中，作为课程组织者的我不仅看到了学生在情感情绪、能力上的显著变化，也感受到自身身体和心智的联结的力量，对于学习本质、学习观念、学习方式也有了新的理解。

（一）学习本质——身心融合的整体性学习

在整个研学活动开展过程中，深感身体在学习过程中的重要性，引发了对学习本质的反思，重新审视学习过程中身体、环境等因素所发挥的重要价值作用。离身学习观念认为，学习中身体活动、实践参与的价值微乎其微，而学习的本质被片面地看作是对客观知识的获取和思维能力的提升。相较于离身学习，具身认知视域下的学习应是一种身心融合的整体性学习，在学习过程中，尤其要调动学生身体的参与度，让学生在身体的感知运动中获得多方体验，从而加深对所学内容的理解。因此，在开展学习活动过程中，学习内容的选择、学习形式的安排、学习环境的创设等都要注重调动学生多感官协同参与，让学生获得来自视觉、听觉以及触觉等多方面的体验，使得学生对学习的内容有更加全面、透彻的认识，进一步促进学生深度学习。

（二）学习观念——技能情感的协同性发展

教育本身不仅包含智力和思维的发展，还包括身体活动、实践参与等技能方面能力的提升以及情感体验的获得。而传统的离身学习使得学生的学习成了"有脑无身"的学习，学生核心素养的培育、全面发展的目标难以在教和学的过程中实现。在"动感地球奇妙之旅"的研学活动中，我发现，不仅地球地震的成因需要学习者的身体实践参与，地震过程的逃生技能，以及地震摧毁性威胁的情感体验更离不开身体活动的参与。具身学习理论认为，教育应该促进人的全面发展，不能因为心智的培养和成绩的提升而忽视学生的身体活动参与和情感体验获得。因此，应当树立具身的身体观、知识观和学习观，明确学习过程中身体活动、身体在场的重要性。

（三）学习方式——身体感官的实践性参与

认知具有涉身性，这是具身认知理论视域下学习者的学习特点，学习者以身体为媒介，通过身体与周围环境的互动而衍生的各种知觉体验来获得对世界的认知。在"动感地球奇妙之旅"的研学活动中，学习者并不是生硬地接收地震成因、危害以及逃生方法的相关知识，而是通过亲身经历、体验感受等方式获取更直接的经验和更深层次的认识。从中可以获知，具身学习是一种行动学习、体验学习，能够更好地调动学生的身体感官和肢体参与学习。因此，在开展学习活动时，教师尽可能地给学生创造丰富的学习环境，为学习者打造具身化的学习空间，让学习者在学习的过程中体会到"在场感""参与感"，让学习者的身体感官在真实的情境中，以及在与环境互动的过程中获得多样化的实践性参与，并从多个角度加深对学习内容的理解。

在经历"动感地球奇妙之旅"的具身式研学活动之后，我深深感受到，作为一种相对较新的学习理念、学习方式——具身学习，其理论的构建和实践的开展需要协同进行。当然也要避免为了实现"具身"而迷失了教育本身的方向。

当下,"沉浸式"是个网络热词,似乎万物皆可沉浸式:沉浸式阅读、沉浸式体验、沉浸式学习……其中与师生密切相关的,莫过于"沉浸式学习",甚至有学者喊出:"告别'摸鱼'时代,我们一起来沉浸式学习!"。业界研究者认为,"沉浸式"是指当人们进行活动时,能够身心完全投入情景当中,注意力专注,并过滤掉所有不相关的知觉,即进入沉浸状态。沉浸式学习是一种正向的、积极的心理状态,沉浸式学习会让学习者在学习过程中保持长时间专注、高效地学习,越学越"上瘾"。当然,沉浸式学习不是一个新概念,也不是一个新学习行为。如何在科学场馆研学的学习过程中找到正确打开沉浸式学习的密码?基于沉浸式学习,科学场馆研学课程如何激发学生的深度学习,发挥其特有优势?经过研讨、实践、反馈、调整,结合创新馆校深度合作的形式,通过设计和实践科学场馆研学课程,尝试找到传统教学的突破口,在"双减"背景下做科学教育的有效加法。

第四章

基于沉浸式学习的科学场馆研学课程开发

第四章　基于沉浸式学习的科学场馆研学课程开发

随着经济和科学技术的高速发展,各类场馆和科技馆建设水平和管理理念的不断提高,场馆的教育功能将越来越凸显。将场馆的丰富资源与国家科学课程有效融合,已成为当前科学教育的重要方向。统筹整合校内外教育资源,开发实施精品化特色课程,本节将给大家介绍基于沉浸式学习的理论机制引导下对科学场馆研学课程的思考和实践。

第一节
沉浸式学习概述

> "沉浸"一词在《现代汉语词典》中的解释为"浸入水中,多比喻处于某种气氛或思想活动中"[①]。沉浸就是一个人完全投入到某种活动时所产生的心理状态,个人因兴趣完全投入到活动中而屏蔽其他无关因素的干扰,甚至达到忘我的状态,在沉浸状态下所产生的体验被称为沉浸体验。

一、什么是沉浸式学习

在发展为一种普遍适用的学习方式之前,沉浸式是一种第二语言教学模式,起源于加拿大地区学生法语学习的教学实践中。随着AI、5G、人工智能等新兴技术在教育领域的逐步应用,国内外对沉浸式教学的研究日益加深,散见于教育、医学、经济等领域。其中,在教育领域的研究主要聚焦

---

① 中国社会科学院语言研究所词典编辑室.现代汉语词典[M].北京:商务印书馆.2017:160.

于语言教学、教学模式和教学媒体技术这几个方面。通过对相关文献进行阅读与整理，发现沉浸理论最早于20世纪70年代提出，心理学家契克森米哈赖最早提出沉浸体验，它是"个体高度关注、全身心投入而产生的畅快感，其目的只是更好地完成任务"，是意识和行为高度融合的感受，且在体验过程中学习主体伴随强烈愉悦感。

沉浸式学习将沉浸理论实践运用于学习中，作为一种学习活动和方法，以良好文化环境为背景，引导学生关注学习过程和活动，激发学生内在求知欲，从认知、行为和情感层面获得体验，进而实现人的全面发展。建构主义的"情境性认知"和"情境性学习"所强调的"学习、知识和智慧的情境性"，与沉浸理论有着相同的认知维度。沉浸式学习旨在以学生为主体，将课程内容有效转变为学生认知意识、个体品质和社会行为等。

对于沉浸式学习，可以从以下两个方面来进行理解：一方面，从教师教学实践层面看，教师要充分运用多种多样的教学方式为学生的沉浸式学习提供丰富多彩的学习工具，利用教学资源和实践活动场所为学生营造沉浸氛围，设计多样化、个性化的教学活动。另一方面，从学生层面来看，沉浸式学习积极引导学生从被动地学习转变为主动地学习，使学生在沉浸状态下获得积极的学习体验，促进学生的全面发展。

二、沉浸式学习的特点

1.学习体感的丰富性

沉浸式场馆研学空间在实际的设计中融入声音、气味、动作等多种感官，用视频、动画等多媒体手段，充分调动参与者的多重感官以丰富学习体感。改变学生原先作为被动的信息接收者身份，助推学生主动投身其中，提升其掌握知识的自主性。通过"沉浸式"的手段来刺激学生的各个感官以获得多重体验，让其快速进入设计者营造的空间氛围中。例如在"观测天气"研学情境的营造中，通过视频、图片、音频、模型等方式，加入视、听、触等多种感官体验，提升学习效果与效率，跳过"无意"环节，引导学生直接进入"注意→吸引→浏览→审视→思考→比较→互动→记忆（加深）"的流程。

2.学习环境的多样性

学习环境由学习资源、学习空间、学习工具、学习活动等要件构成,是促进学生发展的支持性条件。利用不同的技术和资源条件,从不同的认知理论出发,可以构建不同的学习环境。学习环境是教学活动顺利进行的重要保证。沉浸式教学的学习环境丰富多样,主要由四个环境要素构成:物理环境要素,如实况、实地、实物;资源支持环境要素,如技术资源、认知工具;情感心理环境要素,如学习氛围、人际关系等;社会文化环境要素,如学习习惯、思维模式、价值观。在学习环境中,不同环境要素相互作用、相互影响,共同促进教学活动的顺利进行。

3.学习空间的融合性

沉浸式的设计手法可以使人"完全处于某种境界和思想活动中",改变传统学习方式带来的"硬空间"感受,沉浸式学习通过"软化"空间,使空间的边缘、尺度、材质等模糊化,在浑然一体的环境中我们会忽略墙、顶、地的物理边缘,无形之中弱化了空间的尺度感,沉浸在一个没有"空间"的空间之中。通过沉浸式手段,学生可以在心里营造"另外"的空间,实现物理空间的延伸,在无须对物理空间进行大规模的操作之下实现空间扩大化。利用沉浸式弱化空间边缘的特点,在有限的封闭空间创造出能够满足学生观感需求和心理需求的"空间尺度"。

三、沉浸式学习的价值

2019年8月,在国务院办公厅印发的《关于进一步激发文化和旅游消费潜力的意见》中,提出将会大力促进文旅产业中沉浸式体验的发展。可见,基于沉浸式学习视域下设计场馆研学活动也是当下研学产业发展不可或缺的部分。结合场景、互动式资源,创建沉浸式体验,营造学习生态圈,适应现代化发展要求,也可以将研学课程的设计提升到更高的层面,提高研学产业的成效和发展。

1.拓展研学资源,重视情境塑造

构建良好的学习情境是实现沉浸式学习的重要因素,通过对学习情境的塑造将学习者的行动与知觉相融合,让学生个体在学习过程和学习环境

中得到自我的掌控感。同时，帮助学生过滤不相关的知觉和思考，使学生在学习情境中注意力得到集中，加强学生个体的感官沉浸体验、认知沉浸体验的协同感与自我沉浸体验。

开发博物馆、科技馆、公园、工厂等广义场馆的研学资源，融合研学情境，为研学活动课程体系的建立提供了有力支撑，有助于超越教材、课堂和学校的知识的局限，在活动空间上向自然环境、学生的生活领域和社会活动领域延伸，使学生与自然、社会和生活产生密切联系。

2.创新学习方式，突出认知迁移

研学中，要达到丰富的学习体感，我们既要激发学生学习动力，也要维系学生的注意力，激活学生情绪反应[1]。沉浸式学习为学生的"玩"和"学"提供了一个非正式的学习环境，这种非正式环境的学习对激发学生兴趣与学习动机、理解先前知识、在学习过程积极反思学习、参与互动活动等具有重要作用。以学生为中心，使学生兼具学习主动性和主动权，让个体感知到清晰的目标。

教师需对学生的行为或整体表现作出及时反馈，基于学生的认知水平，尊重学生个体的原有认知水平和结构，通过降低学生的迁移成本，促进学生认知迁移的完成。

3.关注学生状态，发挥育人功能

在终身学习观和构建学习化社会浪潮的推动下，学习发生的时间不再囿于固定的学习年限，学习的空间也不再局限于学校或专门的教育机构，沉浸式学习正成为学校学习以外重要的学习延伸方式，沉浸式研究性学习和旅行体验相结合的研学活动，正是学校教育和校外教育衔接的创新形式。沉浸体验即一种积极的、全身心投入的状态，达到沉浸式学习就是要使学生的心流在一段时间内保持巅峰状态[2]。为了达到这种状态，在学习

---

[1] 徐铷忆，陈卫东，郑思思，等.境身合一：沉浸式体验的内涵建构、实现机制与教育应用——兼论AI+沉浸式学习的新场域[J].远程教育杂志，2021(1)：28-40.
[2] 柳瑞雪，任友群.沉浸式虚拟环境中的心流体验与移情效果研究[J].电化教育研究，2019(4)：99-105.

过程中关注学生的投入程度，及时根据学生的心流状态，调整其学习的内容和难度。运用丰富的资源为学生的自由探究提供生动、富有创造性的学习环境，在"玩""学"中拓宽视野、丰富知识和丰富体验，更新和巩固已有的知识。

第二节
基于沉浸式学习的科学场馆研学课程开发策略

> 突出以"学生为中心"，基于沉浸式学习为课程生长点进行设计，从感知到探究再到运用，教学目标在各课时中逐一达成。

一、基于沉浸式学习的科学场馆研学课程定义

以沉浸式学习视角开发的科学场馆研学课程，是基于学校教育立场，并结合场馆资源发生并展开的，以《义务教育科学课程标准（2022年版）》为指导，依据学校特点及可利用的资源等条件，由学校成员自愿与校外团体或个人研究者合作开展，旨在满足本校所有学生学习需求的校本课程，是一个持续和动态的课程改进或重构过程。它包括课程目的、课程设计、课程内容、课程实施与学生评价等，是一个需要多方人员参与合作的决策过程。沉浸式学习的科学场馆研学课程是基于沉浸式学习特性的基础上，将沉浸式学习理论融入研学课程设计，选择适宜的场馆环境为学习场域，通过情境沉浸、语言沉浸、情感沉浸等多种方式进入沉浸状态，在特定场

馆环境的刺激下实现心灵的沟通、情感的对话，在自己原有知识的基础上去探求新知。引导学生关注学习过程和活动，激发学生内在求知欲和外显性行为，从认知、行为和情感层面获得深度体验，进而促进学生的全面发展。

二、基于沉浸式学习的科学场馆研学课程目标

课程目标是课程实施要达成的基本目标，也是课程开发的立足点、出发点和最终归宿。基于沉浸式学习的科学场馆研学课程目标，以沉浸式体验和实践为导向，在主体目标和方法层面高度统一，可以分解和细化为不同层次的具体目标。体验性和表现性目标为主，结果性目标为辅，共同构成基于沉浸式学习的科学场馆研学课程具体目标体系。聚焦核心素养与关键能力，落实立德树人的根本任务，定位与建构课程目标，以期实现场馆与校外研学课程、知识性课程与实践性课程整体化发展。在政治思想导引、道德情操示范、心理心态优化、审美情感熏陶和创新实践等方面发挥研学课程的优势，落实立德树人的根本任务，帮助学生开阔眼界、增长知识，了解国情、培育爱国情怀，着力提高他们的社会责任感、实践与创新能力。

三、沉浸式学习的基本过程

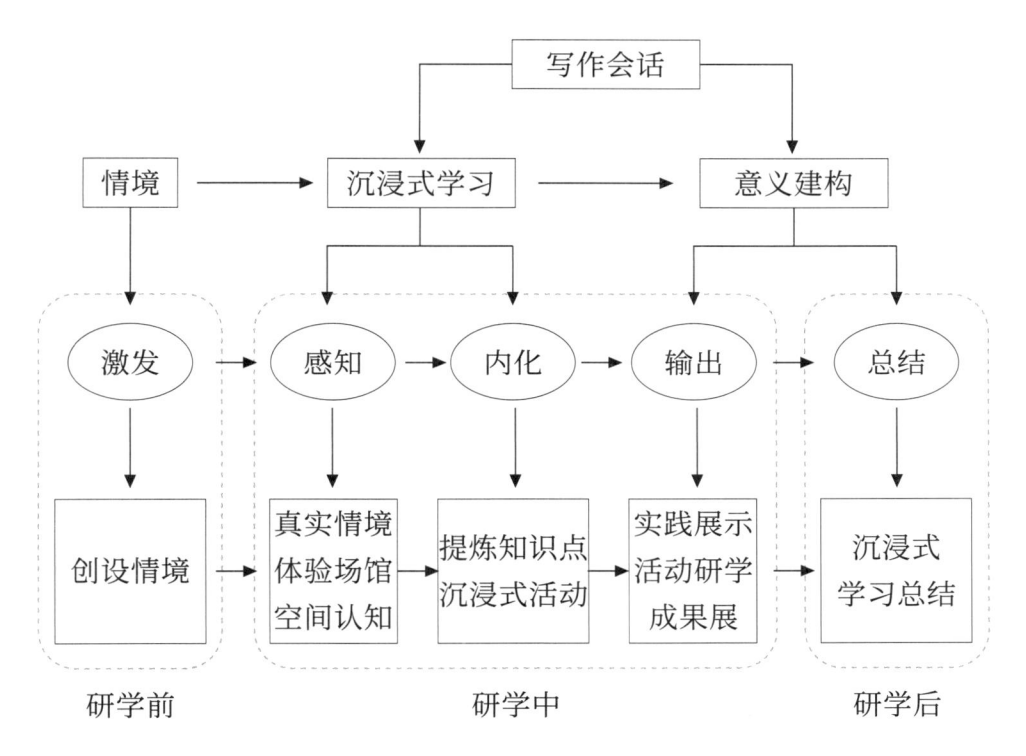

图 4-1　沉浸式学习的基本过程

1. 设立沉浸式学习目标,激发主体学习欲望

"清晰的目标"是沉浸体验的首位条件。学习目标是通过教学活动所需要达到的最优学习结果,作为沉浸式教学的基础,它直接影响教学效果,在课程优化和教学改革中起到了引领作用。设立明确学习目标,刺激学生学习积极性,当学习动机被激发到最高点时,会产生沉浸状态,学生学习动力和对知识的探索欲望被无限激发,从而实现学生人格修养和文化创新双重目标。

2. 优化沉浸式学习模式,内化认知与行为双向互动

学生在沉浸体验中,首要条件是能力和难度两者达到平衡,根据沉浸

组合关系,当高难度和高能力相匹配时,个体产生"心流"最佳状态,反之高难度匹配低能力会产生"焦虑",低难度碰到低能力会产生"冷漠",只有根据个体能力基准设置相应挑战活动,才能达到沉浸效果。在具体学习中,通过特定活动了解学生知识和技能水平,制作"学生认知—技能—情感体系量表",为沉浸式教学项目设计提供科学依据,在理论与实践的双向互动中创造出新的融合模式,进而促进学生的全面发展。

3.创新沉浸式学习任务,突出以精神内核为中心的心锚

神经语言程序学认为我们的行为由"神经联结"主导,"神经联结"是人内心的某一心情与行为的某一动作或表情相联结,而产生的条件反射,称为心锚。有效建立心锚需要确认个体身心处在特定状态,状态越强烈,则建立越容易。沉浸式学习实质是训练学生的"心锚",通过设定案例学习、任务学习和实践学习"三位一体"的教学方式,以项目作为心锚训练载体,促进学生在特定环境和状态中自我感知与体悟,通过实践、体验和创造,将人的内在精神与事物融为一体,进而获得沉浸体验,激发心锚反应,实现知情意行全面发展。

四、基于沉浸式学习的科学场馆研学课程开发要点

依据"重参与、重过程、重体验"的理念,以学生需求为导向,以场馆资源为基础,以双向自我实现为目标,基于学校和科学场馆,依据情景线的设计,开启研学之旅。

1.勘察研学环境,重视学习情境的塑造

创设与真实物理情境相似、复杂程度相近的学习环境,构建良好的学习情境是沉浸式学习的重要体验因素。通过对学习情境的塑造将学习者的行动与知觉相融合,让学生个体在学习过程和学习环境中得到自我的掌控感[1]。在研学课前实地勘察研学环境,根据所要营造的学习情境对场馆

---

[1] 陈凯泉,吴志超,刘宏,严莉莉.扩展现实(XR)支撑沉浸式学习的技术路径与应用模式——沉浸式学习研究网络国际会议(iLRN2020)探析[J].远程教育杂志,2020(5):3-13.

进行筛选,确保研学环境的适配。帮助学生过滤不相关的知觉和思考,使学生在学习情境中注意力得到集中,进而获得学生个体的感官沉浸体验、认知沉浸体验的协同感与自我沉浸体验。

2. 创建研学路线,聚焦科学概念的进阶

以学习进阶为工具,创建研学路线,展开对科学概念教学内容在不同层面的整合。经过整合,可以清晰地看到具体概念在概念体系中的地位,厘清具体概念建立的逻辑线索,明确建立具体概念的影响因素,基于学生课堂中的具体表现及时调整教学内容。因此,基于研学路线的教学内容整合为教师进行教学设计与教学实施提供了证据,以理性认识作为教学实践的基础可以较大程度提升课堂教学设计的科学化水平。

3. 注重研学评价,关注表现性成果的展示

表现性评价是在尽量合乎真实的情境中,对学生完成复杂任务的过程表现、结果作出判断[①]。它通过"任务"引发学生相应的表现,由于这样的任务不存在唯一正确的答案,因而需要基于评分规则对学生的表现作出判断。尽管表现性评价关注的是学生的"表现",如报告、讲演或做实验等,但是不能认为只要是让学生报告、讲演或做实验,就确信将他们引入了表现性评价。更重要的是,表现性评价能够将课程、教学、评价三者相整合,一致地指向高阶复杂的学习目标,从而促进学生核心素养的养成。在表现性评价的引领之下,学生主动地深度参与到基于真实情境的任务中,并通过评分规则获取有效反馈,明晰期望的素养目标、现阶段的素养水平以及如何进一步发展等,最终通过自我反思实现核心素养的形成。

五、实施保障

沉浸式教学应用于研学教学是一个复杂的教育实践过程,需要多方联动,方能保障沉浸式教学顺利开展。要广泛利用各种新兴教育技术,关注智能化、可视化、个性化的教学资源,提供人机交互的教学平台与智能设

---

① 周文叶. 中小学表现性评价的理论与技术[M]. 上海:华东师范大学出版社,2014:53.

备，以此构建智慧课堂教学环境。教师要积极主动学习，提升自身数智教学素养，从而进行有效的沉浸式教学模块设计与实施。国家和学校要为智能化教学方式转型提供助力，支持沉浸式教学在研学中的应用，从而提高科学场馆研学课程沉浸式教学质量。借助各种新兴技术，进行数据驱动的教学评价变革，以更好地检验沉浸式教学效果。

（一）智能技术助力沉浸式情境创设

沉浸式场馆研学重视学习中学生的身体及其体验，重视学习过程中的沉浸感，借助智能技术不仅能让学生获得更多的感知体验，还能让技术所营造的沉浸式学习环境成为研学学习的一部分，促进学生科学知识的习得和科学技能的获得。换而言之，沉浸式研学的实施离不开智慧教学环境设备和多种技术的支持，需要场馆和社会机构多方面共同努力，为智能化教学方式的转型提供支持，以推进沉浸式研学的广泛应用。

（二）沉浸式教学需教师提升智数素养

"数智融合"驱动下的沉浸式研学，教师不仅需要具备基本的信息素养，还要具备数智教学素养。所谓数智素养，就是数据素养与人工智能素养的融合。教师作为落实立德树人任务和开展沉浸式教学的关键角色，要通过数智融合，合理应用智能技术开展教学活动，在教学过程中帮助学生理解数智融合，引导他们正确、有效地利用数智技术，以便将来更好地进行学习、工作和生活。

（三）优化观念理解智能化教学转型

在沉浸式研学的探索阶段，教师最关注的是"怎么做"，即怎样实施沉浸式研学。而智能化教学方式的转型则是将沉浸式教学应用于教学实践的重要环节。作为沉浸式研学的设计者和实施者，需要教师转变教学观念，增强智能化、信息化教学意识。通过主动学习，理解沉浸式研学的深层含义，关注智能化、可视化、个性化的教学资源，借助各种新兴技术，进行数据驱动的教学评价变革，以更好地检验沉浸式教学效果。

以上所提到的硬件和软件支撑策略是实施基于沉浸式学习研学课程

的关键保障因素。通过改造场馆设施、引入现代化科技设备和资源共享，提供更丰富的学习资源和学习方式。同时，通过开发教学应用程序、利用在线教育平台和设计个性化学习路径，提升学习体验和个性化教学效果。这些综合应用，将为学生提供更有意义和深入的学习体验，促进他们在研学过程中获得全面发展。

第三节
基于沉浸式学习的科学场馆研学课程开发范例

基于沉浸式学习的科学场馆研学课程重视场馆环境对学习者身体的作用，通过多种手段增强环境对身体的视觉、听觉、运动系统等感知器官的刺激。充分发挥沉浸式教学的内涵、构成要素及基本本质特征，从组织形态、物质形态、空间形态、方法形态等四方面落实可交互的学习场景，建构平等互动的师生关系，创建动态性、开放性的教学时空结构，基于沉浸学习理论指导的研学课程开发策略只有被运用到具体的课程当中，才能培养学生的创新思维和创新能力，为智能化时代发展培养创新型人才。现以科学场馆研学课程"气象追踪之旅"为例，展示基于沉浸式学习的科学场馆研学课程开发与实施。

学在现场　小学科学场馆研学课程的开发与实践

一、课程开发背景与开发愿景

（一）课程开发背景

沉浸式学习是以学习者为中心，让学生"沉浸"在特定的教学环境中，全身心投入，在学习过程中获得积极的学习体验，从而达到高效的学习目的。充分融入沉浸式学习理论的意蕴来指导研学课程设计，对转变学习方式、落实课程目标、实现素养提升具有积极意义。近年来，随着基础教育改革的不断深化及经济社会发展需要，国家有关部委与各省（自治区、直辖市）有关部门纷纷发文推进中小学生研学旅行落地实施。教育行政部门明确指出各中小学校要把研学实践纳入教育教学计划，并将学生参加研学实践情况和成效的评价结果逐步纳入学生学分管理体系和学生综合素质评价体系；同时，把中小学组织学生参加研学实践的情况和成效作为学校综合考评体系的重要内容。在自上而下的政策推动以及文旅产业跨界融合的浪潮下，研学旅行的学校渗透率和学生参与度在不断提高。厦门市气象科普资源、旅游资源、研学实践教育资源丰富，对开展科普研学具有天然优势。借助丰富的场馆资源，以沉浸式学习的理论为指导结合研学课程的形式，引导学生在沉浸的状态中体验和感悟，从而获得知识和经验。通过运用特色气象科普场馆、策划气象科普研学体验，扩大气象科普覆盖面，提高公众尤其是中小学生气象防灾减灾的意识和能力。

（二）课程开发愿景

作为气象类科普场馆，本身在提供专业性、行业性、研究性科普教育服务上就具有天然的优势。借助此优势紧密围绕着社会主义核心价值观开展，强调生态文明与自然和谐发展的重要思想，引领学生在研学课程中走进气象馆，在场景中体验并自主学习气象的相关知识，多方面探寻气象的奥秘。在"多样气象展"的实践中将所学、所探、所知用自己喜欢的方式展示出来。在此过程中，树立正确的生命观，完善理性思维，形成保护自然的社会责任感。从珍爱环境到保护自然，在沉浸式的研学探究过程中初步构建正确的生态观念。

二、课程目标

通过沉浸式研学活动,结合场景气象展开学习体验,感受各气象要素的作用,掌握气象要素的测量和描述方法。引导学习者能够基于场馆资源,通过表现性活动物化自己的研学成果,用表演、展览等方式进行公开展示。本次研学活动后,学习者能够基于科学技术的发展,理解气象与人类的生活密切相关,具有进行气象宣传和保护的意识。

三、课程基本属性

表4-1 "气象追踪之旅"课程基本属性

课程名称	气象追踪之旅
研学地点	学校、厦门市青少年天文气象馆、蔡尖尾山气象台等
研学对象	小学中高年级学生
执行人员	√科学老师　√研学导师　√家长　其他
课程总用时	7—8课时
资源属性	√自然生态类　人文历史类　√科学技术类　√体验创造类
资源可关联学科	√道德与法治　√语文　数学　√英语　√科学　√音乐　√美术　体育与健康　√工程
评价方式	√个人发言　√小组讨论　√研学评价表　√研学成果展示
课程教具	研学手册(单)、教具和学具、气象测量仪器、活动评价单等

四、课程结构与内容

立足于生活经验和感受,有机融合学生内心的感性与理性知识,激发学生对知识的渴望,将学生的"被动听"变成"主动学",将学习动机转变为学生的内部动力。

（一）课程结构

见第143页。

（二）课程内容

在国家课程内容的基础上，依据地域及场馆资源，以"沉浸式学习"为核心，构筑进阶课程结构，指导场馆研学课程的开发。进阶课程结构从主题线、活动线、目标线和场馆线出发，在线性交错设计中搭建课程结构，彰显课程结构的系统性。

场馆研学是通过馆校结合的创新形式，衔接学校教育和校外教育而形成的研究性学习和实践活动。它是一座没有围墙的学校，也可视为撬动传统教学的杠杆。依据"重参与、重过程、重体验"的理念，以学生需求为导向，以场馆资源为基础，以双向自我实现为目标。基于学校和天文气象馆，将"气象追踪之旅"分解为三个模块，即"俯瞰鹭岛——气象现象我来说""秋季追踪——气象专家我来当"和"学无止境——气象万千我来展"，并依据情景线的设计，形成"追忆莫兰蒂""气温知多少""天上云·地下雨""吹进风世界""天气'候'报"和"多样气象展"。在每学时研学过程中，每一课时都制订了具体单元的教学目标、教学重点、教学步骤和教学评价。

突出以"学生为中心"，以单元教学为课程生长点进行设计，从感知到探究再到运用，单元教学目标在各课时中逐一达成。利用场馆研学模式进行单元设计，力求"把课堂还给学生"，构建以学生为主体开放式的课堂，注重学生的亲身实践和社会交往；始终将探索性学习贯穿于研学课程，将学生的"被动听"变成"主动学"；立足于生活经验和感受，有机融合学生内心的感性与理性知识，激发学生对知识的渴望，将学习动机转变为学生的内部动力。

五、研学实施过程

我们在研学课程实施的过程中秉持实践旨趣为价值取向、以教师和学生为主体、以集体审议为课程开发方法、以行动研究为方法论等，根据实

	研学前	研学中	研学后
场馆线	学校	厦门市青少年天文气象馆、蔡尖尾山气象台	学校
目标线	1. 知道气温的含义及作用 2. 会使用恰当的工具对常见气象要素展开测量	1. 知道气温的含义及作用 2. 会使用恰当的工具对气温展开测量	1. 知道气温的含义及作用 2. 会使用恰当的工具展开测量	1. 知道云雨量的含义及作用 2. 会使用恰当的工具测量降雨量	1. 了解天气、气候概念及其不同，结合卫星云图和雷达图数据，描述气象现象 2. 能够撰稿和播报天气	理解气象与人类的生活密切关系，具有进行气象宣传和保护的意识
活动线	1. 课前观看纪录片 2. 开展分享会 3. 介绍各风前的天气预报 4. 观看影片《高由落成就》	1. 追踪 "气象小编" 2. 参观户外观测场，探寻气温测量仪器 3. 进行 "气温大闯关"	1. 聆听 "云雨小编" 讲解 2. 完成探究活动 3. 参观户外观测场	1. 完成 "探" 风力和风向活动 2. 操作 "台风模拟装置"，再现台风 3. 参观户外观测场	1. 参观 "气象直播间" 2. 完成 "气象小专家" 系列挑战	1. 开展 "多样气象展" 实践活动 2. 展开表现性研学评价
主题线	追忆莫兰蒂	气温知多少	天上云·地下雨	吹进风世界	天气 "候" 报	多样气象展

俯瞰鹭岛——气象现象我来说　　秋季追踪——气象专家我来当　　学无止境——气象万千我来展

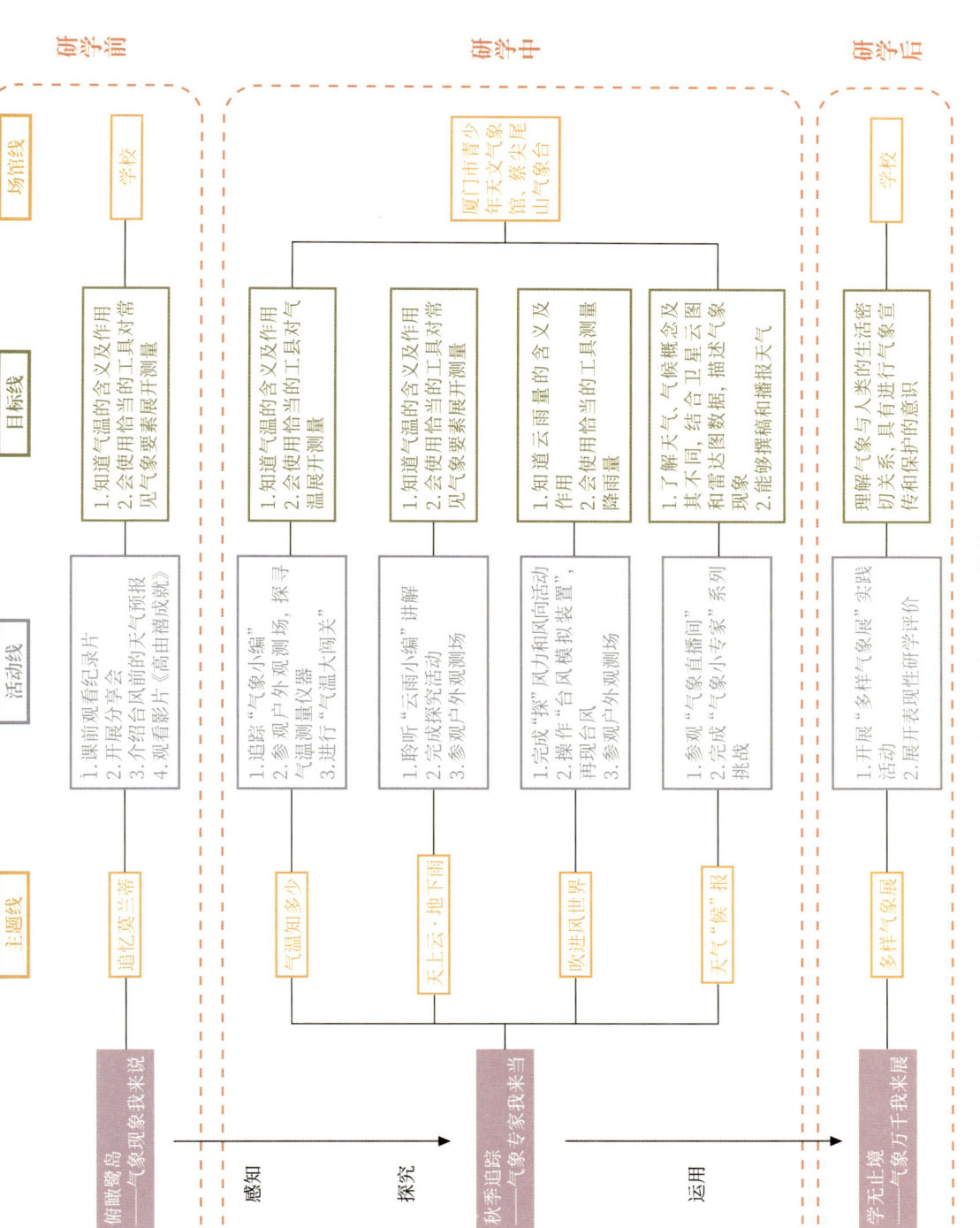

感知　　探究　　运用

图4-2 "气象追踪之旅" 课程结构图

气象追踪之旅

143

际的应用价值和对现实研学执行落地的指导，我们一般把研学课程实施按阶段分为研学前、研学中与研学后，课程开发者可根据学习者需要有目的地对课程结构进行设计。

【研学前】"俯瞰鹭岛——气象现象我来说"

（一）设计思路

在研学过程中，学生通过沉浸式学习的方式来完成真实情境的任务体验，开展研学研究。需要为学生预留更多自主学习的时间和空间，让学生聚焦自己当下的研学活动，主动将考察、体验、质疑、探究、交流和讨论等多种方法运用到研学之旅中。基于沉浸式学习的特点，应该遵循下面几个原则：

1.整体应该遵循由简单到复杂，由初级到高级的原则。

2.活动的构建更多的时候可以就地取材，体现全员参与的原则，让每一位学生都能进行有意义的课堂活动探究。

3.活动是有趣的，能激发学生的学习欲望。

4.活动设计时必须明确活动任务，所以问题设置时要源于课本又要高于课本，在活动过程中鼓励学生发表真实的想法和提出困惑。

（二）研学目标

通过引导学习者回顾"莫兰蒂"台风的过往，唤醒个体对气象灾害已有的了解和知识，通过查阅资料、采访等方式进一步了解台风相关知识和信息，激发和调动学生对本次研学旅程的期待。

（三）研学过程

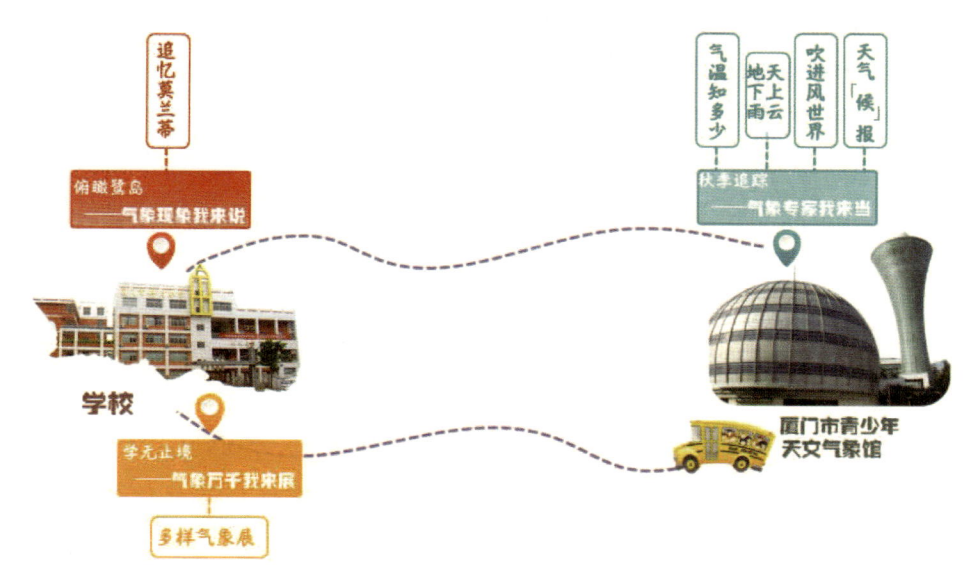

图4-3 "俯瞰鹭岛——气象现象我来说"之追忆莫兰蒂

1.通过《莫兰蒂》纪录片的播放，唤起学生对于发生在身边那场气象灾害的记忆。

2.鼓励学生通过采访身边亲友、查阅资料等途径收集相关资料。

3.开展"莫兰蒂"分享会，学生交流讨论关于"莫兰蒂"的信息，唤起对台风的感知和记忆。

4.再现"莫兰蒂"前的台风预报，引导学生思考：气象预报是怎么制作的？又是谁制作的？进一步激发学生对风力和风向的探究欲望。

5.通过微课介绍福建籍气象学家高由禧院士，在学生心中播下一颗探寻气象奥秘的种子，提升他们对探究气象的信心。

【研学中】"秋季追踪——气象专家我来当"

（一）设计思路

首先，借助场馆优势，让情境最佳，让活动更真，从而使学生自然而然

地沉浸其中，让体验感拉满。课程结尾有一个自主创作作品的环节，作品的形式是多样的，可以是舞台剧表演、多媒体作品，也可以是场景再现等，鼓励学生将自身体验转化为表现性成果展现在大家眼前。其次，收集素养表现信息。收集信息的主体不仅包括教师，还包括学生自己或者同伴。例如，如果将学生分成小组，由同一小组的同学互相记录素养表现信息，那么这就属于同伴收集。在收集信息的内容和时机上，既应收集学生完成表现性任务后的最终表现或作品，也应包括任务完成过程中体现出来的信息，尤其是在评价学生的必备品格和价值观念时的信息，因为过程数据比结果数据更能凸显个体的意愿、习惯和倾向。最后，充分利用素养表现信息。教师要将评价结果反馈给学生，引导学生利用这些信息开展自我反思。反馈的形式不是简单的分数或等第，而应借助评分规则生成个性化的评价。在引导学生反思时，有效运用评分规则是关键，这建立在学生深刻理解评分规则、充分练习评分规则的基础之上，学生回顾使用评分规则打分的过程，重点在于描述自己如何调整学习，以及哪些方法和思路可以在未来的学习中继续使用。

（二）研学目标

通过研学课程的学习，学生知道气温、云雨量、风力和风向等气象要素含义及作用，能自主使用恰当的工具对气象要素展开测量；能够看懂卫星云图和雷达图，并结合气象要素数据对气象现象进行描述。

（三）研学过程

第一阶段："秋季追踪——气象专家我来当"之气温知多少

1.学生在气象科普展厅找寻身上有气温特征的"气温小编"，跟随"气温小编"学习温度计的使用并实际运用在场馆内外，完成多点的气温打卡。

2.跟随小编来到户外观测场，在掌握温度使用的基础上，了解更多更先进的气温测量仪器的使用以及测量仪器的更替史。

3.在闯关机上通过多种游戏的闯关，进一步巩固相关新知的学习，进而完成气温挑战并获得一枚带有气温信息的气象拼图。

第二阶段:"秋季追踪——气象专家我来当"之天上云·地下雨

1.同样找到带有云雨特征的"云雨小编",认真聆听小编的讲解,了解本课时的学习任务。

2.进入"降雨我来测"的自主探究学习:

①操作降雨模拟设备,直观感受不同大小降雨的特点并用语言进行细致的描述;

②自制雨量器,并操作雨量器展开"降雨我来测"的模拟实验,完善雨量划分表。

3.进入云雨展厅,浏览展板上的相关信息,了解更多有关云雨的知识,进而获得一枚带有云雨信息的气象拼图。

第三阶段:"秋季追踪——气象专家我来当"之吹进风世界

1.随着歌声找到"风小编",跟着他完成"探"风力和风向活动。

2.利用风力风向演示器和道具,再现各种风相关场景。

3.完成风力歌填写,描述各级风的特点。

4.来到户外观测场,学习风力风向仪的使用,了解其他测量仪器。

5.每个课时后,都将获得一枚带有相关气象信息的拼图,集齐三枚拼图,即可进入新一环节的学习。

第四阶段:"秋季追踪——气象专家我来当"之天气"候"报

1.参观蔡尖尾山气象台,走进"气象直播间",了解天气预报的制作过程。

2.完成"气象小专家"系列挑战:

①学习卫星云图和雷达图的观察方法;

②观察卫星云图和雷达图,填写气象单;

③根据各自拼图卡上的气象信息,在气象栏中找到相对应的城市;

④担任"气象小主播",撰写该城市的天气预报稿。

【研学后】"学无止境——气象万千我来展"

(一)设计思路

立足气象视角,梳理研学成果。研学之行后,及时梳理总结,从气象展示的视角出发形成研学成果,并进行展示交流。学生自主从沉浸式活动体验中提炼和设计各自的研学成果并借助演说、论坛、报告和成果展示等手段来汇报自己的成果。

通过对身边事物的观察,提出自己能够研究的问题,能把探究过程中习得的知识、过程与方法运用于新的情境中。所以科学学习的最终目的就是运用所学的知识解决问题。场馆研学课程始于生活情境,所以课程学习的重要教学目标就是通过利用现有知识来解决实际生活中的问题,并在不断的探究中提出新的看法和发表新的观点,达成科学精神、态度及责任的核心素养的培养。而创建研学课程的初衷就是让学生能够将所学的科学知识应用于实践生活中,所以在研学课程中可以设计更多有助于真正提高学习能力的情境活动,将课堂搬入场馆,让更多的学生能参与其中。

(二)研学目标

本阶段希望学生通过学习能理解气象与人类的生活密切相关,具有气象宣传和保护的意识,知道气象研究领域中国的杰出人才和领先的技术,知道气象研究领域正随着科学技术的发展不断进步。

(三)研学过程

"学无止境——气象万千我来展"之多样气象展

1.进行名为"多样气象展"的实践活动。

2.学生通过舞台剧、故事讲演、调查报告、自制视频等形式进行气象主题展示活动。

六、学习评价设计

沉浸式研学课程的实施,需要变革教学评价,将数据驱动的教学评价作为检验沉浸式教学效果与质量的重要途径。数据驱动的教学评价能精准评价学生的学习结果、能力素养等，促进教学回归育人本质，深化立德树人，促进五育并举，同时为教学目标的动态调整提供数据和参考。数据驱动的教学评价变革主要体现在评价理念、评价指标、评价方法三个方面。在评价理念方面，注重以人为本、数据联动、动态画像和个性评价。在评价指标方面，借助多种识别、计算与分析技术，融合多模态课堂教学数据，建构数据驱动的教学评价指标。在评价方法方面，将教学评价融合于教与学的全过程，依托智能技术对教学过程中的面部表情、语言、行为和情感等数据进行刻画与感知。

（一）阶段性评价

表 4-2　阶段评价表

维度	评价标准 A	评价标准 B	评价标准 C	自评	互评	师评	家长评
学习态度	学习态度十分端正，做事积极有态度	学习态度端正，做事有条理	学习态度不端正，出现玩耍现象				
学习准备	学习准备十分充足，做好课前调查任务	能准备好研学笔记、笔等基本文具	没有准备纸笔等				
学习过程	能及时记录，并反馈问题及有自己的想法	能及时记录，反馈问题，但没有自己的想法	不能及时记录，记录不够完整				
合作学习	能积极与组内成员合作学习，积极参与交流探讨活动	基本能与组内成员分工合作，参与讨论	没有参与组内学习活动，自己特立独行				

（续表）

维度	评价标准 A	评价标准 B	评价标准 C	得分 自评	得分 互评	得分 师评	得分 家长评
小组交流	能积极与他人交流分享自己的所得所思	能倾听他人想法或意见	不与他人进行交流讨论				
学习收获	能以多种方式呈现学习成果，例如画流程图、模型制作、讲小故事等	能用一两种方式呈现学习成果	只能用语言简单地描述学习收获				
服从管理	能服从学校、场馆负责人、组长管理	基本能听从学校、场馆负责人、组长的管理	不服从管理，无组织和纪律				

（二）成果性评价

表4-3　成果评价表

评价维度	评价标准 A	评价标准 B	评价标准 C	得分 自评	互评	师评	他评
雨量器的制作	能小组合作，独立完成以下制作步骤： 1.能沿着饮料瓶的肩部剪开，取下部 2.在瓶子的侧面垂直贴上20厘米长的标尺，在上面贴一层透明胶带 3.将剪下部分倒扣在瓶子上	能小组合作分工，完成以下制作步骤： 1.能沿着饮料瓶的肩部剪开，取下部 2.在瓶子的侧面垂直贴上20厘米长的标尺，在上面贴一层透明胶带 3.将剪下部分倒扣在瓶子上	在教师指导下能完成以下制作步骤： 1.能沿着饮料瓶的肩部剪开，取下部 2.在瓶子的侧面垂直贴上20厘米长的标尺，在上面贴一层透明胶带； 3.将剪下部分倒扣在瓶子上				
雨量器的使用	能够规范操作雨量器，准确测量降雨量并做好记录	能够使用雨量器测量降雨量并做好记录	基本会使用雨量器测量降雨量				
气象认知分享	能够用多样的、富有创意的方式对研究结果进行清晰的表达	能够清晰地表达成果	能够用自己的方式进行表达，表达效果一般				

(续表)

评价维度	评价标准 A	评价标准 B	评价标准 C	自评	互评	师评	他评
展示效果	展台布置、展示内容及形式等吸引观众驻足，主动与参观者交流频繁，得到一致好评	展台布置、展示内容或形式等存在亮点，能自如展示准备的内容，能与观众进行交流	展台布置、展示内容和形式等基本符合要求，能回答关于自己展台的相关问题				

七、课程故事

要识"气象"真面目，一定要在此山中

苏霍姆林斯基曾说："求知欲、好奇心是人的永恒的、不可改变的特性。哪里没有求知欲，哪里便没有学校。"激发起他们的求知欲和好奇心，期待着这一特性所造就的属于他们自己独一无二的惊喜！

1. 心中的"气象"

"生命科学"领域的内容是科学教学的重要组成部分，在常规的教学中教师会利用视频、图片以及模型等多种形式向学生介绍生物，也会以此来激发学生的好奇心和探究兴趣。教学氛围高涨的课堂，往往能让学生对生物展示出他们的求知欲。我一直以为这已经算是对学生的深度启迪，直到一次偶然的"听见"让我觉醒——学校的学习已经满足不了孩子们的成长脚步。

还记得那天全校大扫除，在人头攒动的嘈杂环境中，我用余光瞟到两个倒映在器材柜玻璃上的身影。正当我准备开口批评这两个偷懒的学生时，两人的一段对话让我记忆至今。

——"这个我在电视里看过，这是什么测量仪器呀？"

——"上面不写着风力风向仪吗?"

——"那你说它是怎么测风力风向的呢?你看这上面也没有数字,怎么知道测量的结果呀?上面这个箭头是干吗的?难道它会告诉我风的方向,有这么神奇吗?"

——"这个我也不确定了。不过,你看,上面这个吹一下就会转起来。"

——"我想起来了,气象站还有一个更大的,听说是全世界技术领先的,周末我们去看看?高科技的更带劲哟!"

学生的真心话瞬间惊醒了我,这可是班里最调皮的两个"小魔头"呀!

2.场馆中的"气象"

场馆研学课程设计出炉后,师生一行人来到厦门市青少年天文气象馆。当琳琅满目的仪器出现在学生面前时,当讲解员阿姨生动有趣地介绍气象仪器的使用时,当4D气象视频展示在大家眼前时,学生们的惊叹声不绝于耳。研学导师组织进行"气象专家我来当"PK环节,挑战任务需满足三个"一"的条件:一个小时内、自行找寻一个仪器深入学习、展示一项研究成果。时间过得很快,到了检验成果的时刻,为了公平起见,馆内工作人员被邀请为评委,对"小专家"的过程表现和成果呈现进行评比打分。结果可想而知,学生们的学习时间虽然短,但展示的学习内容、探究方式、学习成果却各具特色。在研学总结中,将这一个小小的活动体验转化为灵动的文字跃然于纸上,给学生成长旅途中留下了美好的回忆。

3.研学中的"气象"

场馆研学是需要借助馆校通力协作的教学新模式,是衔接学校教育和场馆教育形成的研究性实践学习活动。场馆是一座没有围墙的学校,在教育者的努力下可能会成为撬动传统教学的杠杆。在场馆研学中,教师秉持以"学生为中心",倡导基于单元教学为课程进行统整设计,形成了学生"感知——探究——运用"的学习系统模式,教学目标在研学活动中自然而然地逐一达成。基于沉浸式学习的场馆研学模式,将教师致力达成的"把课堂还给学生"的理想、构建"以学生为主体"的开放式课堂变为现实;

将探究学习贯穿于研学课程始终,将学生的"被动听"变成"主动学";立足于生活经验和感受,有机融合学生内心的感性与理性知识,激发学生对知识的渴望,将学习动机转变为学生的内部动机。

科学场馆研学课程是课题研究下对校内科学学习的补充和衍生,其目的是给学生提供一个自我发现、自主学习的天地,借助校外资源的力量让学生享受到探索、发现、创造、成功的乐趣。在以人工智能、数字化及信息化为焦点的新时代,各场馆以直观实物,通过看、听、摸等感性的方式,突破教科书的抽象性与主观性,提供更多沉浸式体验,丰富了未成年人寓教于乐的学习环境,有效提升了教学质量,提高了学生的空间思维能力、独立思考能力、应变能力和团队协作能力。

英国著名科幻作家阿瑟·克拉克曾说："要发现某件事情是否可能的界限，唯一的途径是跨越这个界限，从不可能跑到可能中去。"跨界学习的价值和魅力在于它能够帮助学习者打破学科和领域的限制，拓宽知识和视野，激发创新思维，并增强学习能力。在这个知识爆炸和快速变化的时代，跨界学习成了人们不可或缺的一项能力。通过跨越界限，学习者能够在不同领域中探索、发现和创造新的可能性。作为"行走的课堂"的研学课程，是跨界式学习的天然优良载体，能够让学生在行走中"游历学习"、在生活中学会学习、在学习中更好地生活。本章从跨界式学习视角出发，将不同领域的知识和思维结合，以求突破传统思维模式的桎梏，发现新的解决问题的方法和创新的机会，培养具有创新能力的跨界智慧人才。本章开发的基于跨界式学习的科学场馆研学课程，融合多种学习样态，构建跨界式研学课程的操作模式，提供了跨界式研学实操案例，为场馆研学课程拓宽实践路径，让"跨界+研学"碰撞、融合，产生新的创意和洞见。

第五章

基于跨界式学习的科学场馆研学课程开发

跨界式学习借助其"跨界"内涵，帮助学习者拓宽视野、激发灵感、挖掘潜力、提升能力，科学场馆研学的"走出去"特质恰好与跨界式学习理念不谋而合。将二者进行融合与优化，通过深入探讨基于跨界式学习的科学场馆研学课程的可实施性，挖掘课程开发的可行性，例证课程实施的可操作性，能够将理念转化为实践，将素养培育目标落到实处。基于跨界式学习的科学场馆研学课程是素养培育的教育之路上的一种思路、一种方法、一种可能、一种趋势。

第一节

跨界式学习概述

2014年，习近平总书记在中国科学院第十七次院士大会、中国工程院第十二次院士大会上指出：学科交叉融合加速，新型学科不断涌现，前沿领域不断延伸……传统意义上的基础研究、应用研究、技术开发和产业化的边界日趋模糊。新时代要求每一个人都要走出自己的舒适区，不断打破边界，创造可能，学习者亦是如此。2022年4月教育部颁布的《义务教育课程方案（2022年版）》（以下简称《课标》）首次提出并设置了4个跨学科概念，要求学习者在学习学科核心概念的基础上理解跨学科概念，并指出要"加强课程综合，注重关联"，明确强调了教师要提升跨学科课程设计能力。

一、什么是跨界式学习

顾名思义，跨界式学习就是跨越边界的学习。"跨界"包括跨行业、跨领域、跨文化、跨学科、跨时空等。跨界式学习是无边界学习理念的派生产物。无边界的概念最早源于管理学，通用电气的韦尔奇在1993年首创了无边界组织这一概念，并在企业管理中取得良好成效，这一概念后来被引入到教育领域中，衍生为"无边界学习"。

"无边界学习"最早是在2000年提出来的，在英国大学副校长与院长委员会（CVCP）和英格兰高等教育资助委员会（HEFCE）提供的一份《无边界的教育业：英国的观点》报告中，正式提出并界定了"无边界教育（Borderless Education）"概念。伊丽莎白·海宁（Elizabeth Henning）以叙事研究进一步探讨了"无边界在线学习（Borderless e-learning）"项目中学习者在在线学习活动中的真实体验。苏珊娜·范达斯科特（Suzanne Verdonschot）与基蒂·克瓦克曼（Kitty Kwakman）进而使用"无边界学习"的概念来探讨如何为远程合作学习创设学习环境，以及学习者在无边界学习环境中的学习体验。美国2010年发布的《教学2030》报告提出：沉浸式个性化学习、基于学习者学习风格和需求定制的个性化学习方案将成为未来教育的首要特征，而混合式学习环境将使学校、教师、学习者、家庭、本地与远程专业人员、志愿者和商界人士实现无缝衔接。德国罗兰·贝格战略咨询中心2010年发布的《2030发展趋势概略》指出：虚拟学习代理人将指导学生，并满足学习者的个性化需求，为学生量身定制终身和基于需求的学习计划，而学生则在真实和虚拟世界中同时学习。

通过文献的梳理，不难看出，在第四次工业革命背景下，无边界学习作为一种新兴且意义重大的学习模式，将会在未来教育中起到变革作用。而跨界式学习的最终目的是达到无界，二者拥有相同意涵内核与精神理念。以"无边界学习"理念派生而成的跨界式学习，既是一种教学和学习策略，也是一种思维方式，更是一种内化的素养。

在本书中，我们将跨界式学习定义为"基于学科，但超越学科；基于学校教育，但超越学校教育；基于学习，但超越学习本身"的学习模式。它

是在《课标》指导下,基于核心素养理念设计的小学科学拓展性课程,隶属于国家校本化课程,能够在科学探究实践中融合其他学科的知识、技能、思维方式,以家校社携手共建育人共同体的方式,突破学科、时空、年龄、文化背景、学习与应用、虚拟与现实、教与学平衡等多个限制,凸显学习者中心,满足多重学习需求,实现创新性综合育人目标。

二、跨界式学习的特点

信息时代背景之下,跨界式学习在学校教育与成人教育中悄然风靡,以其独特的优势和特点在教育改革中占据一席之地。这种以跨界为手段的学习具有以下特点:

(一)学习领域多重性

跨界式学习在现有学科基础上,寻找学科间的共同点,形成相关教学内容的无痕融通。这种学科融通的方式能够帮助学习者打通学科之间的知识结构网络,学会用多学科的知识、思想方法抑或是技能技巧理解与解决问题。学习者在跨界式学习方式中,有意或无意地形成了基于学科并超越学科的融通理念,为培育创新思维创设更好的环境。

(二)学习时空多维性

跨界式学习具有天然的生活关联性。它能够结合生活实际问题,用短距课程群的进阶设置,帮助学习者进行连续学习,让学习始于课堂之前,终于课堂之后。同时,在研学背景下的跨界式学习,又能够有效借助各研学场馆"走出去"的特质,让学习者的学习进一步融入生活之中。连通生活,是学习的目的,也是现实的必然需求,跨界式学习以跨越学习时空的方式让学习者的学习与生活共同发生,有效连通正式学习与非正式学习场域,让学习者在过程中获得更完整的发展。

(三)学习方式多元性

跨界式学习能够通过多次角色转换,完成多种教与学方式的转变,这包括学习者的角色转换与教师的角色转换两部分。在跨界式学习中,学习者常有机会沉浸在不同的情境角色当中,借助不同角色特质,完成不同类型的学习,并以团队的形式自主安排学习进度、自觉制订学习计划、自由选择学习形式、自选成果呈现形式等。同时,由于跨界式学习的多样需求,不同学科的教师能够有机会加入同一个主题课程的教学实践中,完成教师跨界。在角色不断转换的学习中,学习者完成跨学科学习、跨时空学习,学习与应用自然转换,虚拟与现实无缝对接,还能够拥有丰富的多重职业体验,真正做到将学习还给学习者,突出学习者的主体地位。

（四）学习品质多向性

学习的最终目的是培养学习者的素养,完成育人的目标,而素养的形成不仅需要知识的积累和技能的锻炼,更需要品格的沉淀,这要求学习者的学习是知、情、意、行协同发展的过程。跨界式学习以其多元学习要素、多样学习空间、多维学习内容、多种学习样态、多重学习选择等优势,帮助学习者学会学习、爱上学习、主动学习、自主学习,实现学中用、学中感、学中悟,在跨界学习中提升超越知识和技能的素养,提升综合学习品质。

三、跨界式学习的价值

教育需要完整视角,就像南京师范大学吴康宁教授所说"完整育人,育完整之人"。而跨界式学习的核心内涵就是"用完整的视角培育完整的人",通过跨界的方式,交还学习主体的学习权,以融合通达的方式学会学习和生活,最终实现人的发展,是跨界式学习的价值与意义所在。

（一）从教师教学转向学生学习,实现学为中心

学生是学习的主体,让学生学会学习,既是时代的要求,也是教育的趋势。与传统学习形式相比,跨界式学习通过不断跨界突破、生成创造,帮助学生从"跨"到"破"、到"立"、再到"创",以螺旋上升的形态多次完成个人知识与能力的建构与升级,并在跨界中充分给予学生高度自由的发挥空间,满足不同层次、不同背景学生的多样需求,实现"学为中心"的转变。

（二）从单一学习转向融合学习，实现融合通达

对于儿童来说，世界是整体的。跨界式学习从整体角度出发，通过学科的打通、知识的互通、时空的连通、角色的变通、生活的贯通等路径，引导学习者通过亲身体验与实践，在真实世界的现实问题中，以完整、沉浸、融通、全域的方式，将真实、完全的世界还原给儿童，实现"融合通达"的学习。

（三）从知识传授转向品格培育，实现综合育人

跨界式学习拥有学科交互、文化交融、年龄交叉、时空延伸、虚实结合等独特视角，这既能够让学习者有机会充分展现他们作为学习者的学习特质，同时也能够展现出他们作为一个独立、自由、完全的个体更多方面的特质，并借助跨界式学习的长周期性，将特质内化为自己的品格，跨界式学习为完整人格的塑造提供实现的途径，创建宽松的环境。

第二节
基于跨界式学习的科学场馆研学课程开发策略

跨界式学习是一种基于学科，但超越学科；基于学校教育，但超越学校教育；基于学习，但超越学习本身的学习模式。它能够突破学科、时空、年龄、文化背景、学习与应用、虚拟与现实、教与学平衡等多个限制，跨越多条边界，凸显学习者的主体地位，在满足个性化的教育需求的同时，强调教育的互动性和知识、经验的分享、交流、创新在教育教学中的价值。研学，即研究性学习，研学是基

第五章 基于跨界式学习的科学场馆研学课程开发

> 于学习者自身兴趣,根据科学教材内容,从自然、地理、历史、人文、科技、体验六大类别选择和确定研学主题,在动手做、做中学的过程中,主动获取知识、应用知识、解决问题的集体学习活动。跨界学习与场馆研学都是"超越"和"打破"的学习,基于跨界式学习的科学场馆研学是拥有跨界手段的场馆研学,也是拥有研学形态的跨界学习。

一、基于跨界式学习的科学场馆研学课程定义

基于跨界式学习的科学场馆研学课程是基于《课标》,为提升学生科学素养而开展的拓展性课程,具有稳定的课程体系。在跨界式学习理念下开展的研学课程,让学生能够以多次跨界、多种跨界、多层次跨界的方式了解研学活动的意义,同时,也能够通过研学活动的特殊学习形式,更大程度上践行跨界式学习的交互性、时空性、角色性与教育性等特质。它亦是学校校本课程建设的组成部分,是学校对国家科学课程的校本化改造,它与学校的整体课程内容既相互补充又各自独立。基于跨界式学习的科学场馆研学课程能够充分发挥学习方式的特点和场馆优点,突显研学课程的实践优势,成为科学课程的有效延伸。

二、基于跨界式学习的科学场馆研学课程目标

基于场馆视域的跨界式研学课程,以国家义务教育小学科学为主学科,以《课标》为指导,借助学校、场馆、家庭等多域融合优势,为提升学习者的整体性思维,即提升学习者思维的广阔性、灵活性、变通性与创造性和培植学习者素养提供学习场域和学习资源。利用场域与学习方式多变优势,培养学习者的主动学习、理性思维、探究实践、批判质疑、创新创造精神。结合综合性与教育性优势,培育具有劳动意识,技术应用能力,问题解决能力,具有自身认同感、社会责任感的完整人格的人。

三、跨界式学习的基本过程

跨界式学习通过统整学科课程，引导学习者探究，培养学习者的多学科思维，提升知识运用能力。通过文献的梳理发现，可以将跨界式学习的基本步骤概括为"跨界式三步学习法"，如图5-1所示。

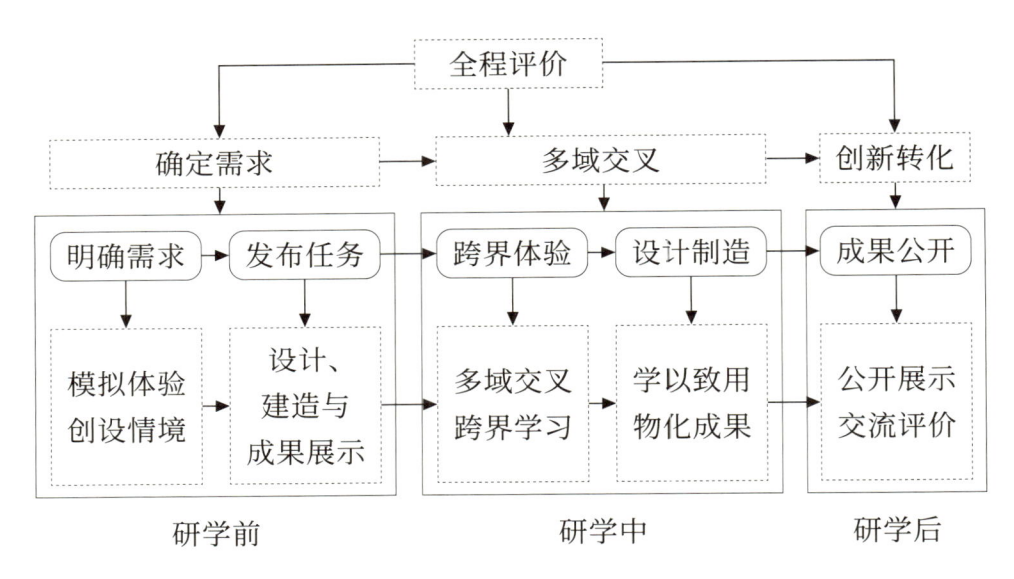

图5-1　跨界式三步学习法

（一）确定学生需求，设计学习方案

本阶段包含"明确需求"和"发布任务"两部分[1]，围绕"以学生为中心"的课程定位，进行学习方案设计。"明确需求"主要指明确学生的需求和实际的需求，教师提供生活化的主题供学生探讨选择，帮助他们确定值得探究的问题，并引导学生对学习的结果有一定的心理预期，以保证学习活动有针对性的展开。教师发布中心任务，学生明确总任务与分阶段任务，教师帮助学生厘清现实与目标之间的差距，针对学习中可能会遇到的

---

[1] 王晓涵.成人跨界学习的内涵、价值及其策略探析[D].曲阜师范大学，2018.

问题进行全方面预设,通过组内讨论、组间交流、教师辅助等形式,明确以何种方式,获取何种资源,能够达到何种目标。以学生视角,完成学习方案设计。

(二)实施多域交叉,践行跨界活动

本阶段是跨界式科学场馆研学课程的核心阶段,包括:"跨界体验"和"设计制造"两部分,借助跨界体验与设计制作活动,定位"融合通达"的课程目标。跨界体验环节中,教师精心设计跨界学习活动,让学生在体验不同职业、应用不同学科知识、运用不同学习方法的同时,拥有多种、多次跨界体验。设计制造是跨界体验后的实践检验环节,该环节中,教师为学生提供实操机会,帮助学生搭建实践支架,通过分解问题、拆解任务,引导学生逐步物化跨界体验中的所思所学,学生以团队共建的形式进行产品的设计与建造工作,完成多域交叉的跨界活动。

(三)转化创新价值,公开综合成果

本阶段包括"成果公开"与"价值转化"两部分。基于跨界式学习的科学场馆研学课程的最终成果一般都会以实体作品、产品等方式公开进行展示。"成果公开"环节的设计,促使学生将物化产品进一步实用化与意义化,防止流于形式的"展品"出现。"价值转化"是学习活动的最终环节,也是学生从学习走向生活、从学校走向社会的显性表现。学生的学习成果以社区服务、义卖、义务劳动等方式回馈社会,展现综合价值。

四、基于跨界式学习的科学场馆研学课程开发要点

基于跨界式学习的科学场馆研学课程以其跨界与研学双重优势,为学习者提供更为广阔的视野,更为立体的感官刺激,更多样的可能性,能有效激发学生认知热情,提高他们积极探索、解决问题的能力,为未来培养具有竞争力的人才。

(一)基于实际问题,确定课程主题

开展跨界式学习的科学场馆研学课程,首先,应确定合适的课程主题。

学在现场　小学科学场馆研学课程的开发与实践

毫无疑问,课程的可选主题是广泛的,因此,借助"跨界""科学""场馆"等关键词来帮助精准定位课程的主题是行之有效的方法。其次,"如何利用主题学习来引发学习者对自己思维和行为习惯的深度反思,形成新的对学习本质的理解和行动",是跨界式研学课程要解决的重要问题。我们主张选择具有真实性、生活性与实践性的课程主题,这样的课程主题与学习者生活相关联,面向实践旨趣,用问题引领学习,又用学习解决问题,学习者在真实解决问题的过程中,真正地发生学习。最后,课程主题还应具备一定的趣味性、可探究性与文化性[1]。具备趣味性和可探究性的课程主题,能够提升学习者的学习积极性,保障他们进行中长期的实践学习;拥有一定文化背景的课程主题,能够让学习者在理性学习的同时,拥有丰富的感性体验,这样的学习环境会对学习者带来潜移默化的影响,使得人文环境与科学学习相互促进,使教育价值发挥到最大化。

(二)基于学业标准,研制课程目标

跨界式学习拥有多学科的外形,但本质却依然不能脱离学科标准的要求。在研制课程目标时,首先,应借助课程标准寻找关键概念或能力,从标准的角度分析课程中各个学科的内容、对实践的要求与跨领域的要求,由此体现课程如何集成科学、技术、数学、工程、文学、历史等学科之间的相关具体内容,并将其融合于课程中。其次,确认与这些关键概念或能力相关的一系列知识、技能和情感准备。最后,应找到适应目标达成的教学方法与手段,并明确这些课程目标都能够通过围绕课程主题的系列活动达成。

(三)基于核心知识,搭建课程框架

搭建全方位、一体式的课程框架能够指导教师聚焦主题开展教学,也能够帮助学习者围绕主题与任务进行高效学习。跨界视域下的科学场馆研学课程框架应包含课程主题、课程目标、核心概念、学习阶段、学习任

---

[1] 李友运.基于施瓦布实践性课程理论的《研学旅行》课程开发策略研究——以广元市S小学为例[D].西南大学,2021.

务、研学路线、素养培育和评价机制多个维度的指标,各指标之间的逻辑关系应清晰明确:基于课程主题制订课程目标,基于课程目标确定核心概念,基于核心概念设置学习阶段(研学前、研学中、研学后),再基于学习阶段确定学习任务,并设计相应的研学路线,每一个子主题和分任务都一一对应多个素养的培育,评价则是贯穿全程的,过程性评价与终结性评价交互进行,有效利用课程框架实现教、学、评的一致性与即时反馈性。

(四)基于学习者学情,设计课程活动

课程活动的设计是课程能够有效落实的保障,包括研学活动设计、研学路线设计与研学单设计三部分。与学习主题的选择一样,研学活动的设计也应考虑体验性、可操作性、多样性、趣味性等原则,让学习者能够热情地投入学习活动中[1]。基于跨界的科学场馆研学课程,往往是中长期课程,此时利用不同子任务的侧重点,采用短距课程群的方式让学习者时刻保持好奇心与探索欲,能够提升课程效果,保证学习效率。设计研学活动时,应同步考虑研学路线的合理性,重点考虑对应任务是否能够在相应的研学场馆中完成,问题是否能够在该场馆中解决。指向研学活动的学习单是实现良好学习效果的助推器,研学单中应有清晰明确的任务提示和合理的问题链[2],起到激发学习者思维的作用;还应渗透相应的操作方法和思想方法,引导学习者想得更远、做得更多;精心设计符合学习者审美的研学单,还能在拥有趣味性的基础上,引发学习者的情感共鸣,激活学习者的内在学习需求。课程活动的设计,是学习者思维过程与学习过程的展现,也是场馆视域下的跨界学习课程面向学习主体的综合体现。

五、实施保障

基于跨界式学习的科学场馆研学课程得以顺利开展离不开家庭、学校

---

[1] 林艳梅,曾庭芳,凌益芬.基于客家建筑文化的研学课程设计[J].中学地理教学参考,2021(6):75-77.
[2] 杨足清.课前研学单的设计策略——以《解决问题的策略——列举》一课为例[J].教育视界,2019(24):32-34.

和社会的联合帮助,学习者自身的内驱力也对课程实施效果起着至关重要的作用。营造多重跨界环境,让学习者能够有置身其中的直接体验感;准备多样跨界资源,为学习者的个性化学习做充分预设;设计多维跨界活动,确保学习者能够在跨界研学环境下达成学习目标。

(一)营造多重跨界环境

学习环境的建设能够提升学习者对学习过程的认同感与体验感,让学习者的身心都进入深层次学习状态中。在社会方面,利用场馆研学活动中的"场馆"优势,转换学习时空,帮助学习者在不同的学习环境中完成不同的子任务;学生在校学习时间段,教师也应尽量创设与研学主题相关的学习环境,例如学习空间的重构与布置、在学习中穿插设置多种跨界模拟活动,等等,让学习者拥有沉浸式跨界学习体验和职业体验,提升参与性和主动性;同时,为了让长时学习的延续性和完整性得以保证,教师还应积极与家长沟通,保障学生课后任务完成实效。

(二)准备多样跨界资源

充足且可获取的学习资源是保证跨界学习能够顺利开展的必要条件,教师帮助学生厘清现实与目标之间的差距,以及明确通过何种资源或手段能够达到目的。多样跨界资源包括知识资源、技术资源、人力资源和物力资源等。在跨界研学课程中,教师应准备充分的背景知识素材,供学习者的个性化、多样化学习使用。技术资源,教师或学校提前联系各研学场馆,与专业技术人员做好对接与准备工作,保障学生在学习过程中的专业技术问题能得到专业人员的帮助。人力资源主要是在前期组建学习共同体小组,学生以团队形式展开学习活动,以互助形式完成任务。物力资源即活动材料,由教师和学生共同准备。基础性材料与工具由教师统一准备,而为了物化头脑风暴产生的创新性成果所需的材料,则由学习共同体小组共同准备。

(三)设计多维跨界活动

设计符合学情的跨界活动是跨界研学课程开展的保障。首先应确定的是各环节的核心问题与中心任务,接着根据中心问题与任务细化、任务安排,依据学习小组的实际情况设计多层次、多方式的进阶学习活动,为学习者搭建有效学习支架。通过跨行业、跨领域、跨文化、跨学科、跨时空等多种跨界方式,以团队共建、头脑风暴、快速成型、设计制造等多种手段,实施多域交叉的学习活动。同时,教师还需要针对学习中可能会遇到的问题进行全方面预设,并考虑多种可能和解决方案,才能够在后续的学习中帮助学生合理整合资源、分配时间,提高学习效率。

第三节
基于跨界式学习的科学场馆研学课程开发范例

> 基于跨界式学习的科学场馆研学课程是一种转型、新型的课程模式,在具体教学实践过程中急需突破的难点就是如何实施教学。将中长期学习任务镶嵌在场馆研学外形下,渗透跨界学习的知识、方法与技能,并在时空交错的学习环境中深化跨界学习的实践应用,是基于跨界式学习的科学场馆研学课程开发的基本形式。本章节以"鱼与蔬菜,可以兼得?——鱼菜共生"科学场馆研学课程为例,呈现如何实施教、学、做合一的跨界科学场馆研学课程。

一、课程开发背景与开发愿景

（一）课程开发背景

小学是开展系统教育活动的初始阶段，这一阶段肩负着重要的使命，在学习者人格养成、创新素养的发展中发挥着不可替代的作用，加之新课改精神落实要求使然，小学学科教学方式的改进与创新势在必行。因此，集形式新颖、内容有趣、内涵丰富等优势于一身的"学科+"的跨界学习模式，成为引领学习者全面发展的重要途径。《关于深化人才发展体制机制改革的意见》中明确指出："注重人才创新意识和创新能力培养，探索建立以创新创业为导向的人才培养机制，完善产学研用结合的协同育人模式。"《关于全面加强新时代大中小学劳动教育的意见》中强调劳动教育是中国特色社会主义教育制度的重要内容，要全面贯彻党的教育方针，坚持立德树人，把劳动教育纳入人才培养全过程。可见，利用跨界式学习形式，培养创新型人才和学习者劳动技能，是顺应课程改革精神的教学改进突破口。

如今可用耕地和养殖鱼塘的面积正在逐渐减少，蔬菜种植和养鱼爱好者纷纷利用空间，节约场地，在自家阳台或者阁楼开拓一片空中农场，这片农场解决了耕地紧张的问题，满足了种植蔬菜的需求，同时还可以在有限的空间内饲养各种观赏鱼类。作为"空中农场"的场主，还不需花费大量的精力在养鱼和施肥上，就可获得大量营养价值高、纯天然无添加的蔬菜。

本课程结合校外场馆资源，进行跨学科融合，学习者在跨界式学习中系统地认识鱼菜共生系统的原理，掌握劳动技能，培育创新能力，发展核心素养，实现创新型人才培育和劳动技能培养的共同目标。

（二）课程开发愿景

课程在儿童喜闻乐见、熟悉的真实生活情境中引入鱼类、植物等知识，培育学习者种植技能、珍惜粮食蔬菜的情感价值，保护学习者的好奇心和求知欲，激发学习者学习兴趣，引导学习者主动探究，增强课程的意义性和趣味性。通过一系列背景经验活动，围绕"生态循环"这一工程主题，将科学、技术、工程与自然深度融合,培养青少年解决综合问题的能力以及创造性思维,在学习中,渗透人与自然和谐相处的理念。

二、课程目标

在"立德树人"和"素养导向"的核心价值目标导向下,本课程着眼于两个具体目标:一是塑造学生热爱生活、热爱劳动、热爱自然的生活态度和人文关怀的责任担当;二是培养学生适应社会发展的综合能力与素养。首先,通过多种职业角色的体验,了解农场运营的基本流程,渗透经营的概念与相关知识;其次,借助走出校园的系列场馆研学活动,让学生在亲近自然的学习中收获知识,学会在自己共生系统中选择合适的生物;然后,通过专业人员的帮助,学会观测水质与使用专业仪器检测水质,从工程设计角度出发,设计并制作自动水循环系统,并优化已有鱼菜共生系统的成分,具备长期记录系统数据,并妥善管理系统运行的能力与恒心;最后,通过义卖活动创造社会价值,感受劳动的乐趣,渗透人文关怀,感受命运共同体的责任与担当,形成积极向上的生活态度。

三、课程基本属性

表5-1 "鱼与蔬菜,可以兼得?——鱼菜共生"课程属性

课程名称	鱼与蔬菜,可以兼得?——鱼菜共生
研学地点	学校、农场、水质研究场、农科所、博物馆等
研学对象	小学四至六年级学生
执行人员	√科学老师　√研学导师　√家长　其他
课程总用时	8课时
资源属性	√自然生态类　人文历史类　√科学技术类　√体验创造类
资源可关联学科	√道德与法治　√语文　√数学　英语　√科学　音乐　√美术　体育与健康
评价方式	√个人发言　√小组讨论　√研学评价表　√研学成果展示

(续表)

课程教具	研学手册（单）、教具和学具、模型（鱼、菜、水循环）、项目制学习脚手架工具、彩笔等

四、课程结构与内容

基于跨界式学习的科学场馆研学课程属性，该类课程应从小学科学学科出发，在各类学习场馆中完成各类跨界学习活动，达成学习目标。本课程以小学科学学科中"生命科学"与"技术与工程"两个模块的知识为基础，在学校、农场、水培基地、农科所等研学基地中完成模拟经营、鉴别与选种、自制水循环系统、运营共生系统与义卖等跨学科、跨行业、跨场馆的学习任务，最终让农作物产生收益，并转换为社会价值。

（一）课程结构

本课程结合跨界式学习的三步流程与场馆研学的研学过程，我们将基于跨界式学习的科学场馆研学课程结构做整合，针对"鱼与蔬菜，可以兼得？——鱼菜共生"科学场馆研学课程的课程结构做进一步细化与丰富，将课程实施阶段分为研学前、研学中、研学后，将课程结构进一步梳理为过程线、情景线、场馆线、任务线和跨界线，如图5-2所示（见第171页）。

（二）课程内容

跨界学习活动强调在学习过程中不断跨界，场馆研学活动能够为学习者提供丰富的跨界学习资源与学习环境，通过精心设计课程活动能够有效达到完整育人的目标。

教师分别为研学前、研学中和研学后设计了"研学加油站""研学工坊"和"研学加工厂"的情境，让学习者明确自己需要通过研学的方式进行跨界学习。

"研学加油站"的主要作用是为学习做准备，通过"我是小小农场主"模拟经营活动和"鱼菜共生知多少"背景知识建构活动，学习者能够在身

第五章 基于跨界式学习的科学场馆研学课程开发

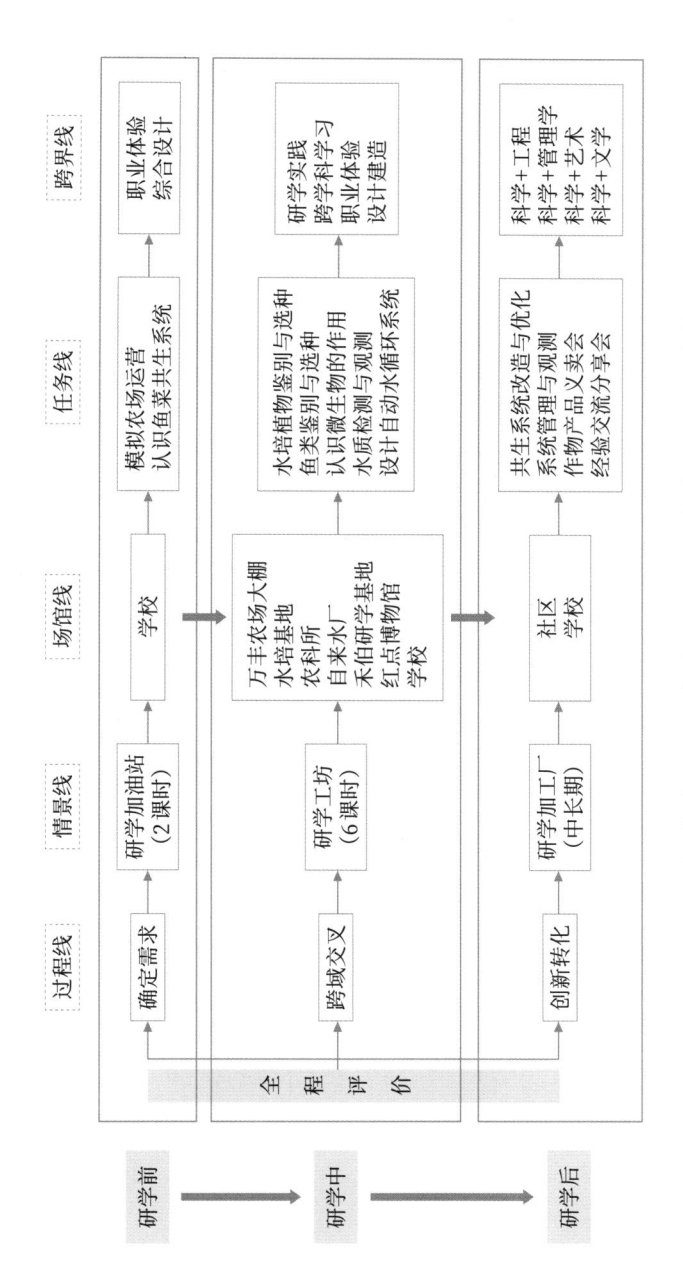

图 5-2 "鱼与蔬菜，可以兼得？——鱼菜共生"课程结构图

体和心理上都做好充分的学习准备,让学习者具备团队协作完成任务的理念,通过共同探讨制订团队目标,并发现存在的问题,有助于下一阶段的场馆研学活动更具针对性地开展。

"研学工坊"是本课程的核心部分,教师设计了"走进水培世界""鱼儿千千万""微生物微论坛""我是水质检测员"和"我是工程设计师"的情景线,分别走访万丰农场大棚、禾伯研学基地、红点博物馆等地,分步骤解决鱼菜共生系统中的各类问题,同时拥有了多种多样的职业体验和跨学科经验,促进多方面素养协同发展。

"研学加工厂"是研学后的成果物化阶段,教师设计"工程再造我能行""我是系统管理员""'农场主'的义卖会"和"所思所感所悟"情境,让学习者有机会将所学应用于实际系统的设计与建造上,并投入到中长期的系统优化与管理中去,最后将成果以义卖方式创造社会价值。在拥有多重实践学习体验的同时,也从情感上获得了满足和个人价值的升华。

五、研学实施过程

我们在研学课程实施的过程中以实践旨趣为价值取向、以教师和学生为主体、以集体审议为课程开发方法、以行动研究为方法论等,根据实际的应用价值和对现实研学执行落地的指导,我们一般把研学课程实施按阶段分为研学前、研学中与研学后,课程开发者可根据学习者需要有目的地对课程结构进行设计。

【研学前】确定需求

(一)设计思路:聚集中心主题,设计核心任务

研学课程往往在真实情境中展开,借助精心挑选、精心设计后的生活情境,为学习者提供真实的、复杂的问题进行探究,达到知识与素养的同步获得的目标[1]。接着,通过真实情境提出一个可实施、可操作的中心问题,

---

[1] 马东贤,走向学科融合的研学旅行课程开发策略[J].中小学管理,2021(2):47-49.

让学习者聚焦问题展开学习,通过解决问题完成学习。

在"鱼菜共生"课程研学前阶段,教师设计了"职业角色体验→明确任务→理论学习→制订目标与明晰问题"的过程线。通过"我是小小农场主"的有趣情境,让学习者模拟农场经营。在模拟过程中,学习者对农场经营的要素和流程有一定了解,并通过团队分工与合作的形式,形成团队协作完成任务的意识,为完成后续的项目任务做好铺垫。结束模拟经营后,教师引出中心任务:设计自己的鱼菜共生系统并通过义卖获得收益,创造社会价值。学习者带着任务与问题开始背景知识学习,了解鱼菜共生系统,并通过讨论制订团队的共同目标,分析待解决的问题与存在的困难,带着明确的问题与目标进入研学阶段。

（二）研学目标

借助模拟经营活动,组建团队并适应团队学习模式,调动学习积极性;了解鱼菜共生系统,学习鱼菜共生相关知识,做好身体和心理的双重准备;明确学习任务与学习目标,研读评价标准。

（三）研学过程

主题一:我是小小农场主

学习地点:学校

借助模拟活动,以团队形式模拟经营一个农场,做场地规划、确定农作物与产品、确定运营周期、成本核算等,并模拟产品售卖,计算最终收益。

主题二:鱼菜共生知多少

学习地点:学校

先通过查阅资料自主学习,了解鱼菜共生系统,再通过集中学习,系统认识鱼菜共生系统。最后进行初步规划:我们的鱼菜共生系统如何达成义卖的最终目标。

【研学中】跨域交叉

(一)设计思路：实地合作共研，深化跨界体验

该阶段，学习者带着问题到各个研学场地进行实地参观、考察、体验、实践学习。教师设置了"走进水培世界""鱼儿千千万""微生物微论坛""我是水质检测员"和"我是工程设计师"五个学习主题，让学习者分别到万丰农场大棚、水培基地、农科所、自来水厂、禾伯研学基地和红点博物馆等地学习后再回到学校完成阶段性任务。

学习者在不同的学习时空里，拥有多种交互式学习体验；在不同的学习主题下，进行多次角色转换，拥有科学研究、水质检测、工程设计等多方面体验；在不同主题任务的驱动下，解决多个复杂劣构问题。借助合作研学方式，深化跨界体验。

(二)研学目标

通过不同研学场馆的跨界学习，解决鱼菜共生系统中的知识与技术难题；通过研学实践操作，了解鱼菜共生系统的设计、制作、观测与管理方法；借助研学单，完成系列任务，明确如何制作与优化自己的鱼菜共生系统。

(三)研学过程

主题三：走进水培世界&主题四：鱼儿千千万

学习地点：万丰农场大棚、水培基地、学校

开启自然生态圈的跨界之旅！先进入万丰农场大棚，了解水培植物特点与不同季节农场中鱼菜共生的鱼类特点。再回到学校，通过集中研讨、筛选与预设本团队系统中的水培植物品种与鱼类品种。

主题五：微生物微论坛

学习地点：农科所、学校

前往农科所，了解鱼菜共生系统硝化细菌及不同细菌的作用，自制科学小报，加深对微生物作用的了解。

主题六：我是水质检测员

学习地点：自来水厂、禾伯研学基地

走进自来水厂，在专业人员的指导下，学习使用专业工具取水样，并使用测试仪器测量水体的pH值、电导率、溶氧、氨氮、亚硝酸盐、硝酸盐及各种矿质元素的指标。

主题七：我是工程设计师

学习地点：红点博物馆、学校

参观博物馆，了解现代家居生活自动化设备、循环系统的设计和应用，重点认识虹吸结构装置。回到学校，团队合作，查阅更多资料，绘制水循环自动化系统设计图，并选择合适的材料自制鱼菜共生系统水循环装置。

【研学后】创新转化

（一）设计思路：多元动态评价，设计公开成果

跨界式研学课程的评价由过程性评价和终结性评价两部分组成。由于课程的多样性、开放性与不可预估性，让跟随全程的、有具体指标的评价显得尤为必要。在课程中，教师设计跟随学习全程的动态过程性评价表，例如：工程进度自查表，用以自查团队的项目进度；问题与解决方案论证表，用以帮助学习者反馈阶段性学习成果与问题，及时校正与修订学习计划。终结性评价主要以整体项目评价表和项目公开成果的方式来呈现，教师组织学习者举行一场义卖会，激励他们用创意的方式呈现作物产品，并创造收益与价值。

（二）研学目标

借助所学，设计并制作自动水循环系统，优化鱼菜共生系统中的生物种类的成分比例；自制数据记录单，记录优化后的系统中的生物生长情况、水质情况和设备运行情况等数据，对系统进行中长期管理；举办义卖会，将产品转化为收益，创造社会价值；回顾学习全过程，用绘画、展板、口头交流、文字等方式，表达自己的学习感悟与收获。

（三）研学过程

主题八：工程再造我能行

学习地点：学校

更新水循环装置，测试水循环系统运行情况，测试水质并重新调整系统中的动物、植物与微生物种类及数量。

主题九：我是系统管理员

学习地点：学校

设计记录单，记录动植物生长情况、水质情况、设备运行情况等数据。合理分工，长期记录与管理系统。

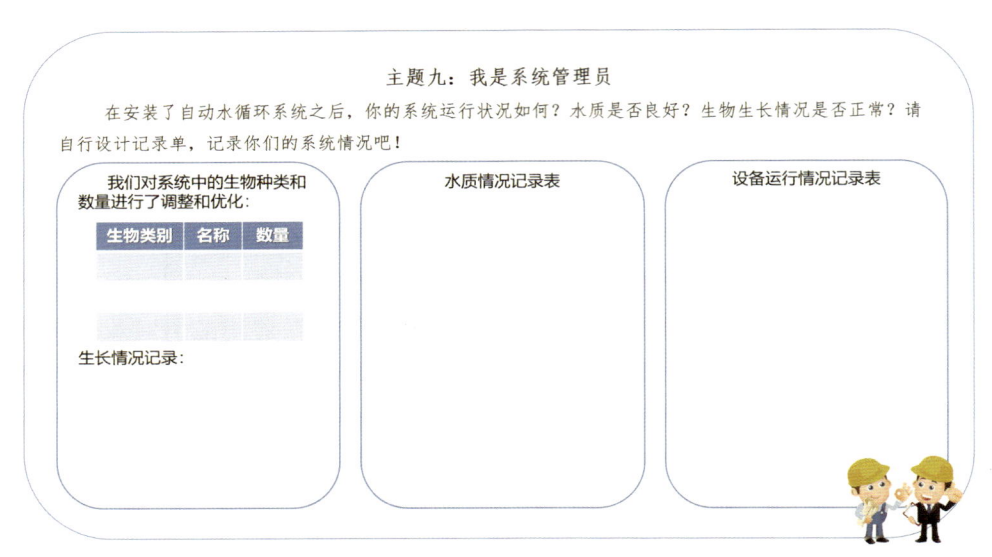

图5-3 水循环系统运行情况记录单

主题十："农场主"的义卖会

学习地点：社区、学校

在鱼菜共生系统有一定作物收成时，团队探讨义卖会方案，展板设计与场地规划；在校园或者社区举办义卖活动，将收益捐献给学校红十字爱心公益基金。

主题十一：所思所感所悟

学习地点：学校

结合照片、视频、文字、PPT等工具，以小组为单位进行学习全过程的感悟与收获交流分享，对本项活动进行终结性评价。

六、学习评价设计

跨界式科学场馆研学活动是一种融合性、综合性强的实践学习活动，学生的学习态度和学习行为与学习结果息息相关，因此，该类课程的评价应以贯穿全程的过程性评价为主，总结课程的终结性评价为辅。过程性评价是跟随学习者学习全程的动态评价，终结性评价是对学习者学习全程与学习结果的综合性评价，教师利用两种类型的评价关注学生的学习行为、学习态度、学习效果等多个指标，及时给予反馈和引导，进而借助评价辅助学习。

（一）关注学习全程：过程性评价

基于跨界式学习的科学场馆研学活动多是中长期学习活动，如果没有伴随全程的清晰、准确评价指标，学生很容易迷失学习方向，抑或是失去学习动力，因此，过程性评价的应用显得尤为必要。过程性评价的全程性和动态性能够帮助学习者对自己的学习过程与任务目标有更清晰地认知，以评价促进学生的方向性学习、激励学生的长时性活动。例如，用劳动素养评价表（表5-2）中的确切标准指导学生形成正确的劳动观，并在学习过程中有意识锻炼自己的劳动技能。用工程项目"故事板"（图5-4）帮助学生校正学习进度、调整学习计划等。

表5-2　劳动素养评价表

评价维度	评价指标	评价内容	自评	互评
劳动能力	种植知识与技能	掌握种植蔬菜的基本方法与认识鱼类饲养	☆☆☆☆☆	☆☆☆☆☆
劳动观念	劳动意愿、思想	主动参与劳动活动，从劳动中获得自豪感	☆☆☆☆☆	☆☆☆☆☆

（续表）

评价维度	评价指标	评价内容	自评	互评
劳动精神	劳动奉献	利用课余时间管理鱼菜共生系统	☆☆☆☆☆	☆☆☆☆☆
劳动习惯与品质	意志品质、创新精神	勇于用不同的方法解决劳动过程中遇到的困难	☆☆☆☆☆	☆☆☆☆☆

"鱼菜共生"课程主要的目标之一就是培养学习者的劳动技能与劳动意识。该评价表从能力、观念、精神、习惯与品质四个劳动评价维度，全面评价学习者在学习过程中的劳动情况。通过自评与互评交互的方式，让学习者对自己的劳动情况有更清晰的认知，又通过对比其他同学的劳动情况，激励自己积极进步。

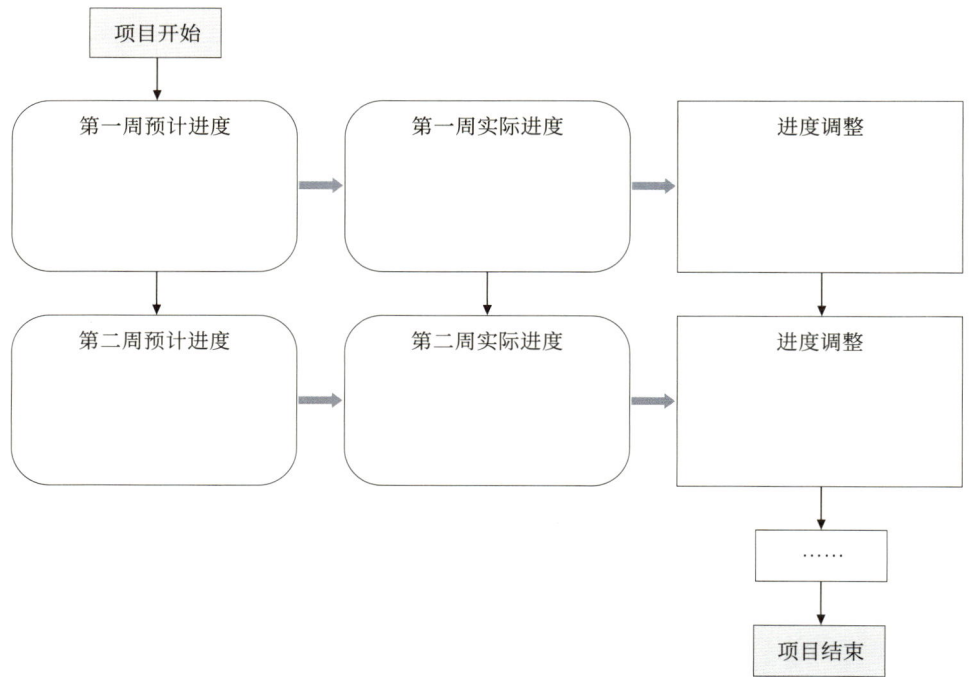

图5-4 工程项目"故事板"

工程项目"故事板"是学习者自查项目进度的评价表。教师会给学习者提供大致的整体进度安排,但细致的计划是由团队自行拟定的,例如什么时候做,先做什么事等,"故事板"能够帮助学习者有效控制自己的项目进度,并在与预计有出入时及时调整计划,既有自由度的体现,也具有调控的作用。

(二)凝练学习成果:终结性评价

终结性评价是对学习者整个课程学习结果的评价。跨界式科学场馆研学活动一般以大问题、大任务的方式主导学习全程,具有物品化的显性学习成果,因此终结性评价必不可少。同时,为了导向这个显性学习成果,具有明确标准的评价表也是衡量学习效果的重要指标。

表5-3 "鱼菜共生"整体要求与评价表

一级指标	二级指标	评价标准	自评	互评	师评
科学素养	科学知识(30分)	认识与了解鱼菜共生系统的结构与工作原理; 能够鉴别并筛选鱼菜共生系统的蔬菜、鱼与微生物种类; 了解农场经营流程与工程制造流程			
	科学探究(20分)	能够根据所学知识,搭配与调整鱼菜共生系统中的各类生物数量; 学会使用专业水质检测工具,并检测水体各项指标			
	工程实践(30分)	团队协作绘制自动水循环装置设计图; 选择合适的材料,按照设计图制作简易水循环装置并不断优化; 水循环装置能长期正常运行,保证蔬菜和鱼类的正常生长与生活			
	科学态度(30分)	对学习全过程保持积极的学习态度与浓厚的学习兴趣; 具有达成目标的持续行动力; 在遇到问题与挫折时,能够及时调整情绪,具有一定的抗挫折能力			

（续表）

一级指标	二级指标	评价标准	自评	互评	师评
人文素养	交流表达（30分）	在团队协作学习中与同伴、老师、专业人员积极交流并提出自己的想法； 在义卖会上展示收益成果，并做介绍说明； 在交流与分享环节表达自己的学习收获与感悟			
	职业体验（20分）	对不同的职业感到好奇，愿意遵循职业的需求完成不同学习任务； 在体验中正确认识不同职业的意义与价值，辩证看待不同的社会职业分工			
学习能力	乐学善学（10分）	能够选择合适的方法与适切的学习工具，进行自主学习与合作学习			
	勤于反思（20分）	具有对自己的学习状态进行审视的意识和习惯； 能够总结经验，并根据不同的学习进度，选择与调整学习方法			
实践创新	劳动意识（30分）	能妥善处理蔬菜幼苗并进行水培； 能饲养并照顾鱼类，使其正常生长； 针对鱼菜共生系统中出现的问题懂得分析判断，及时对鱼菜共生系统进行养护			
	问题解决（30分）	在遇到问题时，能通过查阅资料、合作尝试、求助专业人士等方式解决； 妥善处理蔬菜幼苗并进行水培； 能饲养并照顾鱼类，使其正常生长			
	技术应用（20分）	利用水质检测等工具，检测鱼菜共生系统各项指标； 利用信息化工具，查阅学习资料，并将系统管理数据进行信息化收集处理			

（续表）

一级指标	二级指标	评价标准	自评	互评	师评
健康生活	自我管理（30分）	能自己设计记录表，观测并记录生物生长情况、水质情况、系统运行情况； 能根据数据情况，不断调整与优化系统的参数与成分； 能正确认识与评估自我，合理分配和使用时间与精力			
责任担当	团队意识（20分）	活动过程中合理分工与合作，不出现闲置人员； 工作效率高，按进度完成项目任务			
	社会责任（20分）	在义卖会上创造收益，达到规定标准； 将收益捐献给生物研究所或保护机构			

值得一提的是，项目整体评价表应以"逆向设计"的方式，在项目开始之前就分发给各学习者，教师与学习者共同研读，帮助学习者分析各项标准与要求，对课程起到整体的引导与把控作用，在每一次阶段性汇报时，都应提醒学习者参照项目标准，调整自己的项目进度与实施情况。

七、课程故事

陶行知先生曾说："教育应当使学习者向上生长。"可见，教育的过程如同植物的一生，一粒种子需要经过生根、发芽、生长、再生长的过程。"鱼菜共生"研学课程经历学习摸索、模仿探索阶段，解决各种困难后才进入正式实施阶段，这让我和小伙伴们深刻感悟到"向上生长"的含义：借助跨界外形，汲取不同领域的丰厚"养料"，深深扎根；借助研学契机，不断丰富阅历与深化学习体验，蓬勃生长。

（一）萌生：这是我们的项目

2018年12月，我参加珠海举办的全国教育装备展览活动时第一次听到"鱼菜共生"项目的介绍。通过了解，"鱼菜共生"是一种新型的复合体系，它把水产养殖与无土栽培这两种不同的农业生产技术结合起来，通过巧妙的生态设计，达到科学的协同共生，从而实现"养鱼不换水而无水质忧患，种菜不施肥而正常成长"的生态共生效应。通过更细致地学习和请教，我知道了该项目的推进不但需要种植槽、玻璃水池、过滤装置、输送管道、水泵等硬件设备的支撑，还需要多领域的知识储备和工程技术方面的技能。这个项目对学校来说有经费上的困难，对教师和学生来说是能力和知识等的综合挑战。该如何带领学生从科学学科跨入这一新的领域中呢？先睹为快，我很快带领学生去参观"鱼菜共生"研学基地。学生的表现远超于我的预期，面对一双双发光的眼睛、一个个认真的神情，我突然意识到：在面对从未接触过的新鲜事物时，学生一定有很多想探究的问题。或许，我可以将学习的主动权还给他们。没有蔬菜种植经验、没有接触过过滤系统、从来没有养过鱼……没关系，我坚信学生自主探究一定能解决这些问题。这不正是我们希望看到的以项目促进学生"主动学习、学会学习"的情景吗？

（二）发芽：我们有能力解决问题

在基地导师的指导下，师生通过微型"鱼菜共生"系统收获了第一批蔬菜，大家还没来得及欢喜，便遇到难题：因为经验不足，我们没有提前预订第二批水培幼苗，而此时很难在市场上买到适合水培的菜苗。当我把这个坏消息告知学生时，他们提出了多种解决问题的方法。有的提出通过互联网联系直售农户，有的建议后期选取能多次收割的菜苗（如观音菜、空心菜等），还有的学生联想到三年级科学课程《种子的萌发》的相关知识——既然幼苗难得，我们就从种子入手，先萌发种子，待其生根后便可将其移入种植棉。通过这起意外事件，我惊叹于学生们的想象力和执行力，也对他们能运用已学知识来解决遇到的难题而感到欣慰。

(三)生长:失败是成功的基石

水培蔬菜种植完毕后,学生们自发定期察看鱼菜共生基地,定期清理杂草。在静待其成的时候意外又发生了,学生们精心培育的幼苗出现了各种各样的情况:有根部腐烂的,有叶片发黄的,有得了病虫害的,还有被鸟类啄食的,只有极少数生长茂盛。祸不单行,一天,值日的学生向我反馈整个池子里的小鱼竟全部死亡了!此时,有部分学生出现了畏难情绪,还出现了互相指责的声音。我抓住这次事件的节点,召开了事故分析会,在会上人人畅所欲言,尽可能多种角度对事故进行深层次分析,不仅要分析出现问题的原因,还要提出解决问题的方法、制订新的实施方案知道存在哪些不足等。学生们的"心流"被唤醒,大家把收集观察到的现象进行推理和研判,请教外部专家、查阅资料后"对症下药"。最终探明了问题症结——"鱼菜共生"系统还处于初期状态,动物、植物、微生物三者之间的生态平衡还未形成,因此暂时需要添加活性发酵剂来改善水质,减少疾病发生概率。像这样通过自身努力解决实践中的难题,面对各种意外依旧坚持不放弃、坦然面对失败带来的挫折等感受真实又深刻,我想这些才是学生成长中最宝贵和最难忘的成长记忆。

(四)再生长:我们还能做得更好

在全体成员的努力下,大家发现"鱼菜共生"系统中只要"鱼肥水—菜净水—水养鱼"达到了良性平稳状态,菜苗的长势就越来越好。于是,又开始制订新的观察计划,通过观察鱼类生长情况、蔬菜生长情况、定时检测水质数据的方式,及时调控系统供给蔬菜的营养。学生们在"发现问题→实践探究→解决问题→发现新问题"的过程中,离预期的目标成果越来越接近。解决了内在的难题,外在难题还在:如何解决鸟类给菜苗生长带来的影响呢?这是一个新的挑战,探究还在继续……

在科创产业蓬勃发展的时代,这样的学习方式是培养时代新人的必然需求,教师用"生活大课堂"的方式将学习权利归还给学生,以"学习全时空"的手段帮助他们进行融通学习,又以"全方位育人"的标准评价他们的发展,在潜移默化的学习过程中践行"综合育人"目标,孕育创新复合

型人才。历时半年,与学生共同经历的这场"鱼菜共生"之旅,到此刻才深刻领会"向上生长"的深意。这一场"蔬菜"和"鱼"兼得的学习,何尝不是我的一次成长之旅呢?

杜威认为"教育即生活,学校即社会"。这句名言强调了教育与生活的紧密联系,也强调了学校与社会的密切关系。项目式学习是一种能够将真实世界引入课堂的学习方法。针对中小学综合实践活动中的重要内容——研学旅行,引入项目式学习的理念,形成项目式研学旅行,可以有效突出学生的主体地位,促使他们更加积极主动地参与其中。研学旅行作为中小学综合实践活动的重要内容,是落实立德树人与培养学生核心素养的重要途径,但这类综合实践活动牵涉到方方面面,难以抓住研学育人的重心。针对该问题,作者效仿项目式学习中问题聚焦和解决系列问题的特点,引入项目式学习理念和方法,从而激发学生的主动性和创造力,培养他们解决实际问题的能力。这种学习形式能够加强学校与社会的联系,让学生更好地理解和应用所学知识。本章所写的研学课程,探讨了项目式研学课程的实施过程与内容选择,并总结实施效果。通过课程的实施,达成提高研学活动的教育价值和实效性的目的,促进学生综合素质和能力的全面提升。

第六章

基于项目式学习的科学场馆研学课程开发

学在现场 小学科学场馆研学课程的开发与实践

每个学生都可以成为心智自由的人,而项目式学习就是实现心智自由的有效途径。项目式学习是一种风靡全球的创新学习方式,已经被北欧、北美等许多国家的学校广泛采用。仅在2015年,美国就有上千所学校开始用PBL教学取代传统教学法[1]。项目式学习和传统式学习方法相比,能有效提高学生思考和解决问题的能力。项目式研学旅行将项目式学习中的流程与活动开展形式引入研学旅行,让学生在体验中参与研学旅行活动,并围绕学习性项目主题完成项目成果,提升研学旅行活动的实效性,从而培育学生的核心素养。

第一节
项目式学习概述

一、什么是项目式学习

在现代汉语词典中,"项目"是指事物分成的门类。百度词条中项目是指一系列独特的、复杂的并相互关联的活动,这些活动有着一个明确的目标或目的,必须在特定的时间、预算、资源限定内,依据规范完成。也就是说,项目是人们通过努力,运用新的方法,将人力、材料和财务的资源组织起来,在给定的费用和时间约束规范内,完成一项独立的、一次性的工作任务,以期达到由数量和质量指标所限定的目标。

项目式学习最初是为了医学教学而发展出来的,从那以后被广为传

---

[1] 杜艳强.基于项目式教学的土木工程实验课程改革探讨[J].教育教学论坛,2020(20):197-199.

播，继而使用在其他各个学科的教学中[①]。在教育界，项目式学习是一种以学生为中心的教学方法，它提供一些关键素材构建一个环境，学生组建团队通过在此环境里解决一个开放式问题的经历来学习。项目式学习过程强调学生在试图解决问题的过程中获得的技巧和能力。学生在项目式学习的过程中学会了如何获取知识，如何加强小组沟通和合作，如何计划项目以及控制项目的实施。项目式学习这个过程赋予学习者应对未来挑战的能力，提升学生的自主学习和社交能力。如当前风靡全球的环球自然日青少年自然科学知识挑战活动就深受师生的喜爱，它以年度主题为驱动问题，学生组建团队进行问题研究和解决，最终以科普展览、表演、故事播讲、绘画等形式来呈现可视化结果。

综上所述，项目式科学研学课程，是指以项目式学习的方式来开展科学研学，即学生在核心问题驱动下，走进真实的研学情境，通过探究、体验、思考等方式对校内外研学材料进行加工处理，最终以公开产品的形式呈现研学成果。开展项目式科学研学课程，可以有效地发散学生的思维，增强创新意识，提升学生的学习能力、沟通能力、合作能力，从而使学生自身的综合素质不断提高。

二、项目式学习的特点

项目式学习可总结为一种通过对真实的、复杂的问题进行探究，以小组合作的方式进行项目实施，最终以产品形式呈现，学生在参与过程中逐渐建构知识网、掌握必备技能、实现综合发展的教学模式。具有如下共性特征：

（一）素养指向性

项目化学习是综合性的学习，在探究问题完成项目的过程中，学生需要调用所有的能够获取的知识资源与身心资源，利用自主思考、团队合作等多种学习方法，借助模仿、实践、自制、创造等多种学习手段达到学习目标，在此过程中达成深度理解知识、发展思维能力、培育科学态度和正确

[①] 杨丽莎. 小学 Scratch 项目活动教学与评价 [D]. 上海师范大学，2017.

的价值观等综合素养目标。

（二）问题驱动性

驱动性问题是项目化学习的核心要素，是项目化学习的"推进器"。项目化学习具有长周期性，为了完成这个较大的综合性任务，往往会把该任务拆解为一系列连续的子任务群。在中心驱动性问题的带领下，能够保持项目全程的持续性和一致性，学生学习活动也是通过驱动性问题黏合在一起的，以帮助学生获得连续的、渐进的、完整的发展。

（三）探究持续性

项目化学习的历程是持续探究并解决驱动性问题，达成项目目标的历程。探究包含调查、知识建构、实践检验和问题解决等内容，可以是规划、设计、决策、发现问题、解决问题、建立模型、生产产品、社会调研等。探究的过程不是孤立的，而是围绕驱动性问题逐步深入、持续进行的，借由同一个目标任务将探究环紧紧耦合。

（四）评估全程性

项目化学习的评估全程性特征，是由其长周期性、高自由度决定的。评估既包含对项目化学习的成果进行评估，也包含对项目化学习过程中展现出来的探究、实践等学习过程进行评估[1]，即应用过程性评价方法评价学生的学习行为与学习态度，及时纠正学习趋向，保证素养目标的达成；利用终结性评价方法评价学生的学习质量与学习成果，反馈学习过程，保证任务目标的达成。

（五）思维高阶性

项目化学习指向高阶思维能力，它用高阶学习带动低阶学习。在项目初始阶段就用具有挑战性的问题创造高阶思维的任务情境，激发学生学习的内动力，明确对学生提出带有问题解决、创造、系统推理分析等高阶认

---

[1] 夏雪梅.项目化学习设计：学习素养视角下的国际与本土实践[M].北京：教育科学出版社，2018.

知策略的项目任务,又通过自觉应用各类方法与策略完成系列任务,高阶思维在应用中得以活化,思维水平与意识得到发展。

三、项目式学习的价值

研学旅行带领孩子离开学校到真实的环境探索,与项目式学习要求构建真实的学习情境不谋而合。如果将项目式学习融入研学旅行课程设计,发挥两者各自的优势,不失为解决当前研学旅行面临的问题的有效途径之一。

(一)从课堂学习走向真实学习

项目式学习的一个重要特征是真实性,引导学生在真实情境中发现问题,创造性地解决问题,同时又在解决问题中发现新的问题,这种对问题的持续探索就是学习的本质。学生在对问题的持续探索过程中,调动和激活已有的知识经验、能力,形成可迁移的思维方式,体会应用知识解决实际问题、创造美好世界的乐趣,真正感受学习的意义[1]。

(二)从知识导向走向问题导向

与传统教学相比,项目式学习注重对学生能力的发展多过对知识的掌握与知识体系的建构。项目式学习秉持学做结合的理念,通过多样态的项目,使学生能够联结真实世界,让学生拥有解决真实情境问题的机会和经历,发展自己的创造性,同时,不断形成自己的价值观和世界观。

(三)从浅表学习走向深度学习

项目式学习还"学"于"生",让学生成为自己学习的主导者。它用项目打通了学以致用的"栓塞",促使学生成为主动的学习者,让学生感受到学习的价值和发展性,克服了原先"以练代学"中学习过于割裂、碎片化的问题,驱使学生更为自然和广泛地主动学习。采用联系真实情境的学习任务,引导学生走向融会贯通,促进问题解决能力、学习迁移能力、知识综合应用能力、探究与认知重构能力的发展。

---

[1] 杜艳强.基于项目式教学的土木工程实验课程改革探讨[J].教育教学论坛,2020(20):197-199.

第二节

基于项目式学习的科学场馆研学课程开发策略

> 从项目式学习和研学旅行的联系上看,二者都强调学习主体的主动性、情境的真实性和评价的综合性,并且都提倡多学科的合作和综合知识的实践与运用。项目式学习可以设计跨学科的复杂任务,其在综合实践活动中具有开放性的特征,因此,开发基于项目式学习的科学场馆研学课程具有重要意义。

一、基于项目式学习的科学场馆研学课程定义

项目式研学旅行将项目式学习中的流程与活动开展形式引入研学旅行,让学生在体验中参与研学旅行活动,并围绕学习性项目主题完成项目任务,提升研学旅行活动的实效性,从而培育学生的核心素养。项目式研学旅行以学生自主选定的项目主题作为驱动,在研学体验中进行项目材料的获取,强调表现性评价,鼓励以多种形式输出项目成果。项目成果不是唯一的评价依据,表现性评价应贯穿整个研学活动过程,项目成果作为终结性评价内容与过程性评价共同构成综合评价体系。

二、基于项目式学习的科学场馆研学课程目标

项目式科学研学课程,是指以项目式学习的方式来开展科学研学,即学生在核心问题驱动下,走进真实的研学情境,通过探究、体验、思考等方式对校内外研学材料进行加工处理,最终以公开产品的形式呈现研学成果。开展项目式科学研学课程,可以有效发散学生的思维,增强创新意识,提升学生的学习能力、沟通能力、合作能力,从而使学生自身的综合素质不断提高。

三、项目式学习的基本过程

项目式学习倡导多学科知识的整合，强调学生的主体作用，公开展示成果，重视评价与反思，指向核心知识的再建构。根据夏雪梅博士对项目式学习的阐释，项目式学习设计包含六个维度，即核心知识、驱动性问题、高阶认知、学习实践、公开成果、全程评价[1]。项目式研学课程，可以参考和借鉴这六个维度，回答以下问题：（六大基本结构，最好用论述的方式，不要用提问的方式）

1. 核心知识：项目化学习所指向的核心知识是什么？
2. 驱动性问题：项目化学习用怎样的问题驱动学生主动投入？
3. 高阶认知：驱动性问题将引发学生经历怎样的高阶认知历程？
4. 学习实践：学生将在项目化学习中经历怎样的持续和多样的实践？
5. 公开成果：项目将期待学生产生怎样的成果？
6. 全程评价：如何评价学生的学习过程和项目化学习成果？

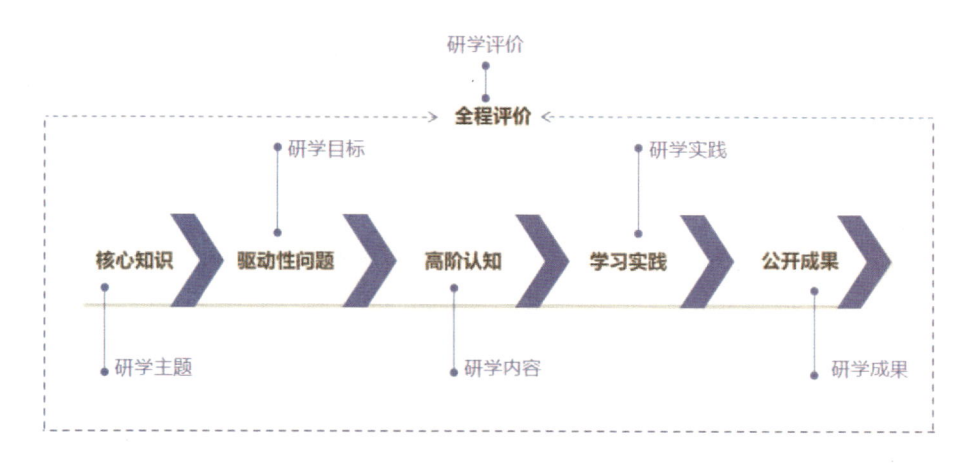

图 6-1　项目式研学课程基本流程

---

[1] 饶瑛. 以项目化学习促进整本书真实阅读和深度阅读——以《朝花夕拾》为例[J]. 中学语文（读写新空间），2021(12):3.

四、基于项目式学习的科学场馆研学课程开发要点

项目式学习是以高阶认知带动低阶认知的学习,在项目式科学研学课程教学的过程中,应该关注学生思维的发展,从真实情境、驱动性问题、公开成果、脚手架、评价量表等方面,提升研学的实效性。

(一)基于真实问题,确定研学主题

项目式学习是通过问题引发学生对概念的思考和探索。这个问题必须是真实问题,可以是从真实世界而来的真实场景,或者能够满足真实世界的需求,或者来源于学生真实生活的困难和议题。从真实问题入手确定研学的主题,并包装转化为驱动性问题,引发学生持续探究的兴趣。

(二)寻找核心知识,制订研学目标

项目式研学课程,一般是围绕核心概念,将其分解成几个相关的核心知识,通过合理设计进阶学习内容,进而系统合成一个完整的知识体系。借助课程标准、教材等材料寻找关键概念或能力,确认与这些关键概念、能力相关的一系列基础知识和技能,通过创设合适的真实情境来达到知识与素养的获得。因此,教师基于课程标准和教材资源,提炼相关的主要概念和知识点,以此确定兼顾知识与素养的研学目标。

(三)指向高阶认知,建构研学内容

在项目式研学实践过程中,学生需要借助高阶认知策略才能有效推进深度学习,发展高阶思维能力。因此,设计研学内容时,还应该为学生提供高阶认知策略的学习"脚手架",即对应的项目任务和成果,从而培养学生的批判性思维、创新能力、问题解决能力以及决策力等高阶思维能力。本课程结合高阶认知策略,即问题解决、创见、决策、实验、调研、系统分析六大策略的应用,在研学前、研学中、研学后三个不同阶段设置了相应的研学内容。

(四)唤醒学习内驱,实施研学实践

项目式研学实践的实施,并非按部就班地完成探究流程,而是包含知

识、行动和态度的"学习实践"。教师不仅要精心设计驱动问题，以激发学生探究的主动性，还要有融合校内外学习实践课程内容的意识。研学实践的过程中，要注重唤醒学生的学习内驱力，引导他们在合作互助下主动学习，实现知识再建构。

（五）贯彻全程评价，保障研学实效

项目式研学重视以公开成果说明问题解决过程，提倡利用全程评价推进研学进程。项目成果的产生、公开汇报与项目评价相辅相成、紧密相连。因此在项目式学习过程中，从项目开始到项目终结，应全程进行跟踪指导，提前设置工具量表，确保学生高质量完成任务。运用多元评价方式、多元评价主体、多元评价工具和多种评价结果报告方式，促进学生持续开展探究活动。

五、实施保障

项目式研学课程是一种综合性、实践性极强的合作学习课程，需要师生共同完成，因此，在课程实施前要先帮助学生组建团队，进行知识的建构，同时联系好相关的场馆和研学导师团队，借助资源先行学习，以保障课程的顺利进行。

（一）组建团队

项目式研学课程是以团队合作进行的学习，根据学生对问题的不同兴趣分成不同的学习小组，以学习小组为单位带着问题去旅行，在旅行中进行探究性学习。

（二）知识储备

以校内科学课为知识建构的主要场域，进行鸟类相关知识的学习，寻找核心概念，形成概念体系。带着已有的知识，到场馆旅行后进一步重建概念。

（三）联系场馆

确定研学的场馆后，主动联系场馆相关人员，了解场馆的环境、馆内布局、当天的天气情况等，确定研学路线和馆内教学内容，提前做好相关的物资准备和安全措施。

（四）师资保障

校内组建多学科教师团队，围绕项目的任务要求分学科进行教学，引导学生融合多学科知识参与课程学习。校外要有专业的研学导师，能够和校内老师配合，共同备课，分工协作，帮助学生顺利完成研学活动。

（五）资源保障

教师要提供相关的资源作为项目研学的"脚手架"，可以是网络上的文献、图片、视频等学习资源，也可以是研学手册、学习单等学习工具，或者是可采访的相关领域专家、可实地调研的场馆等资源。

（六）安全保障

安全是研学旅行的基础要素。出发研学之前，要提前做好安全预案，做好学生的安全教育，厘清各部门的安全责任，办理好各项安全申报手续，做好学生的交通安全保障、场馆内设施设备安全保障。

第三节
基于项目式学习的科学场馆研学课程开发范例

> 基于场馆资源的项目式研学课程开发，既丰富了学生的校园文化生活，又有利于学生建构、迁移、应用所学知识和技能，提升科学素养。本节以"解锁红嘴蓝鹊攻击人的奥秘"为例，将场馆资源融入项目式科学活动，从课程开发背景与开发愿景、课程目标、课程基本属性、课程结构与内容等方面，具体阐述项目式科学活动的开发与实践的过程，挖掘其育人价值，同时为项目式学习的设计提供一些范式参考。

一、课程开发背景与开发愿景

（一）课程开发背景

核心素养是当前中小学教育需要强化的教育任务，培养学生的核心素养既是适应世界教育改革发展的趋势，也是提升我国教育国际竞争力的迫切需要。而项目式学习强调以真实情境中的问题为任务驱动，将学习内容以项目活动的形式呈现，在众多学习模式中脱颖而出，更能促进学生核心素养的发展，学生充分利用最优化的学习资源合作探究、发展创新，获得较全面的学科知识，进而获得能力提升。鸟类，是生物多样性的重要组成部分，在维系自然生态平衡中，具有举足轻重的作用。厦门地处鸟类南北和东西迁徙的交点，湿地鸟类种类繁多，资源丰富，红嘴蓝鹊是校园里常见的鸟类之一。这种鸟不仅外形美丽吸引人，而且个性与众不同。每到繁殖期，红嘴蓝鹊就会攻击路过鸟巢的人们，但凡有人跟它有过"过节"，它都会"记仇"地见一次啄一次。红嘴蓝鹊如此特别，学生迫不及待想要了

解它,和它做朋友。红嘴蓝鹊为什么会攻击人引起了学生的探究兴趣。科学课上学生以探究红嘴蓝鹊攻击人的原因为出发点,结合学科教学内容,进行跨学科融合,挖掘场馆资源,开展项目式研学课程。学生们能在真实的环境中学会如何去融合各学科的知识解决真实的问题。

(二)课程开发愿景

本课程紧密围绕着践行社会主义核心价值观开展,强调生态文明与自然和谐发展的重要思想,引领学生进行科学的学习与探究,以项目式教学课程带领学生走进具有自然实践生命观念、理性思维、科学探究社会责任理念的教学中,从珍爱生命出发,观察和重建鸟类生命规律,在正确的科学探究过程当中获得鸟类的行为和形态特征的相关知识,保护生命与生态平衡的观念。

二、课程目标

本课程通过项目式研学活动,引领学习者进行自主学习,系统地认识红嘴蓝鹊等厦门常见鸟类的外形特征、生活习性、生命周期等。学习者可采用实物模型、科普剧、科普展览、自然笔记、PowerPoint、调查报告等形式呈现探究的过程与结论,提高学习者的动手能力和创造力。在小组合作学习中不断提升表达交流、社会交往能力。整个研学活动旨在引领学生正确认识人类与鸟类、鸟类与自然的关系,树立珍爱生命、保护动物、保护环境的意识。

三、课程基本属性

表6-1 "解锁红嘴蓝鹊攻击人的奥秘"课程属性

课程名称	解锁红嘴蓝鹊攻击人的奥秘
研学地点	校园、仙岳山公园、骑马山、五缘湾栗喉蜂虎自然保护区、百鸟园、五缘湾湿地公园等
研学对象	小学五年级学生

（续表）

执行人员	√科学老师　√研学导师　家长　√其他
课程总用时	6—7课时
资源属性	√自然生态类　人文历史类　√科学技术类　√体验创造类
资源可关联学科	道德与法治　√语文　√数学　英语　√科学　音乐　美术　√技术　√工程　√综合实践　体育与健康
评价方式	√个人发言　√小组讨论　√研学评价表　√研学成果展示
课程教具	研学手册、教具和学具、项目式学习脚手架工具、望远镜、制作鸟巢的材料、摄像工具、电脑、纸笔、绘画工具等

四、课程结构与内容

本课程以"红嘴蓝鹊与人和谐相处"作为研究主题，引导学生发现问题，在真实校园生活中确定驱动问题"为什么红嘴蓝鹊会攻击人？"，结合学科教学内容及本地相关场馆资源，进行跨学科融合，设计校内课程内容。在这个过程中，学生围绕"人与鸟类和谐共处"这个大概念进行项目活动实施，逐步构建鸟类相关核心知识。在探究的过程中形成可视性研究成果，如：自然笔记、调查报告、模型、实物标本、科普剧表演、影像作品等。

（一）课程结构图

见第198页。

（二）课程内容

本项目式学习研学课程内容可分为3个学习模块：研学前、研学中与研学后。

1.研学前：认识鸟类

本模块为该课程的第一阶段，主要是为了解决核心驱动性问题做项目准备。首先，教师带领学生从驱动性问题"为什么红嘴蓝鹊会攻击人？"

学在现场　小学科学场馆研学课程的开发与实践

研学阶段 项目环节	研学前 认识鸟类	研学中 观察鸟类	研学后 鸟类与人类的关系 公开成果与评价
子任务	▶ 分析红嘴蓝鹊攻击人的原因，并作出合理假设； ▶ 讨论研究红嘴蓝鹊的方法； ▶ 了解红嘴蓝鹊的相关基础知识； ▶ 学会野外观察鸟类的技巧和注意事项。	▶ 外出实地观察； ▶ 用望远镜、笔记、相机等收集鸟类信息； ▶ 针对外出实践收集到的成果，作成果汇报展； ▶ 鸟类的鸟巢探索制作。	▶ 根据研学成果，提出多种避免红嘴蓝鹊攻击人类的方案； ▶ 围绕小组方案制作成果。	▶ 小组互评、师生评价发现自己学习中的优缺点； ▶ 通过海报、演示文稿等形式，展示自己所理解的鸟巢知识。
子成果	▶ 有关红嘴蓝鹊攻击人的原因及研究方法思维导图； ▶ 收集到的关于红嘴蓝鹊外观形、生命周期、生存环境等方面信息材料。	▶ 鸟类档案； ▶ 观鸟自然笔记； ▶ 鸟类相关照片、视频。 ▶ 观鸟成果展： ▶ 红嘴蓝鹊生命周期科普例； ▶ 自然笔记展出； ▶ 红嘴蓝鹊汇报PPT。	▶ 护林护鸟宣传画册； ▶ 红嘴蓝鹊鸟巢安置； ▶ 围栏设计安置。	▶ 红嘴蓝鹊攻击人原因调查评价表； ▶ 反思报告。
地点	教室　图书馆　家	公园　家	教室　家	教室

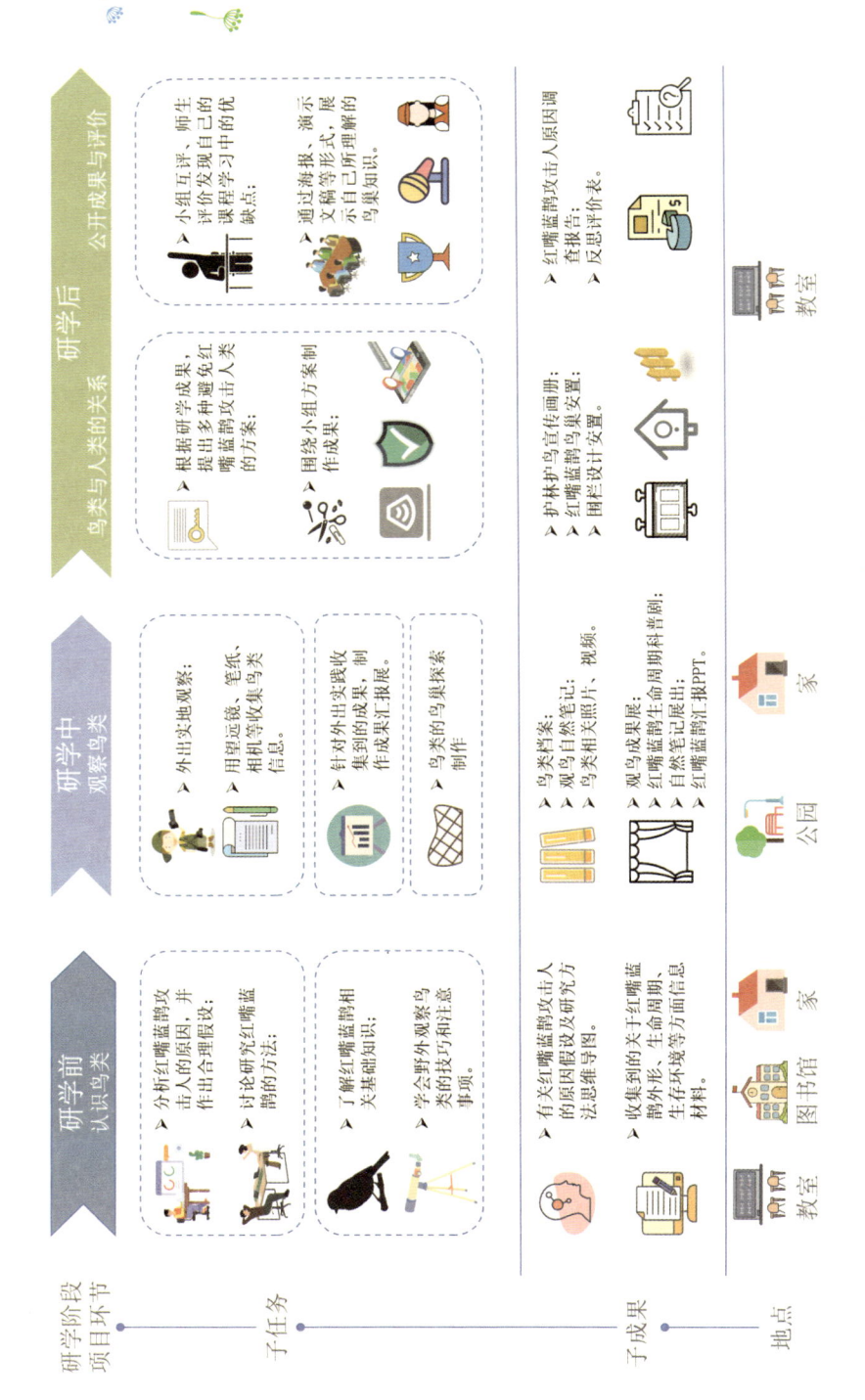

图6-2 "解锁红嘴蓝鹊攻击人的奥秘"课程结构图

198

中分解出5个子问题，并产生4个子任务：分析红嘴蓝鹊攻击人的原因，并作出合理假设；讨论研究红嘴蓝鹊的方法；了解红嘴蓝鹊相关基础知识；学会野外观察鸟类的技巧和注意事项。然后，再根据学生的自由意愿选择子任务并进行分组，制订项目计划，包括前期准备、研究的内容和方式、实践的时间和地点、所需工具、成果的呈现等。最后，学生以小组为单位，根据所选任务按计划开展红嘴蓝鹊的深度调研与学习活动，为后续的研究做背景知识铺垫。

2. 研学中：观察鸟类

本模块是该课程的核心部分，学生按照制订的计划，研究红嘴蓝鹊的个体特征，从而解决"红嘴蓝鹊为什么攻击人"的问题，制订保护红嘴蓝鹊的方案，学会和鸟类和平共处。本模块的主要活动包括：查阅红嘴蓝鹊的相关资料，在实地观察、长期观察和访谈鸟类专家中了解红嘴蓝鹊的形态特征和生活习性，并在外出研学中借助场馆资源研究其他鸟类的特征，分析总结鸟类的共性特征，研究鸟类生活环境，制订避免遭受红嘴蓝鹊攻击的方案，在校园里宣导相关知识，营造共同保护鸟类的氛围。通过一系列关联性活动，建构对红嘴蓝鹊的具体认知，并在解决问题、完成任务的过程中习得科学知识、发展生活技能、感悟自然之美。

3. 研学后：成果分享

本模块是该课程的总结与反思阶段，主要任务是在探究的过程中形成可视性研究成果，如：自然笔记、调查报告、模型、实物标本、科普剧表演、影像作品等。同时，对整个项目过程进行总结性反思，以此促进学生对人与自然关系的深度理解。主要活动包括：红嘴蓝鹊外形特征自然笔记交流会；红嘴蓝鹊的日常生活科普剧场；红嘴蓝鹊标本模型展；鸟类影视作品发布会；召开听证会等。

五、研学实施过程

我们在研学课程实施的过程中以实践旨趣为价值取向、以教师和学生为主体、以集体审议为课程开发方法、以行动研究为方法论等，根据实际的应用价值和对现实研学执行落地的指导，我们一般把研学课程实施按阶段分为研学前、研学中与研学后，开发者可根据学习者需要有目的地对课程结构进行设计。

【研学前】认识红嘴蓝鹊

（一）设计思路：角色替代，驱动入项

研学前，教师创设情境，提出驱动问题："作为鸟类学家，请你和小伙伴们一起进行项目式研学，并以可视化的成果告诉人们，红嘴蓝鹊为什么会攻击人？"由此问题出发，将该问题进一步分解成几个子问题，明确子任务及任务对应的可视化成果，最终形成项目式研学方案。

（二）研学目标

通过分析红嘴蓝鹊攻击人的原因，并作出合理假设。学生通过查阅资料了解红嘴蓝鹊的相关知识，组建小组，制订观察计划。培养和具备学习观鸟的技巧，做好观鸟前的准备。

（三）研学过程

入项：鸟儿为什么会攻击人？（驱动问题）

项目子活动1：看校园惊现"愤怒的小鸟"新闻、观看《城市中的精灵——红嘴蓝鹊》微课，聚焦认识和了解红嘴蓝鹊。

项目子活动2：小组讨论红嘴蓝鹊为什么会攻击人？

项目子活动3：各小组分享并小结红嘴蓝鹊攻击人的可能原因。

项目子活动4：制订观察红嘴蓝鹊（其他鸟类）的计划。

项目成果：

成果1：有关红嘴蓝鹊攻击人的原因假设。

成果2：制订出观察红嘴蓝鹊（其他鸟类）的计划。

【研学中】认识身边的邻居——鸟

（一）设计思路：合作学习，自主探究

明确任务和成果，学生自由组队，进行小组分工，利用科学课、综合实

践课、语文课为研学活动做前期知识和技能的储备。在这个过程中，各学科老师互相配合，以学生的学习活动为主线，为学生提供学习任务单（即研学手册），充分尊重学生的发言权和选择权，促进学生自主、合作、持续探究学习，实现跨学科融合。做足了前期准备，学生以小组为单位，带着问题和任务、研学手册到厦门骑马山、五缘湾湿地公园等场馆去研学。学生在相应的场馆中观察鸟类的外形特征、吃食活动、生活环境和不同生命阶段的形态，在鲜活的场景中感受鸟的美。

（二）研学目标

带领学习者在场馆研学实地观察的过程中，进一步建构鸟类的相关知识，发展生活的相关技能。通过实践学会利用电子设备拍摄鸟类图片和视频；通过实地观察鸟巢活动，尝试模拟制作人工简易鸟巢，提高创新能力，等等。在研学实践的过程中尝试发现鸟巢筑巢方式与生活环境的关系，理解归纳鸟类生活习性与不同生活环境相适应的关系。

（三）研学过程

第一阶段：小小鸟类侦察兵

项目子活动1：通过微课学习在自然界观察鸟类的技巧和注意事项。

项目子活动2：学习利用工具追踪观察鸟类（含红嘴蓝鹊）并进行科学记录。

成果1：野外观鸟方法和技能。

成果2：鸟类相关照片和视频。

学在现场　小学科学场馆研学课程的开发与实践

小小鸟类侦察兵

活动一
通过微课学习在自然界观察鸟类的技巧和注意事项。

我学习到的观鸟技巧

扫码学习鸟类技巧

活动二
学习利用工具追踪观察鸟类（含红嘴蓝鹊）并进行科学记录。

我的观察记录

我的拍摄记录

图 6-3　第一阶段研学卡设计

第二阶段：观鸟成果我分享

项目子活动 1：选择一个观鸟点（仙岳山公园、湿地公园、筼筜湖、火烧屿、马銮湾的红树林等），观察记录厦门本地鸟类。

项目子活动 2：小组分享。总结鸟类的共同特征。

成果 1：观鸟档案、观鸟自然笔记。

成果2：绘制并描述鸟的共同特征及基本结构图。

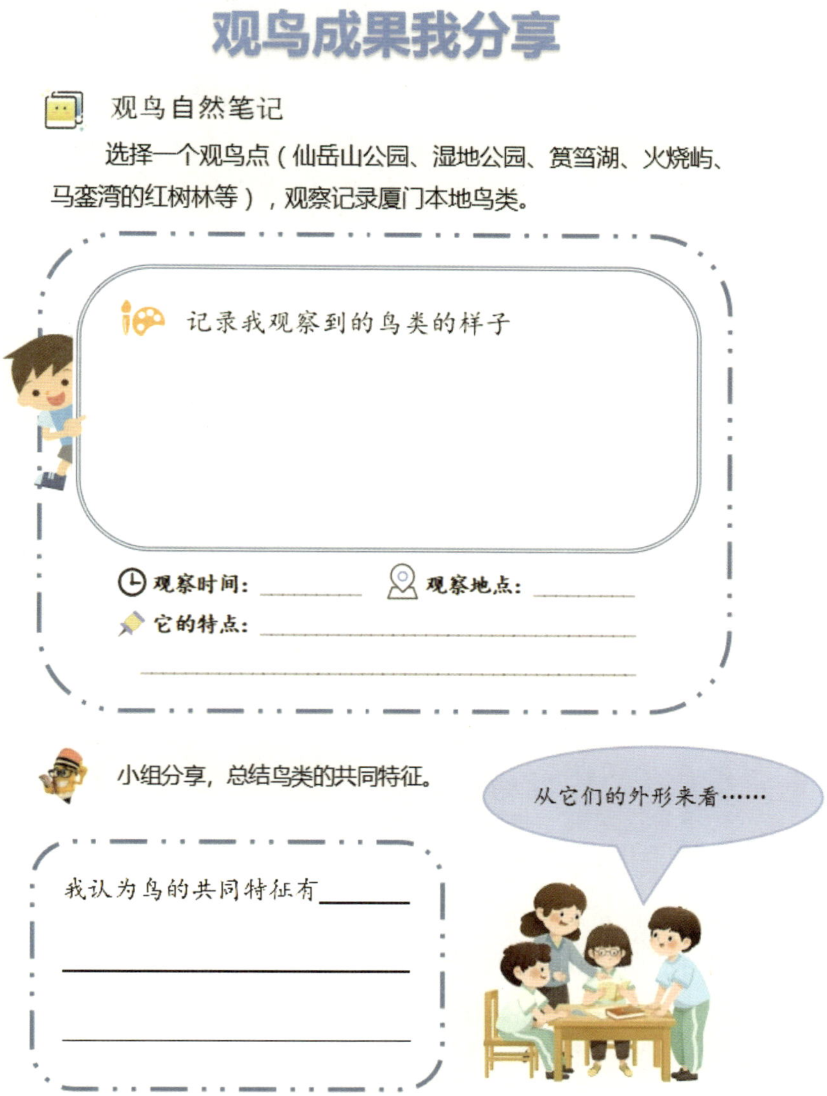

观鸟成果我分享

观鸟自然笔记

选择一个观鸟点（仙岳山公园、湿地公园、篔筜湖、火烧屿、马銮湾的红树林等），观察记录厦门本地鸟类。

记录我观察到的鸟类的样子

观察时间：＿＿＿＿＿　观察地点：＿＿＿＿＿

它的特点：＿＿＿＿＿＿＿＿＿＿＿＿＿＿＿＿＿

小组分享，总结鸟类的共同特征。

从它们的外形来看……

我认为鸟的共同特征有＿＿＿＿＿
＿＿＿＿＿＿＿＿＿＿＿＿＿＿＿＿＿
＿＿＿＿＿＿＿＿＿＿＿＿＿＿＿＿＿

图6-4　第二阶段研学卡设计

第三阶段：鸟类的"餐具"与"癖好"

项目子活动1：出示不同的鸟类，请同学给他们提供食物和住所，并说明理由。

项目子活动2：利用老虎钳、起钉器、勺子、镊子、叉子、筷子、漏勺等模拟鸟喙配合和鸟足取食体验。

项目子活动3：课堂小制作——利用扭扭棒制作不同种类的鸟足。

项目子活动4：认识不同鸟类不同的生活习性和繁殖期特殊"癖好"。

项目子活动5：小组讨论总结出鸟类完整的生命周期。

成果1：整理和分享观鸟档案。

成果2：制作了不同类型的鸟足。

成果3：我为某某鸟代言（小鸟推荐卡）——鸟类生命周期档案。

第四阶段：解锁红嘴蓝鹊的秘密

项目子活动1：小组交流红嘴蓝鹊为什么会攻击人呢？汇报鸟类结构、功能、习性之间的紧密关系。

项目子活动2：通过观察、探索、思考、讨论并形成红嘴蓝鹊攻击人的原因。

项目子活动3：形成避免红嘴蓝鹊攻击人的方案。

成果1：红嘴蓝鹊攻击人的原因调查报告。

成果2：制订出爱护"愤怒的小鸟"的可行性措施。

【研学后】护鸟行动正当时

（一）设计思路：成果展览，高阶认知

充满仪式感的成果展览，不仅能够展现学生对概念的理解和把握，还是对完成项目任务的庆祝活动。研学结束以后，学生以小组为单位整理这段时间以来的收获，进一步厘清鸟类和人类之间的关系。随后，他们选择一个角度深入研究，并制作成科普展览作品进行展览汇报。在充满仪式感的展览会中，学生不仅锻炼了自己的团队协作能力、表达交流能力、动手制作能力、创新能力，还发展了辩证思维能力和系统分析能力。

（二）研学目标

能够用各种物化的研究成果来表现自己的创新能力。学会总结反思，并乐于和他人分享自己的研究成果，认识到人类、鸟类、环境的相互影响和依存关系，认同鸟类是人类的朋友，培养欣赏鸟类的审美情趣。

（三）研学过程：评论与修订环节

项目子实践行动1：制作海报，互相进行评价与修改，利用海报在学校和小区进行宣传。

项目子实践行动2：制作鸟类的鸟巢并放置小区内辅助鸟类安家。

项目子实践行动3：撰写科技小论文——人类与鸟类如何和谐共处？

成果1：制作"与鸟为邻"的秘籍海报或以"红嘴蓝鹊攻击人"素材编写科学表演剧。

成果2：制作鸟类巢穴。

成果3：科技小论文——人类与鸟类如何和谐共处？

六、学习评价设计

项目式研学课程的评价体系以学生的综合发展为宗旨，教师在评价时应关注学生的实践过程与表现[1]。评价内容除了知识性评价，还有对学生在研学过程中客观存在的各种非智力因素的评价，比如对学生研学时在各类场馆中观鸟、识鸟的态度、方法、体验的评价，以及对学生在研学观鸟中发现问题与提出问题能力、收集和加工信息能力、人际合作交往能力、创新精神和创造能力的评价。因此课程的评价应充分发挥评价的诊断功能和激励功能，帮助学生及时反思和修正学习过程中出现的问题；同时对学生在合作学习中表现出的优良品质和取得的成绩要及时给予肯定，从而调动学生参与项目活动的积极性，增强学生的自信心。

在项目式学习过程中，从项目开始到项目终结，应全程进行跟踪指导，提前设置工具量表，确保学生高质量完成任务。本项目式学习针对项目开

---

[1] 金钰.基于项目学习的劳技教学策略刍议——以"设计和制作一个兔灯"为例[J].教育观察，2019(37):37-38.

展的不同阶段，制订相应的评价标准。

（一）评价量表指向核心知识

在设计评价量表的时候，要围绕学习目标设计评价内容，保证项目式学习与学科教学吻合，促进学生掌握核心知识。本项目指向的核心概念是"人与鸟类和谐共处"，对鸟类要有深入的了解，从形态特征、生活习性、生命周期和生活环境入手，设计相关的评价内容。

（二）关注项目式学习的多元评价理念

基于场馆资源的项目式学习活动有别于课程学习，它既包含了校内课程推进，也有校外的学习活动。实施主体既有校内的老师和学生，也有校外的场馆教师和家长，因此，在项目推进的过程中，评价的主体也应该是多元互动的，包括学生个人、团队成员、学科老师、场馆老师、家长等。

（三）过程性评价与终结性评价相结合，贯穿整个项目式学习过程

场馆视域下项目式研学课程的评价体系以学生的综合发展为宗旨，教师在评价时应关注学生的实践过程与表现，评价内容除了知识性评价，还有对学生在研学过程中客观存在的各种非智力因素的评价，比如对学生研学时在各类场馆中观鸟、识鸟的态度、方法、体验的评价，以及对学生在研学观鸟中发现问题与提出问题能力、收集和加工信息能力、人际合作交往能力、创新精神和创造能力的评价。评价内容涵盖每个阶段的知识、技能、阶段性成果及最终成果，通过这样的项目评价方式引导学生不断思考，让深度学习真正发生。

第六章 基于项目式学习的科学场馆研学课程

表6-2 过程性评价与终结性评价表

评价要素	评价等级	A	B	C	自评	小组评	教师评	研学导师评
过程性评价	明确目标	能够将驱动问题转化为项目目标，目标明确；进行方案设计，方案合理可行	能够将驱动问题转化为项目目标，目标不够明确；进行方案设计，但方案不够合理	不能将驱动问题转化为项目目标，或无法进行方案设计				
	材料收集	能很好地通过网络、采访、实地观察等方式进行鸟类相关信息搜索、整理、归纳和收藏	基本能根据要求进行鸟类相关信息的搜索、整理、归纳和收藏，但方式较单一	没有真实地根据要求进行鸟类相关信息的搜索、整理、归纳和收藏				
	团队合作	能完成团队交给的任务，积极参与，与队员协作良好，沟通能力强	基本完成团队交给的任务，能与队员协作	无法完成团队交给的任务				
	思维提升	主动思考，运用对比、综合和分析等方法寻找证据，具备利用证据进行推理、分析解释的能力	较主动思考，还不具备利用证据进行推理、分析解释的能力	不爱思考，没有自己的见解				

207

（续表）

评价要素	评价等级	A	B	C	自评	小组评	教师评	研学导师评
终结性评价（学习成果）	核心知识掌握	能够很好地掌握项目中涉及的鸟类知识，包括鸟类外形特征、生命周期、生活习性等	基本掌握项目中涉及的鸟类知识，包括鸟类外形特征、生命周期、生活习性等	无法掌握项目中涉及的鸟类知识，包括鸟类外形特征、生命周期、生活习性等				
	公开成果质量	成果作品能解决真实问题，含有个人感悟心得，有层次，逻辑性强，表达清晰明了	成果作品基本清晰，有一点逻辑性，整体构思一般，无个人感悟心得	成果作品表达不清晰，逻辑混乱				
	展示交流	汇报展示详细，整个项目流程清晰，对植物的一生阐述科学合理、清晰、逻辑性强、表达方式新颖	汇报展示多样，整个项目流程较为清晰，对植物的一生阐述较合理，逻辑性一般	汇报展示单一，表述不清晰				
留言	根据实际情况，小组成员进行自评、互评、反思，说说心里的感受和想法。教师根据小组项目实施或展示等过程中的表现，说说想法和建议。							

七、课程故事

1.红嘴蓝鹊与我们相遇在校园

学校位于享有"厦门之肺"美誉的仙岳山脚,四季树木郁郁葱葱,各种美丽的鸟儿常常光顾校园,特别是红嘴蓝鹊,它们长着鲜红的小嘴,一身鲜蓝光亮的羽毛,拖着长长的尾巴穿梭于校园的树木间,在枝头欢快地跳跃。全体师生纷纷对它们表示出热烈的欢迎和由衷的喜爱。课间、放学后,都有好奇的学生在树下寻找红嘴蓝鹊的身影。各学科老师决定马上行动起来,引导孩子们对红嘴蓝鹊等鸟类开展课题研究,通过观察、绘画、摄影、研究报告等方式记录下鸟儿们生活的点点滴滴。从那时起,鸟儿就成了校园的一分子,人与鸟和谐相处,共享美丽校园。

2."鸟与人"的冲突,生存空间的纷争

令人意想不到的是,《海峡导报》发布了一篇报道,称某学校的红嘴蓝鹊雌鸟,具有强烈的攻击性。它们不仅抓伤了路上的保安叔叔、保洁阿姨,甚至还飞到教学楼的廊道上抓伤了学生。出于师生安全的考虑,有教师、家长提出要把红嘴蓝鹊赶出校园,鸟巢一并迁出。红嘴蓝鹊的去留引发全厦门市师生的热议。红嘴蓝鹊为什么会攻击人?如何避免红嘴蓝鹊的攻击,与它们和平共处?这一系列的问题也引起了全体师生的思考。

3.项目研究问题,真实而自然生成

各年级教师、学生纷纷组建团队,设计了"解锁红嘴蓝鹊攻击人的秘密"项目式研学课程。为了更好地了解红嘴蓝鹊,大家自主学习了观鸟的技能,课间在校园里观察红嘴蓝鹊的日常习惯,课后到筼筜湖、仙岳山、植物园、五缘湾栗喉蜂虎自然保护区、科技馆等场馆实地考察。经过项目式研学课程,学生对红嘴蓝鹊的外形、习性、生命周期等有了一定了解。在成果公开展览会上,有的小组结合研究,请教专家后提出了如何与小鸟和平共处的建议;有的小组制作了"保护红嘴蓝鹊倡议书"手抄报并在校园展出;有的小组在科技馆学习制作鸟巢,为红嘴蓝鹊搭窝;有的小组制作视频进行"爱鸟护鸟"的宣讲。

4.在人与自然和谐中,师生共同成长

课程结束以后,学生们对红嘴蓝鹊有了更深入的了解,同时意识到人与鸟类和谐共处的重要意义。

六年级(1)班马原:红嘴蓝鹊在厦门很常见,它很美丽,是一种主动亲近人类的鸟儿。通过这次令人难忘的活动,我们由衷地希望,人们对红嘴蓝鹊多一些关爱,少一些敌视。马克思曾说过:"人创造环境,同样环境也创造人。"厦门是座生态花园之城,是我们生活的家园。让我们从自身做起,爱鸟、护鸟,与红嘴蓝鹊和谐友好地相处,我们的家园就会更温馨、更美丽。

六年级(2)班吴雨桐:我们小组通过观察、实地考察、上网查资料进行探究。发挥小组成员创意,利用生活中的废旧物品为我们的好朋友红嘴蓝鹊等鸟类设计鸟巢,希望它们能选择到自己喜欢的鸟巢,在仙岳山安一个温暖舒适的家,我们诚挚地向所有的鸟儿发出邀请!

经过项目式研学课程的一系列学习,学生在构思方案、自主探究、作出决策以寻求问题解决的过程中,推理、分析、决策、创造等高阶思维能力得到充分锻炼。不同的学生对待同一问题会得到多种解决方案,这促使学生需要多角度思考、综合考量或逆向思考问题。在小组合作学习中,懂得了与组员进行有效沟通、合理分工,以实现个人的观点或找到解决方案,推进项目的高质、高效完成。在成果展示环节,书面表达或口头表达能力也有了很大的提升。

从教师的角度来看,不同学科教师组建了学习共同体,互相学习,取长补短,实现学科融通,共同成长。同时,教师在必要引导和主动放手之间寻找平衡,张弛有度,从而有效激活学生的学习内动力。

随着新时代的到来，越来越多的人意识到科学教育对于国家与个体发展的重要性。科学的本质是发现与创造，强化中小学生探究式学习是培养公民科学素养、发展创新精神与实践能力的重要依托。作为一种学习方式，探究是进入21世纪以来所倡导的重要科学教育方式，但目标取向失衡、组织形式僵化、学生探究被动、教师角色单一、学习方式相斥等问题导致探究式学习的实际效果并未达到预期。作者以探究式学习在场馆研学项目应用的现状作为切入点，对探究式学习在科学场馆研学课程应用过程中的要点、实施保障及其策略进行探讨：提升教师对探究式学习本质的认识；重视学生的主体性，强调探究的结构化；确保师生有效互动，学生得到具体指导；构建多元主体和多维度评价标准，促进学生发展等。新的教学观、课程观与知识观应运而生，为探究式学习的发展创造了有利的环境条件。本章从探究式学习视角剖析和探索科学场馆研学课程的开发与实践，借鉴"发现学习"的教育理念，激发学生学习兴趣，培养他们学习的主动性、自主性、高阶性，有利于学生理解科学概念、培养其学习能力并生成科学素养，完成知识体系的自主建构，做自己学习的主人。

第七章

基于探究式学习的科学场馆研学课程开发

学在现场　小学科学场馆研学课程的开发与实践

中国学生发展核心素养以培养"全面发展的人"为核心，分为文化基础、自主发展、社会参与三个方面，综合表现为人文底蕴、科学精神、学会学习、健康生活、责任担当、实践创新六大素养，具体细化为国家认同等18个基本要点。各素养之间相互联系、相互补充、相互促进，在不同情境中整体发挥作用。其中学会学习是自主发展的重要前提和基本保障。学会学习要求学生拥有学习的主动性和积极性，将学习视为内在需要，同时学生具备满足自身求知欲的学习能力，这也是适应个体终身发展的必备品格和关键能力，而探究学习正是培养学生学会学习的重要方式之一。本节，基于探究式学习方式视角，对探究学习方式的内涵和特性进行了梳理，明晰了在科学教育中探究式学习的具体价值。

第一节

探究式学习概述

　　探究活动的频繁展开，不仅是人类认识世界规律的需要，更是人们对自身价值和内心满足的需要。笛卡尔说："我思故我在。"也许这句话应该是"我思故真理在"。如果用有效的思维证明的是这个世界的真理必然存在，那么就能体现出人类及智慧存在的终极价值和意义。由此看来，人类在实践中掌握知识，又运用这些知识去指导实践。就探究式学习本身而言，正是这两种过程的统一体。无论是常规学习还是探究式学习，最终都要将知识掌握、吸收，形成学习者自己的知识体系，所以，关于知识的建构，可以利用一些工具或手段，比如思维导图、树形目录、组织架构图以及沙盘脑图，利

> 用这些工具调用自己已有的旧知识进行对应或复核，对新知识进行论证与选择，再汇总、归纳、分类，建立组织关系，完善已有的知识建构，并作为新的探究依据进行扩大性学习。

一、什么是探究式学习

想要界定探究式学习的含义，首先要明确探究的内涵与本质。探究并不深奥，它就存在于我们的生活之中。人的好奇心与生俱来，探究是人类的天性，我们通过自身努力认识新事物的过程都可以称之为探究。美国学者韦尔奇认为探究是人类寻求信息和理解的一般过程，广义上来说，探究即是一种思维方式[1]。而在一定的信念和假设指导下进行的探究则是科学探究（scientific inquiry）。美国《国家科学教育标准》对科学探究的界定是科学家们用来研究自然界并根据研究所获事实证据作出解释的各种方式，也是学生构建知识、形成科学观念、领悟科学研究方法的各种活动[2]。此时的探究则是一种学习活动。也有研究者认为，广义的探究泛指一切独立解决问题的活动[3]。既包括科学家在专业领域的科学研究，也包括普通人在好奇心驱使下所进行的研究与创造活动，还包括学生在教师引导下就某一问题有组织、有计划地进行的探究学习活动。而在课堂教学的语境下，探究单指学生在教师引导下有组织、有目的、有计划地进行的类似于科学家科学研究的学习活动。

由上可知，探究既可以被看作是一种思维方式，也可以被看作是一种学习活动。作为一种思维方式，探究要求学习者具有科学精神与科学思

---

[1] Wayne Welch, Leopold Klopfer, Olen Aikenhead, J.T.Robinson:The Role of Inquiry in Science Education:Analysis and Recommendations,Science Education,Vol.65,No.1,1981.
[2] 美国国家研究理事会.美国国家科学教育标准[M].北京：科学技术文献出版社,1999:30.
[3] 徐学福.模拟视角下的探究教学研究[D].西南师范大学,2003.

维,以充足的证据作为支撑来追求知识的确凿性。作为一种学习活动,探究要求学习者在科学观念与科学思想的指导下,一定的活动程序与活动方法来保证探究的规范与准确。

探究式学习受政策、理论基础、价值取向等因素的影响,探究式学习的内涵是在不断演变着的。探究式学习到底是什么?不同时代、不同背景的研究者基于不同的理论与价值取向,给出了不同的答案。但通过对比可以发现,国内外对于探究式学习的基本理念及要素持有较为一致的看法。区别事物最基本的方法就是把握其基本特征。美国国家研究理事会将探究式学习的基本特征概况为五个方面。一是学习者围绕科学性问题展开探究活动;二是学习者获取可以帮助他们解释和评价科学性问题的证据;三是学习者要根据事实证据形成解释,对科学性问题作出回答;四是学习者通过比较其他可能的解释,特别是那些科学性的解释,利用其来评价他们自己的解释;五是学习者要交流和论证他们所提出的解释。[①]即探究式学习要尽可能地包含上述五个基本特征,才能更好地帮助学生形成科学概念,养成科学素养。但这并不意味着完全符合以上特征才是探究式学习,教师基于不同的学习内容,部分地或完全地应用探究式学习,才能更好地发挥学习方式的实际作用。

由此我们可以得出探究式学习具有以下几点要素:第一,探究式学习既是一种思维方式也是一种学习活动;第二,探究式学习是在教师引导下进行的;第三,探究式学习以科学问题为出发点;第四,探究式学习模仿科学家探究发现的过程;第五,探究式学习不仅要帮助了解科学知识,更要在探究的过程中理解、领会科学知识,掌握科学技能,形成科学态度。笔者认为探究式学习是学生在教师指导下,能基于场馆资源,有组织、有目的、有计划地围绕科学问题,以类似于科学家探究发现的形式开展的自主建构的学习活动。

---

① Center for Science,Mathematics,and Engineering Education,National Research Council,Inquiry and the National Science Education Standards-A Guide for Teaching and Learning,National Academy Press Washington,D.C.P.24-27.

二、探究式学习的特点

探究式学习是一种以解决问题为导向,在教师指导下,学生通过各种形式获得知识,发展能力,培养情感、态度与价值观,特别是养成探究精神和创新能力的学习方式。探究式学习大体包括问题情境、独立思考、群学合作、得出结论四个阶段。学会学习要求学习者具有问题意识,能够独立思考和探索,而后学会交流合作,互通有无,获取所需信息,最后得到答案。

1.以生为主:探究的主体性

探究式学习强调以学生为探究主体,主张学生是学习的主人,让学生积极主动参与探究活动,亲身实践和体验,自主探索和发现。探究式学习以学生为主,以问题解决为核心,以自主学习为中心,探究式学习有利于发挥学生的主体意识,有助于学生获得自主性发展[1]。

2.让导结合:探究的指导性

在学生探究学习中,教师是组织者、指导者,教师应做到"让导"结合,既要让出课堂位置,让出教学时空,让出探究的空间,让出主动思考的时间,让学生自主探究。又要恰当引导,引导学生从"被动"向"主动",从乐于"倾听"向积极"表达",从固收"自我"向开放"合作"、从止步"浅思"向深度"探讨"转变,教师适度指导,为学生的探究做好服务,为学生的探究保驾护航[2]。

3.情感激发:探究的情境性

探究式学习需要情境性,创设良好的情境是有效探究的前提。探究式学习积极创设具有现实性、挑战性、协作性的学习情境,将学生的问题与实际生活、经验相联系,让学生感受到探究的实际意义和价值,从而激发探究欲望和兴趣;丰富的信息和学习资源,让学生有机会接触到多种观点和解释,使他们通过比较和分析深入探究问题的本质和规律。同时还积极

---

[1] 周丹.叩问探究特性 致力有效教学——浅谈小学科学探究式学习的特性及实施策略[J].新教育(海南).2022(11):33-35.
[2] 周丹.叩问探究特性 致力有效教学——浅谈小学科学探究式学习的特性及实施策略[J].新教育(海南).2022(11):33-35.

鼓励学生进行合作和交流,在团队中互相学习和分享,从而促进知识的共享和深度的反思,更好地理解概念的形成过程和应用价值。

4.问题驱动:探究的问题性

探究通常以问题为起点与载体,探究活动围绕问题主线而展开,在问题的解决中习得科学知识,形成科学能力。科学探究具有问题性、思考性,问题引起学生思考,激励学生探究。探究的问题性还体现在问题的驱动价值,问题不仅能激发学生的求知欲,还能提高学生探究的主动性和参与度。

5.实践体验:探究的实践性

学者朱幼文提出:"如果没有'实践','探究'就缺乏根基;如果没有'探究','实践'就丧失了意义[①]。"探究式学习践行"像科学家探究科学一样学习科学",实践性学习是学生对知识点的接受和内化过程,是一种体验的过程。真正的"做中学""探究式学习"都应通过基于"实践"的"探究式学习"获得直接经验,而非从教材中获得的间接经验。

6.凝心聚力:探究的合作性

探究式学习也表现出合作的特征,在课堂上,教师经常组织开展小组讨论、分组实验等合作性探究活动。当然,合作探究应当建立在独立学习的基础上,以学生个体的独立观察、思考为前提开展合作性学习活动。合作探究是探究式学习的重要方式,提高了学生探究的兴趣,提升了探究效果和效率。[②]

三、探究式学习的价值

探究式学习以建构主义学习理论为支撑,强调培养学生的独立思考和合作探究能力。教育家施瓦布认为:"想要学生学好科学,那么有什么方法比积极地投入到探究过程更好呢?"这与著名心理学家布鲁纳倡导的

---

① 朱幼文.基于科学与工程实践的跨学科探究式学习——科技馆STEM教育相关重要概念的探讨[J].自然科学博物馆研究,2017(1):5-14.
② 叶丽英.学习环模式应用于高中生物实验教学的行动研究[D].华东师范大学,2011.

发现学习法异曲同工，都是将学生在课堂中的亲身参与看作至关重要的环节。可见，探究式学习拥有促进学生学习能力培养的价值要素。

1.改善探究情境——从"成型定制"走向"充满张力"

探究式学习在陌生、新奇的情境中，让学生主动运用自己的知识和经验，攀登新的知识台阶，激发学生的学习热情，促进学生的认知发展。这种情境和学校课堂中僵化、固有的探究模式相比，更有利于让学生不受限制、尽可能主动利用知识经验去识别和建构新知识，探究式学习更贴近真实的生活，更具有挑战性，更具有张力[1]。

2.改进活动方式——从"成功体验"走向"现象关联"

实验探究活动是科学概念学习的重要方式，学生在传统课堂中获得的往往是实验成功的体验，较少体会探究失败的挫折情绪。在科学概念探究式学习课堂上，教师紧紧围绕"探究"这一"重要学习和思维方式"，以"概念建构"贯穿始终，引导学生关注实验中发生的现象，探讨"实验现象"与"概念建构"之间的关联。

3.丰富教学组织——从"风平浪静"走向"波涛起伏"

传统课堂常常在教师的预设和把控下，按照既定教学流程有序推进。通过"平静"式的学习，学生初步了解知识和尝试理解原理。学习中学生是否理解、是否获得了能力、是否经历了体验、是否发展了情感，这些都不明确，但这些恰恰是探究式学习最关注和重视的要素。要获得深度的、独特的理解，需借助丰富的教学形式（质疑、辩论、展示、评价等）创设课堂的"波涛起伏"，激发学生充分参与、敢于释疑、大胆表达的欲望，让学生在精心设计的探究学习过程中内化知识，使学生的能力、态度等得到提升。

4.加强能力培养——从"知识获得"走向"素养导向"

当今社会伴随着挑战和不确定性，学生只有学会分析问题，创造性地解决问题，才能适应未来社会。当下，学术界期盼通过基础教育课程改革促进学生的创新精神和实践能力的培养。探究式学习改变传统课程中机

---

[1] 叶丽英.学习环模式应用于高中生物实验教学的行动研究[D].华东师范大学，2011.

械接受的学习方式，重视学生的主体地位，并开展研究型、项目化、合作式的学习，能有效提高学生自主学习的能力，用兴趣和好奇心去促进学生主动获取知识，进而提高综合素质。

第二节
基于探究式学习的科学场馆研学课程开发策略

探究，亦称发现学习，探究式学习，是一种学生自主探索问题的学习方式。研学实践是一种综合了体验性和研究性的学习活动[1]，也是对校内学科课程内容进行延伸、综合、重组与提升的学习活动。学生在真实的研学背景下，生成的探究式问题是对所观察到的事物的再思考，并不是单纯地记录和完成任务。因此，在研学课程的具体开发过程中，以探究式学习的理论为指导推进研学，才能有效避免"只旅不学"，从而提高研学的深度和有效性，真正实现"研""学"和"旅行"三者深层次融合。

一、基于探究式学习的科学场馆研学课程定义

基于探究式学习的科学场馆研学课程是基于探究式学习特性的基础上，将探究式学习理论融入研学旅行，并指导研学活动开展科学课程。其主要是指让学生在校外真实情境中，经历问题研究的过程，获得探究体验

---

[1] 张志坚. 主题探究式研学实践提升大学生探究能力的思考——以"右玉精神探究"活动为例[J]. 青少年学刊, 2020(4):48-53.

和经验,形成发现、提出、分析和解决问题的能力,在实践中内化、提升知识和素养,培养批判质疑、勇于创新的科学精神[①]。

二、基于探究式学习的科学场馆研学课程目标

基于探究式学习的科学场馆研学课程提出了以探究学习为指导的研学旅行新策略。基于探究式学习的科学场馆研学课程将发散思维与收敛思维相结合,将辩证思维培养作为重要的研学目标,注重培养学生思维的深度和广度,同时也以培育学生发展核心素养为主线,基于真实的问题情境,促进课堂学习与旅行探究深度融合,获得对自然、社会的真实体验,启发学生发现问题、分析问题,依靠集体合作,解决现实问题。

三、探究式学习的基本过程

学习环模式是罗伯特·卡普拉斯(Robert Karplus)团队提出的一种有效的探究教学模式,有认知失衡、认知平衡、认知迁移三个过程,分别对应为概念探索、概念介绍和概念应用三个阶段。根据学生实践经历创设情境、确定问题、实践探究、讨论交流、延伸拓展和总结反思,借助教师提供的教学资源,满足学生内在认知的发展过程,充分展现了师生共同经历的探究活动过程。

[①] 余晶,李娜.学科融合下的地理主题探究式研学设计——以云南省红河州"特色农业"为例[J].中学地理教学参考,2022(19):71-75+2.

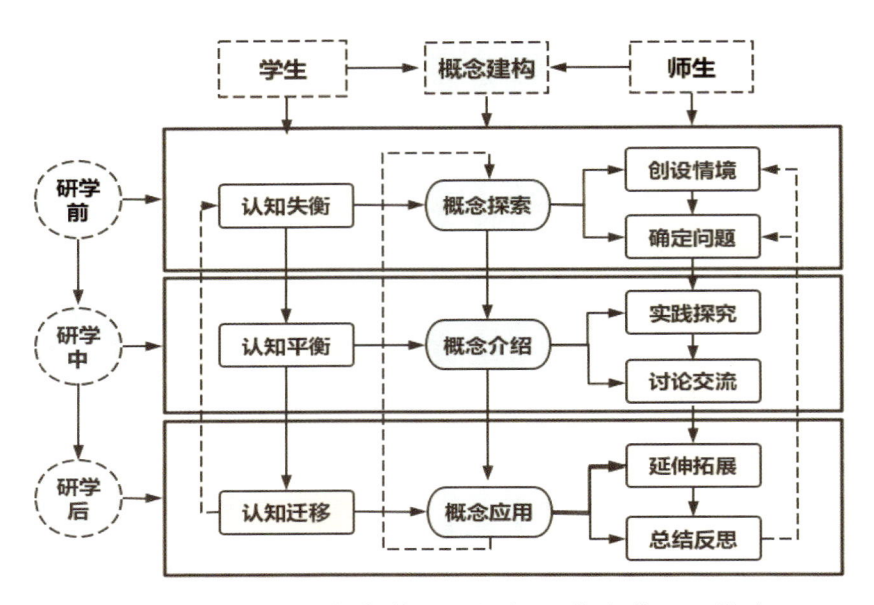

图7-1　基于探究式学习的场馆研学的学习环模式

（一）概念探索

学习者自主探索的阶段。在此阶段中，学习者能通过回忆生活中的经验或者提取学前初始的原概念，在教师的帮助下建立与学习目标相关联的信号。此外，提出的问题应与学习者原有的认知产生冲突，能激发内在的探究动机。学习者在体验的过程中会进行自主思考，类似头脑风暴等活动，以此促进发散性思维的形成。

（二）概念介绍

学习者构建新知的阶段。这个阶段中，在开展探究活动的基础上，教师要针对学习者的问题和一些不完整的结果进行讲解、补充和纠正。当学习者概念构建出现困难时，教师也可以通过一些有针对性的问题和有结构的材料来帮助学习者聚焦概念的理解和构建，从而使学习者的认知从不平衡转化为平衡。此过程着重培养了学习者的推理和论证能力。

（三）概念应用

学习者对概念应用和拓展的阶段。学习者利用刚刚学习的概念，去解决新情境中的新问题，从而实现对新概念的巩固、应用和迁移[1]。在场馆内学习，再从场馆的平台出发，发扬学习者的创新精神和自主探索能力。

四、基于探究式学习的科学场馆研学课程开发要点

基于探究式学习的科学场馆研学课程，是将"科学家以科研为目的的科学探究实践"转化为"观众以学习为目的的科学场馆探究实践"[2]。学生能在教师的指导下，基于场馆已有的资源，学会发现问题，通过自己独立完成或小组合作的方式制订计划、查找资料、搜集证据，在探究实践的推进下找出解决问题的方法以及在新情境下获得迁移和运用新知识、发现和解决新问题和终身学习的能力[3]。

（一）"探究"为核心，转变研学样态

随着越来越多的科普夏令营、研学旅行等校外学习活动向青少年开放，馆校合作、场馆教育化、场馆课程的设计和开发等问题需要教育工作者们思考。在传统的场馆研学中，面向青少年的教育活动大多以讲解员单向地讲解为主，忽视了学生自主构建概念和动手实践、动脑思考的问题，场馆学习通常呈现出粗线条、碎片化、层次浅等特征，学生对概念建构的可能性几乎为零。基于探究式学习的科学场馆研学课程是场馆教育科学性、探究性和实践性的有效保障。

因此，教师在开发研学课程时，要注意做好探究式学习关键步骤的设计，避免研学成为"走马观花式"地游览，把握探究实践活动的层次性，注重指向深度学习和构建深度概念。

---

[1] 袁维新，吴庆麟.关于学习环模式的研究综述[J].心理科学，2007(3):632-635.
[2] 刘丹丹.以跨学科、探究、实践为核心的博物馆STEM教育——以"未来航海家"STEM系列课程设计为例[J].自然科学博物馆研究，2022(3):24-32+92.
[3] 余晶，李娜.学科融合下的地理主题探究式研学设计——以云南省红河州"特色农业"为例.中学地理教学参考，2022(19):71-75+2.

（二）"展品"巧呈现，优化研学环境

场馆里的展品和藏品，是场馆中最大、最有特色的部分，也是学校内最不具备的资源。比如博物馆的展品多以文字、语音、图画、视频的形式呈现[①]，教师尽可能跳出纸质教材的束缚，通过巧妙设计，让学生与学习资源以真实、面对面接触、多种感官结合的方式进行探究。场馆里的藏品、科技展品都与科学探究密切相关，不论是文史类博物馆中的青铜器、瓷器，还是科技类博物馆中的标本、化石、机械、工具，它们或是科学考察、科学研究的对象，或是科技发明的产物，都记录了科学探究的过程与信息。场馆内丰富的资源带给学生巨大的冲击力和真实的探究式学习的环境体验。

因此，教师要提前熟悉场馆内的环境，选择适合探究式学习的学习资源，利用学习手册或记录单引导学生有针对性地完成学习任务，避免学生被无关的展品吸引而忘记自身的学习任务。

（三）"问题"启思维，激发研学动力

相比于传统课堂上的情境激趣，基于展品的场馆激趣更贴近真实的生活经验。场馆学习素材会激发学生产生强烈的认知冲突和探究兴趣，进而引导学生进入类似科研或者工程设计的真实情境；同时，很多展品本身也蕴含着探究发生的"问题""现象"和"原理"。基于场馆展品的探究式学习为"探究—发现"的教学模式提供了探索实践路径，在一定程度上推动了研学实践的发展。

因此，教师可以提前了解学生心理和生理发展的特点，调查学生的学习情况、学习兴趣和学习需要，研学前利用"头脑风暴""动手动脑"等活动方式激发学生的学习兴趣和探究欲望，师生共同探索、思考探究研学的各个环节。

（四）"概念"是导向，紧扣研学目标

任何一项探究活动的设计，教师应当考虑学生通过这项活动所能达到

[①] 孟佳豪，郝琨，柳絮飞. 基于展品资源的科学与工程实践——馆校结合 STEM 活动设计思路分析 [J]. 自然科学博物馆研究，2020(2):5-11+93.

的知识目标和能力目标。教师在进行探究活动方案设计时须考虑建构什么概念、如何建构这些概念、发展哪些方面的探究能力、能力目标侧重点在哪等[①]。基于探究式学习的科学场馆研学课程和场馆教育应以构建知识、发展能力和提升思维为主要目标。

五、实施保障

基于探究式学习的科学场馆研学与传统学习相比，课程具有开放性、综合性、实践性、问题性等特点，这些特点要求此类课程不但需要具备足够的经费、设备、师资等"硬"条件，还需要如课程理念、高素质研学导师、馆校联盟共同体等"柔"性条件加持，才能保证"探究性学习"课程的顺利开设。

（一）课程开发的选择与组织——先进模型引导课程设计

虽然场馆本身所具有的"实场""人场""物场"优势有助于学生的实践创新能力培养，但这些优势还需要通过系统开发与课程实施才能很好地显现出来。笔者基于课程设计领域中的主流设计方法之一——ADDIE模型课程形成系统的设计模型（如图7-2所示）：分析教学内容与学情（A）、开发教学资源（D）、设计单元教学活动（D）、单元教学实施（I）、教学评估设计（E）。分析教学内容与学情环节为研学课程的设计提供了支持性信息；开发的教学资源为教学目标实现提供了载体；教学评估设计实现了目标、活动、评价的一致性[②]。

[①] 张勋贵.探究式学习中活动设计的特点[J].科教导刊，2021(30)：85-87.
[②] 张帆.基于ADDIE模型的高中物理单元教学设计研究——以"匀变速直线运动的研究"为例[D].西北师范大学，2021.

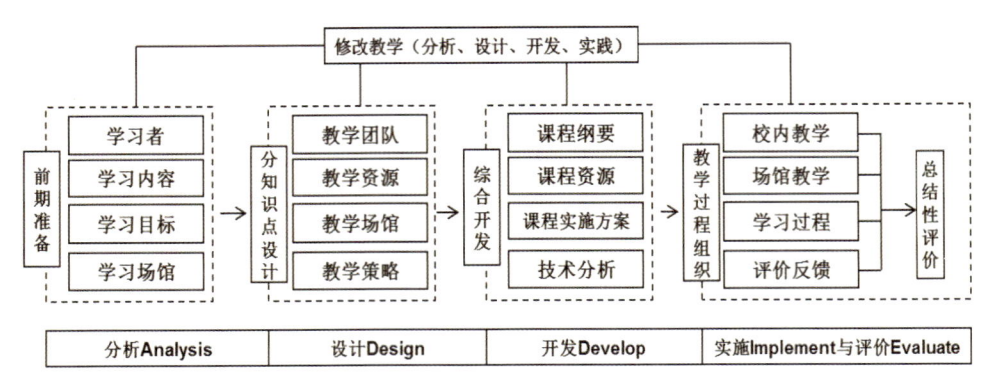

图7-2　ADDIE模型课程形成系统的设计模型

（二）开发基于场馆特色的研学课程——教师素养的自主提升

根据研学基地独有的环境与特征，挖掘其内在的逻辑关系，进行资源整合与系统归类，开发符合学生成长需要的、配套学校教育的、有地方特色的研学实践课程。

在这个过程中，对教师的专业素养提出了新的要求，教师只有不断地自我学习和提升，才能具备顶层设计课程的能力。如，教师基于场馆开发探究式学习研学课程，必然要更新教学观念，在以"学生为中心"教学理念指导下，合理开发场馆的学习资源，创设情境，引发学生的思考。在研学活动设计中强调小组合作探究，注重学生在协作中成长；倡导多种方式展示探究结果，增强学习效果；引导学生参与评价的全过程，使学生学会客观公正地自评、他评，使学生虚心接受教师和其他人员的评价。课程推进者还必须对学生的展示结果进行总结、提炼、升华，增强学生发现问题、解决问题、提升认知的能力。教师对学生存在的疑问进行解释，增加学生对知识的理解，教师提炼升华的过程就是对知识进行总结和归纳的过程，教师帮助学生梳理知识，增强学生学习的效果[①]。

---

① 向瑛.高中思想政治课的探究式教学[J].文学教育（中），2013(5):152.

（三）把握基地与学校实践育人的结合点——课程的拓展与延伸

伴随社会经济以及科学技术的快速发展，人们的认识水平在不断提高，对科学教育也提出了更高的要求，基于场馆的科学教育则是通往这一高要求的重要途径。概括而言，基于场馆的科学教育充分利用场馆中的科学教育资源，让学生进行个人经验的获取和建构，并结合个人经验和社会团体的交互作用，在情景中体验、探究、实践，能够更好地实现公众对科学教育的现实诉求。在此背景下，研究探讨新时代科普场馆如何做好科学教育工作，如何将科普场馆的科学教育功能和作用充分发挥出来，具有了重要的现实意义。

当下，要有效将学校与场馆资源联通起来并非易事，但教育生态为引导这些合作提供了可能。打造各类场馆和学校教育的共同研究团队，通过交流和沟通理解彼此的目标，并在项目的设计与实施中兼顾各方需求，建立场馆教育生态圈。尤为重要的是，双方实践者在共同讨论各自的教育期望过程中，会发现两者的合作具有整体性、动态平衡和可持续迭代的特征。通过实践，笔者认为，校馆之间只有共同围绕"如何更好地整合学校和场馆的资源"这个目标，使校内外有序衔接与延伸，探寻使教育发生在一切有价值、有意义的非正规教育场所的可能，并建立长期的、稳定的、无边界的深度合作关系，才能实现从"到此一游"到"场馆教育"的目标。

第三节
基于探究式学习的科学场馆研学课程开发范例

> 基于探究式学习的科学场馆研学课程强调的是科学概念的构建，多维思维的提升和核心素养的培养，并提高在真实情境中解决问题和终身学习的能力。基于探究式学习理论指导的研学课程开发策略只有被运用到具体的课程当中，才能被大家真正所理解与掌握。现以"我们究竟'防'了谁？——关于口罩使用的重要说明"为例，展示基于探究式学习的科学场馆研学课程开发与实施。

一、课程开发背景与开发愿景

（一）课程开发背景

《义务教育科学课程标准（2022年版）》中特别突出育人导向，强化了对社会责任感的要求，包括健康生活、人地协调、价值判断、道德规范、家国情怀等方面。如，要求学生热爱自然、珍爱生命，具有保护环境、节约资源、推动生态文明建设和可持续发展的责任感；能对与科学技术相关的社会热点问题做出正确的价值判断，尊重科学，反对迷信等。2020年，新型冠状病毒的传播速度和病情严重程度曾一度令人担忧，向大众科普新型冠状病毒的病毒结构、传染机制和日常防疫等内容显得尤为重要。2023年5月5日，世界卫生组织宣布新冠疫情不再属于"国际关注的突发公共卫生事件"，各国才逐步恢复正常生活。在科学课堂已经带领学生探究了呼吸器官的结构和功能、保护呼吸器官等内容的基础上，发挥清华海峡研究院（厦门）研学基地的资源优势，借助先进的科学仪器和口罩实验室的设备，开展一次特别的口罩解密探究活动。

（二）课程开发愿景

本案例让学生经历像科学家一样的探究式学习的整个流程，培养学生分析问题、提出问题、解决问题、交流结果过程中表现出来的综合能力；让学生认识到科学、技术和工程对社会和环境产生的巨大影响，包括正面影响和负面影响，同时意识到科学技术的发展要考虑伦理道德等因素，需要受到一定的约束。学生在探究实践中习得病毒与口罩的攻防知识，树立人与自然和谐共生的使命感和价值观，也期望他们能把本次探究式学习成果运用或迁移到科普新型冠状病毒相关知识的宣传活动中。

二、课程目标

基于探究式学习视域设计科学场馆研学课程，通过探究实践活动，学生能系统地认识新型冠状病毒和医用口罩防护的结构与功能等知识。利用场馆资源，采用调查报告、模型制作、科普展览等方式呈现探究过程，提升发散思维、批判质疑和创新创造能力。乐于主动与他人分享新型冠状病毒传播和口罩防护的相关知识，积极宣传新型冠状病毒肺炎的相关知识，思考人类活动与生存环境的相互作用，树立人与自然和谐共处的意识以及养成良好的生活习惯。

三、课程基本属性

表7-1 "我们究竟'防'了谁？——关于口罩使用的重要说明"课程属性

课程名称	我们究竟"防"了谁？——关于口罩使用的重要说明
研学地点	清华海峡研究院（厦门）、学校
研学对象	小学六年级学生
执行人员	√科学老师　√研学导师　√家长　其他
课程总用时	8课时
资源属性	√自然生态类　√人文历史类　√科学技术类　√体验创造类

（续表）

资源可关联学科	√道德与法治　语文　数学　英语　√科学　音乐　美术 √体育与健康　√工程
评价方式	√个人发言　√小组讨论　√研学评价表　√研学成果展示
课程教具	研学手册、学习单、教具和学具

四、课程结构与内容

　　本研学活动意在让学习者通过探究式学习方式来构建正确的科学概念。首先从三年级上册教材"人的呼吸"一课出发，通过经历场馆的研学活动，聚焦新型冠状病毒的破坏力、外形结构和日常防御；再利用场馆丰富的资源，完成关于口罩结构和功能的探究实验，并辨析日常生活中关于口罩使用的正确方法；最后设计和完善关于口罩使用的重要说明，达到口罩知识的日常科普教育目的。

第七章 基于探究式学习的科学场馆研学课程开发

(一)课程结构

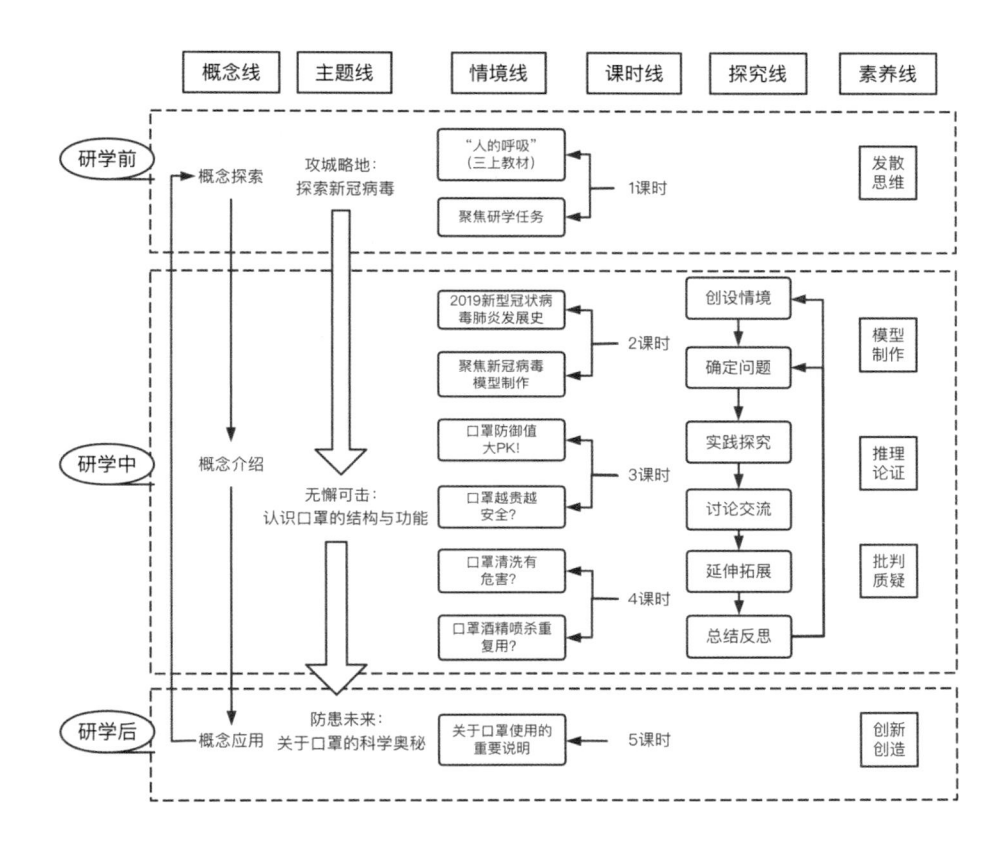

图 7-3
"我们究竟'防'了谁？——关于口罩使用的重要说明"课程结构图

课程以研学前、研学中和研学后为时间节点，结合基于探究式学习的学习环模式，围绕探究线（概念探索、概念介绍、概念应用）、主题线（攻城略地、无懈可击、防患未来）、情境线、课时线以及素养线具体展开，展现学生内在认知的发展过程和师生共同经历的探究式活动流程。

(二)课程内容

在研学课程开展前，收集资料为学习做好准备，对探究问题生成有很

大帮助。从三年级科学课程"人的呼吸"引入全球新型冠状病毒肺炎大背景，聚焦"攻城略地：探索新冠病毒"的研学主题。学习者进行头脑风暴，各抒己见，引发内心的认知失衡和学习兴趣。

研学课程中期，在老师的引导下，学习者首先借助场馆资源，了解全球新型冠状病毒肺炎的发展史、观察新型冠状病毒的外形结构和制作病毒实物模型；其次，围绕"无懈可击：认识口罩的结构与功能"的研学主题，针对口罩的多个探究问题，如：口罩越贵越安全？口罩清洗有危害？酒精喷杀后，口罩重复用？等进行研究，借用场馆仪器得到正确结论，弥补学校无法提供的实践体验，促成学生内心达到认知平衡。科学场馆研学课程注重科学评价，因为它是促进和检测学生研学成果的重要保障。所以在研学总结分享环节，围绕主题"防患未来：关于口罩的重要说明"，聚焦学生评价，在反思、评价、展示的活动中将所学的概念进行拓展、延伸和迁移，培养学生的创造创新能力。

五、研学实施过程

我们在研学课程实施的过程中以实践旨趣为价值取向、以教师和学生为主体、以集体审议为课程开发方法、以行动研究为方法论等，根据实际的应用价值和对现实研学执行落地的指导，一般把研学课程实施按阶段分为研学前、研学中与研学后，开发者可根据学习者需要有目的地对课程结构进行设计。

【研学前】"攻城略地：探索新冠病毒"

（一）设计思路

对比传统的科学课堂，探究情境的创设和探究问题的提出大多时候属于教师的工作，而以场馆为主要探究场所的科学课堂往往能给学生提供最真实的学习情境和沉浸式体验。但与此同时，当学生置身于丰富多样的展区展品时，就会自发提出很多新奇的问题，而这些问题可能与本课程的目标和内容毫不相关。因此，在研学前，教师需要提前熟悉场馆路线、选择展品内容和制订导学学习单。学习单的内容可以从教材活动出发，也可以有侧重地引导和梳理场馆教学的顺序。基于学习单的使用开展场馆研学课程可以促使学生发掘出有效的问题和开展有意义的思考。

（二）研学目标

通过校内的学习，学生能够描述人体呼吸系统的组成、各器官作用及系统的工作流程（教材内容），并在已有知识和经验的基础上初步了解新型冠状病毒对人体的入侵方式以及预防新型冠状病毒肺炎的常见方法，明确场馆研学的问题和任务。

（三）研学过程

①学生通过科学课堂了解呼吸系统的组成和各部分的功能。

②结合新冠疫情暴发，聚焦关注重大的传染病和突发公共卫生事件对人类造成的威胁等真实问题。

③通过学生的头脑风暴确定新型冠状病毒肺炎科普场馆和科普问题，梳理研学计划，聚焦研学任务。

【研学中】"无懈可击：认识口罩的结构与功能"

（一）设计思路

场馆里的资源非常丰富，高度还原的展品，各种精密的仪器（高倍显微镜和口罩质量检测仪器）是非常好的教学辅助工具。探究式学习提倡学生像科学家一样研究，利用高精度仪器和其他先进的科学技术手段来搜集精确的数据，并将数据记录下来。

（二）研学目标

通过观察场馆的实物展品，了解新型冠状病毒肆虐全球的发展过程，深刻体悟人体生命安全与生存环境密切相关；了解新型冠状病毒的繁殖过程，模拟与制作新型冠状病毒模型，进一步分析病毒外形和结构特点；借助高精仪器设计探究对比实验，辨析不同医用口罩对病毒的过滤和吸附作用。

（三）研学过程

探究任务一：参观清华海峡研究院（厦门），根据导学单内容，了解人类传染病发展史和新型冠状病毒疫情史。了解疫情对人类的生命、生产、生活都造成了巨大的影响。

探究任务二：参观清华海峡研究院（厦门），完成记录单——新型冠状病毒自画像及特点。

探究任务三：观看病毒复制和侵入人体的相关视频，制作新型冠状病毒模型，思考新型冠状病毒的外形结构与生物功能之间的联系。

探究任务四：再次思考"新型冠状病毒对人的呼吸系统有什么影响？"以及"我的发现或收获"。

探究任务五之概念探索

①问题情境创设　凸显认知失衡

小芬同学家里的口罩快用完了，准备周末去超市购买一些备用。货架上的口罩琳琅满目：冰丝口罩、棉质口罩、普通医用外科口罩和KN95防护口罩……

②调取已有概念　确定探究问题

学生思考购买理由（美观、价格、防护、使用次数……），暴露出不同的认知前概念。通过讨论确定探究问题：口罩越贵，防御效果越好？佩戴口罩为什么能预防病毒传染？

探究任务五之概念介绍

①科学实验实践　探究口罩奥秘

分组活动一：探究口罩的工作原理

A.提出问题：不同口罩是如何防御病毒的？

B.学生分组讨论，讨论观察口罩的各种方法，设计实验方案。

C.确定实验步骤：用摸一摸、戴一戴的方法观察不同口罩外部的特点；用剪刀剪开，初步观察口罩内部的结构；借助显微镜，观察不同口罩的材质和疏密程度。

D.分组探究，完成实验记录单。（图7-4）

E.明确知识：口罩的工作原理——最外层具有防飞沫设计，中间层是

核心功能层,用于过滤飞沫、颗粒或细菌,内层主要吸湿。(图7-5)

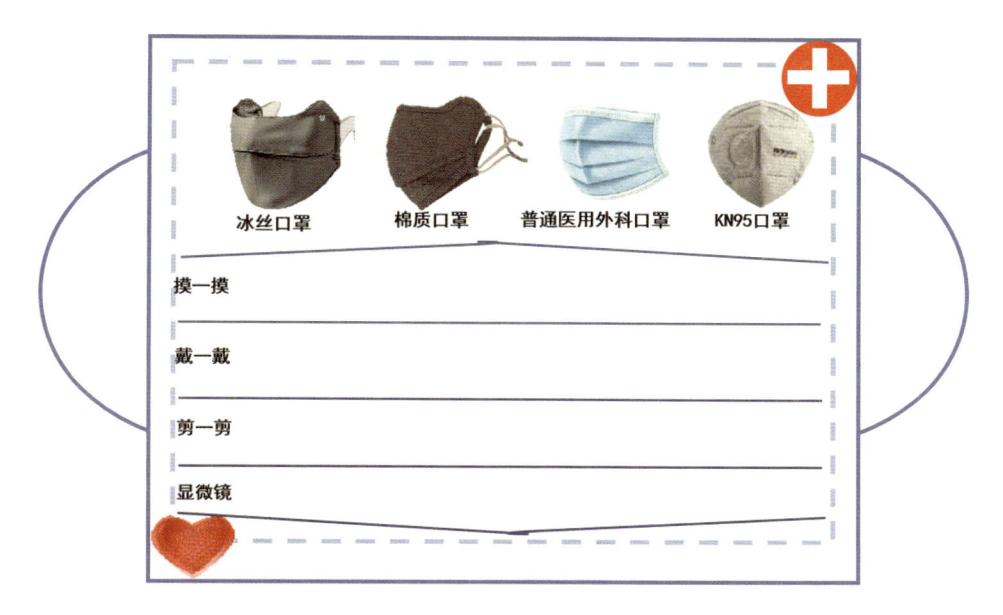

图7-4 认识口罩的材质、结构记录单

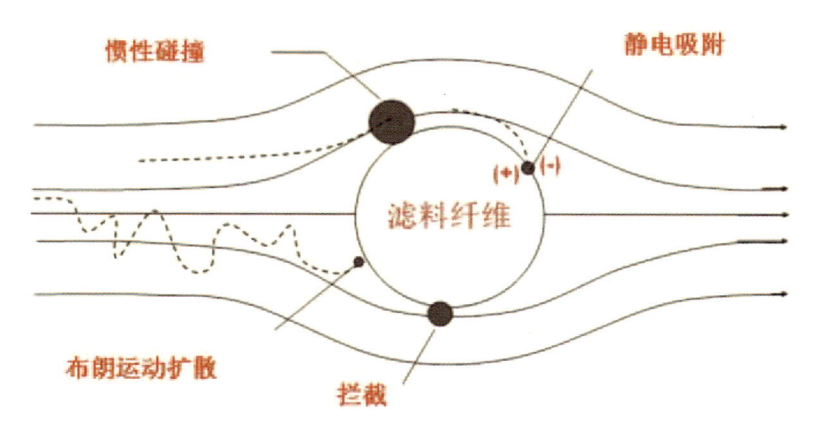

图7-5 普通医用外科口罩的组成结构和工作原理

②分组活动二：探究口罩的防护作用

A.提出问题：探究不同口罩结构与功能的作用。

B.视频拓展静电吸附的内容。

C.学生分组讨论，思考口罩结构与功能（防水性、静电吸附）的联系，设计实验方案。

D.确定实验步骤：准备撕成条状的口罩布条，完整口罩、不锈钢、纸屑，水盆和水，初步探究口罩外层的防水性与熔喷布层的静电吸附作用；利用展馆中的检测机器检测表面抗湿性和材料成分分析，用精确的数值判断口罩的防水功能和过滤功能。

E.分组探究，完成实验记录单。（图7-6）

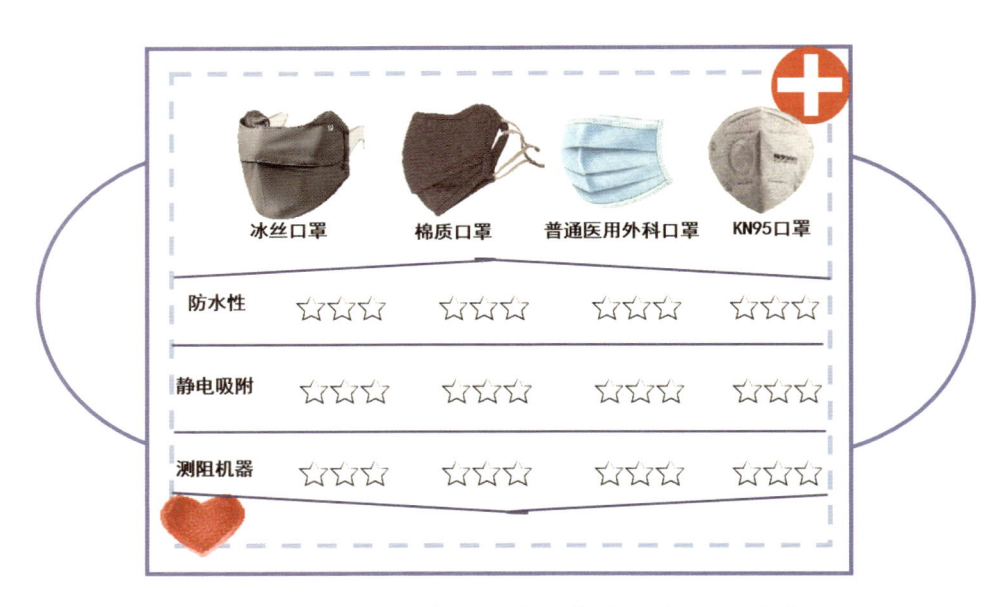

图7-6 不同材质口罩的防护作用实验记录单

F.明确知识：普通医用外科口罩和KN95口罩内部的熔喷布具有静电吸附的作用。

③多维讨论交流　深化认知平衡

在探究的过程中，学生通过讨论、交流、反思探究实践活动获得认知平衡。学生利用探究结果进行论证，明确口罩的外观不是购买口罩的重要标准，用数据证实了不同口罩的结构直接决定了口罩的防御功能，对迷失的概念例如"口罩越贵越好""口罩的美观大于口罩的功能"进行纠正，对不完整的概念例如"普通医用外科口罩和KN95口罩的材料决定了口罩的功能"进行补充和构建，培养学生辩证思考、推理论证的思维能力。

探究任务五之概念应用

①课外延伸拓展　加强认知迁移

学生能根据自身需求和通过对不同口罩材料的辨别，选择防御效果好且舒适的口罩。

②及时总结反思　挑战真实情境

学生能链接已有生活经验、已掌握的知识去尝试解决生活中的问题，积极主动地将口罩知识科普给身边的人。同时能及时客观评价在研学活动中的学习情况和学习态度。

探究任务六之概念探索

①问题情境创设　凸显认知失衡

回放新闻：在新冠肺炎疫情暴发初期，口罩急剧紧缺，有人将口罩清洗或者用酒精消毒后进行重复使用，此现象激发学生探索思考。

②调取已有概念　确定探究问题

学生讨论后提出研究问题：口罩清洗后或酒精消毒后能不能再使用？

探究任务六之概念介绍

①科学实验实践　探究口罩奥秘

A.提出问题：口罩清洗后或口罩酒精消毒后能不能再使用？

B.基于上一课的科学探究，学生小组讨论交流，自行思考如何设计对比实验方案。

C.确定实验步骤：

准备几个全新的普通医用外科口罩；两个口罩用水清洗处理，两个口罩用酒精喷杀处理；将水放在口罩最外层，对比新旧口罩的防水功能；将熔喷布层取出，吸引碎纸屑，对比新旧口罩的静电吸附能力；利用展馆中的检测机器检测表面抗湿性和材料成分分析，用精确的数值判断口罩的防

水功能和过滤功能。

D. 分组探究，完成实验记录单。（图7-7）

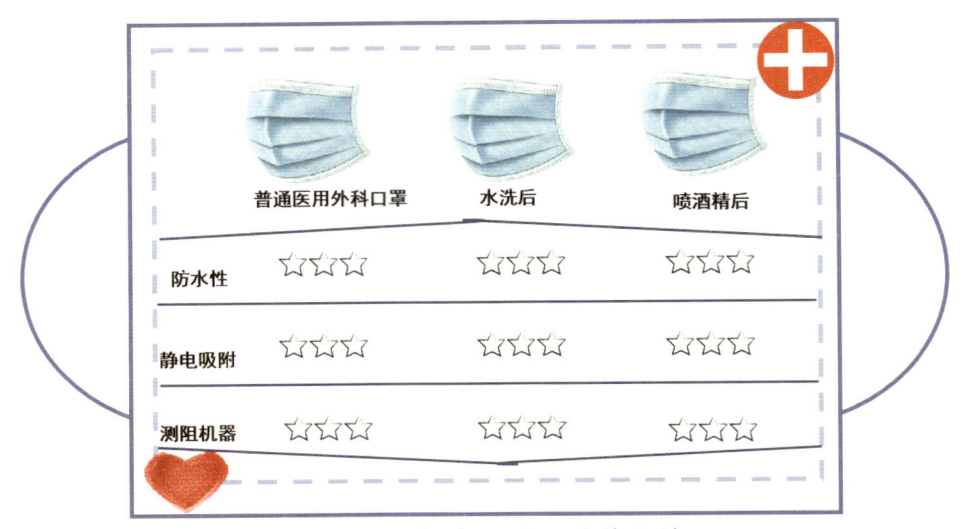

图7-7 探究口罩记录单设计

② 多维讨论交流　深化认知平衡

学生利用探究结果进行论证，明确口罩的外观不是购买口罩的重要标准，用数据证实了不同口罩的结构直接决定口罩的防御功能，对迷失的概念如"口罩越贵越好""口罩的美观大于口罩的功能"进行纠正，对不完整的概念如"普通医用外科口罩和KN95口罩的材料决定了口罩的功能"进行补充和构建，培养学生辩证思考、推理论证的思维能力。

探索任务六之概念应用

① 课外延伸拓展　加强认知迁移

学生通过探究实验知道一次性口罩重复使用防御效果大打折扣，处理不当还有可能引发新的污染。同时对提升和改进口罩的功能形成探究的欲望和尝试，积极投身到口罩的设计、制作和改良研究中。

② 及时总结反思　挑战真实情境

学生能链接已有生活经验、已掌握的知识去尝试解决生活中的问题，积极主动地将口罩内富含的科学知识、科学技术等信息传递给身边的人。同时能及时客观评价在研学活动中的学习情况和学习态度。

【研学后】"防范未来：关于口罩的重要说明"

(一)设计思路

学生运用自己所学的技能知识，通过实践操作和探索思维，经历完整的作品规划、设计、制作和评价的过程，最终呈现出具有一定思维容量的作品[1]。

(二)研学目标

学生通过设计一个完整的口罩使用说明，形成自我监控、自我反思、自我评价、自我反馈的学习能力；通过研学过程中丰富的探究体验，促进学生内心确立对真、善、美的价值追求，形成人与自然和谐共处的理念。

(三)研学过程

(1)任务：设计和制作关于口罩使用的重要说明。（图7-8）

---

[1] 李加萍. 基于SOLO分类法的信息技术作品评价方式研究[D]. 南京师范大学，2015.

> 医疗体系的发展不仅包含着医学的因素，也离不开社会因素的影响。现代医护工作者除了有对病人进行诊断诊治的作用，更有引导广大人民群众的社会作用，在信息传递上起正向宣传的作用。
> 请你以医护工作者的身份，设计和制作一份关于口罩使用的重要说明，向更多的人科普新冠肺炎和口罩的知识。
>
> **研学寄语**

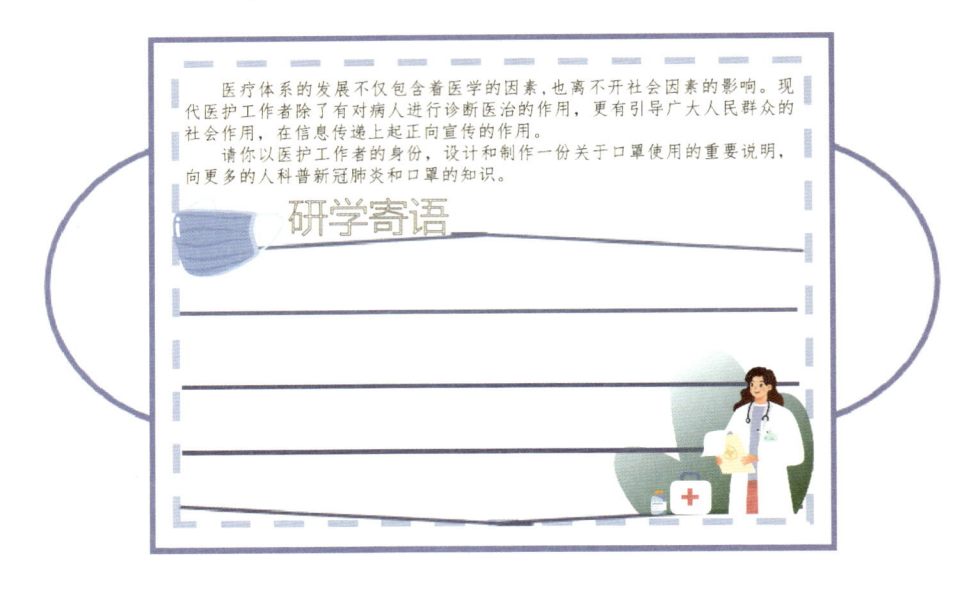

图 7-8 关于口罩使用的重要说明任务卡

（2）小组间合作讨论，制作产品。
（3）全班交流、分享、反思各小组的设计，分享收获感言。
（4）在清华海峡研究院（厦门）展区展示优秀作品和体会心得。

六、学习评价设计

　　基于探究式学习的科学场馆研学课程强调的是科学概念的构建，多维思维的提升和核心素养的培养，并拥有在真实情境中解决问题和终身学习的能力。在探究式的研学过程中经历了建模、猜想、初步验证、设计实验、收集数据、分析数据的过程，注重培养解决问题能力，引导学生学会反思、质疑。因此，基于探究式学习的科学场馆研学课程的评价要突出对探究过程的评价，关注探究过程的实施，以学生思维能力的发展为核心，从思维方法的应用、思维品质的提升等多角度评价学生。依照新课程标准提出的科学观念、科学思维、探究实践和态度责任的素养目标，结合本文探究式学习的科学场馆研学课程，笔者选取其中最重要的两个维度——科学探究与科学思维（科学思维品质）评价进行说明。

表7-2 科学探究二级指标能力评价表

评价维度	A	B	C	自评	互评	师评
课前预习	能通过观看视频、翻阅教材等方式进行知识导入和学前内容的整理归纳	能基本根据要求进行信息的搜索、整理和归纳，但方式较单一	没有真实地根据要求进行信息的搜索、整理和归纳			
传染病史认识	记录概要完成100%	记录概要完成70%	记录概要完成50%			
模型制作	完成所有制作过程，梳理现象	制作过程完成70%	制作过程完成50%			
实验探究	操作规范、动手能力强，能完成记录单上的所有任务	操作较规范，需要他人帮助，能完成记录单上的任务	操作一般、不能独立完成实验和任务			
作品分享	能用多样的、有创意的方式对作品进行表达	能够清晰地对作品进行表达	表达效果一般			

表7-3　科学思维(科学思维品质)二级指标能力评价表

一级指标	二级指标	课程评级指标	自评	互评	师评	总评
科学素养	科学思维	1.通过对口罩防水性和静电吸附的实验,建立实验与口罩防护作用之间的关联				
		2.通过对不同口罩的吸附数据的分析,基于证据与逻辑,验证解释自己的观点				
		3.综合口罩的材质、功能、价格等综合说明选择口罩的原因				
		4.针对其他同学不同的见解,可以利用证据进行推理辩论,正确表达自己的观点				
	科学思维品质	1.能深入理解探究的目的,模型与原型之间的关联				
		2.能多方面综合考虑口罩的结构与功能;多角度设计对比实验				
		3.能根据证据合理推断同伴的观点和意见				
		4.发挥想象与联想,发表独到的见解				
		5.快速、准确地完成实验设计与操作验证汇报等环节				

七、课程故事

著名教育家苏霍姆林斯基说过:"在每一个人的心灵深处都有一种根深蒂固的需要,那就是希望自己是一个探究者、发现者。"对于儿童来说,这种需要特别强烈。儿童天生就有旺盛的好奇心,这是他们主动学习的源泉。处于义务教育阶段的学生同样具有对周遭事物充满好奇的特点,探究式学习不仅能够激发他们的学习兴趣，还能促进其理解科学概念、培养学习能力、生成科学素养，是小学科学教育中必不可少的学习方式。

（一）借生活热点议题，促探究走向本质

随着新冠疫情在全球蔓延，口罩成了人们生活中必不可少的防护用品。然而，人们对口罩的使用存在诸多疑问和误解。因此"我们究竟'防'了谁？——关于口罩使用的重要说明"是一次以探究式学习为基础，带领学生走向科学本质的科学场馆研学典型案例。案例通过一系列指向科学本质的探究实践活动，引导学生系统地认识新型冠状病毒和医用防护口罩的结构与功能等知识，让他们像科学家一样进行探究，在分析问题、提出问题、解决问题、交流结果等过程中培养其综合性品质。同时，利用场馆资源，采用调查报告、模型制作、科普展览等方式呈现探究过程，提升学生的发散思维、批判质疑和创新创造能力。在树立人与自然和谐共处的意识，养成良好的生活习惯的同时，发挥探究式学习特有的价值和意义。

（二）理解思维的过程，推动深度探究

教师应该如何推动探究式学习？我在实践中获得的最深刻的体会是，教师需要根据培养的思维类型不断调整培养思维的方式。制订课程目标前要明确以下内容：根据课程内容和属性判断属于哪一类思维？这个思维过程的预期成果是什么？是要提升学生的批判性分析、创造新的观念还是对不同观点的深入理解？思维训练进行到什么阶段？通过研学活动培养了哪些类型的思维技能？同时，针对各类思维做好相应的教学措施和策略，如：通过设计细致的、合乎逻辑的推理步骤系统化地找出周全的解决方案训练批判式思维；通过提供不同观点或参照系之间的对话或扩展交流，训练对话式思维。本案例以观看新冠病毒传播的视频导入课程，引导学生观察新冠病毒如何在人群中传播，了解口罩在防止病毒传播中如何发挥作用，思考为什么在公共场合需要佩戴口罩、我们究竟"防"了谁？围绕生活中习以为常的问题设计了一系列指向科学本质的探究实践活动。

（三）巧妙提问题，建构高质量互动

每个孩子的内心都有对自然探索、真理追求的渴望，所以教师应该给予学生适当的空间，充分信任学生，让学生自由地思考，发挥学生的实践能力和创新精神。提出探究问题是研究的第一步，但总是提出只有唯一正确答案的问题不利于思考。在对比多次实践的结果后，我们建议多使用开放的叙述性问题，如：需证据支持的问题——你是怎么知道的？哪些内容支持你的论点？你可以举个例子吗？要求发散思维的问题——你能换个方式表达吗？综合性问题——这个主题还有哪些未解决的问题？你理解到了什么？因果问题——这次活动可能产生的影响是什么？教师期待学生给的回应是能提供有价值的信息（如定义或重新定义、澄清、证据）、已确定的价值、可行的假设、创造性的洞见和暂时性的结论等。

　　科学的本质在于探究，探究所代表的是新时代所倡导的一种学习方式，它所传递出来的理念时刻提醒人们：科学不是知识的简单堆积，而是一种帮助人们认识世界的方法。探究式学习不只是一种学习方式，更是当代重要的教育理念。新一轮课程改革的到来，新的教学观、课程观与知识观的出现为探究式学习的发展创造了有利的环境。面对儿童——天生的科学家、工程师、创造者，作为教师的我们将不断探索，为他们搭建深度学习的阶梯，让学生在探究活动中发展认知、探究、合作等能力。

春秋战国时期楚国上大夫伯牙，琴艺精湛但却很难捕捉到乐曲的神韵，他的老师成连师傅带他到东海蓬莱山去听海水澎湃、群鸟悲鸣之音，于是他有感而作，创作了《水仙操》。这个故事告诉我们，许多事情听别人说过很多遍，也不如亲自实践来得深刻。"体验式学习"是一种学习模式，即在教学中重视让学生亲身实践，让学生通过亲身的经历来学习知识。"体验式学习"一出现，便在国际上受到一定程度的认可，多个国家纷纷对体验式学习表现出高度重视。在我国，学校主要从理论建设、资源建设、教学建设、课堂建设四大方面搭建体验式学习，旨在让学生在体验与实践中获取知识、获得成长。本章从体验学习视角剖析研学旅行活动，利用场馆资源创造一个开放的体验式学习环境，进而激发学生的探索欲望，帮助学生聚焦身心体验的过程。以学习者为中心，注重"以身体之，以心验之"的真实学习体验，在细致且缜密的观察反思中不断深入奇妙的科学世界。借鉴体验式学习圈理论为课程研究提供新的视角和思维方式，系统地利用科学方法作为模式，并以智能探索和开发体验中的内在潜能作为理想。

第八章

基于体验式学习的科学场馆研学课程开发

体验式学习具有情境性、亲历性、实践性等特点,有助于学生通过实践经历、观察反思来获得科学认知和情感态度,它不仅能提高学生学习的兴趣,还能较好地体现以学习者为中心的教学理念。场馆研学课程恰好能用丰富的资源为学习者营造良好的情境,使其在沉浸式的环境中完成自主探究学习。将体验式学习的观点迁移到科学场馆研学课程的建设之中,为促进教师正确认识与理解儿童、丰富与拓展儿童学习、开展"儿童体验式学习"提供了新的研究视角和思维方式。本章节,基于体验式学习视角的科学场馆研学从课程目标、基本过程、设计要素、实施保障方面进行整体开发,通过实践研究总结梳理实施策略、评价方法等,教师、学生和研学导师的全程学习、交流、反思等,能更好地体现场馆教育的内涵,继而落实通过实践教育提升科学素养的教育目标。

第一节

体验式学习概述

美国教育家杜威最早关注体验式学习,他提出经验包含"体验"和"承受"两个要素。"体验"是通过相关的尝试来获得某种结果,"承受"是指接受体验或承受感觉的结果,只有两者相结合时才形成经验。此后,体验式学习成为教育家研究的热点,开始逐渐被运用到教学中。

一、什么是体验式学习

体验式学习思想最早可以追溯到古希腊时期，教育学家苏格拉底的"产婆术"主张引导学生亲身探究知识的形成过程，其中就蕴含了体验式学习的方法。最早拉开体验式学习研究序幕的是杜威，他提倡"做中学"的教育理念，反对通过机械训练获得孤立的知识和技能。20世纪40年代出现的"拓展训练"的管理培训模式是体验式学习的最初体现，将"拓展训练"这种管理培训模式运用在学校教育中的是美国一所高中的校长皮特，他将"拓展训练"的管理培训模式与学校现存的教育制度相结合，为教育开辟了新的思路和领域。在我国，体验式学习的思想也有着深厚的历史渊源。孔子、荀子、王阳明等古代教育家的思想都蕴含着体验式学习的教育理念。近代时期，著名教育家陶行知提出"生活即教育"的理念，教育家陈鹤琴倡导"做中教，做中学"教育理念，也体现了体验式学习理念。

体验式学习作为一种以学习者为中心的学习方式最早在美国兴起，以大卫·库伯为首的教育家们相继提出了体验式学习的概念，大卫·库伯在1984年构建了一个体验式学习模型——"体验式学习圈"，其理论模型有四个元素：具体体验、观察反思、抽象概念、行动应用。随着时代发展，研究逐渐深入，国外有学者认为体验式学习是一种以活动为载体来指导教学的教学方式，认为体验式学习与某种活动中的参与者有关，这种活动允许他们反思解决问题的方式，与同伴互动并相互交流，同时从事某项活动。有的国外学者认为体验式学习是一种学习模式，其意义在于通过活动的进行，真实地呈现出团队各成员的优缺点，更重要的是，体验式学习是一种学习方法，而不是教学方法。国内学者唐少华认为体验式学习是学生在学习过程中对教学内容内化后的反省、反应或感受。学者李梅认为体验式学习是一种以学习者为中心的，通过实践与反思相结合来获得知识、技能和态度的学习方式，体验学习关注对经验的总结和反思，所以可以将体验式学习看作"做中学"与"思中学"的结合。

通过梳理学者观点，体验式学习是一种以学习者为中心的，注重为学习者提供真实或模拟的情境和活动，把抽象的知识、价值和情感态度等转变为可体验的生活事实，强调以学生体验的生成为中心，通过实践与反思

相结合来获得知识的一种学习方式。在体验式学习过程中，学习者知情合一。在符合学习者认知发展规律的情境下，学习者借助一定方式亲身经历后获得知识、技能和态度。

二、体验式学习的特点

体验式学习非常重视学习者的主动性、参与性以及直观感受和体验，通过具体的体验和反思活动来掌握知识和技能。由于体验式学习具有真实情境与具身体验、自主参与与深度理解、有效建构与应用迁移等优势，非常有利于记忆的保持和检索，从而有利于学习的发生。

（一）亲历性

亲历性是体验式学习的本质属性，是指学习主体必须真实地积极参与学习活动过程。这是体验式学习的主要特征，体验必须是直接的，它不需要任何中介，体验必然是自我的，他人不可能替代。体验式学习强调学生的主体作用，学习者作为主要的因素亲身参与到学习的全过程中去，亲身经历体验式学习过程中发生的一切，从而感悟知识的真谛。体验式教学强调在学习活动中，学生不再是知识的被动接受者，而是要求他们在活动中全身心地学习，在行为和情感上获得发展。如果没有个体的亲自参与，个体就不会产生相关体验，更谈不上学习目标的实现。而且，亲历性并不强调活动过程中学生自始至终都是独立的个体，任何环节都要独自完成，学生之间的互动、合作也是很重要的。教师作为活动的组织者，应尽力营造和谐的氛围，创造各种条件，让学生与学生之间有充分互动、沟通、讨论的机会，要让学生充分经历探究未知和重演知识发现的过程，从而获得知识和快乐。

（二）情境性

体验式学习注重情境性，学生的体验过程往往是在一定的情境中完成的，要想体验就需要有其存在的基础，即情境。教师根据学生学习的内容为学生创设恰当丰富的情境，激发学生的兴趣和追求知识的渴望，驱动其自主进行学习，达到产生领悟、建构知识的目的，进而获得成功的喜悦。

创造情境时要注重研学与生活的联系,通过在教学实践中创设一定的情境使之现场化,让学生再现生活、再现历史;要注重为学生提供实践活动机会和环境,让学生在实践活动中感受科学;要重视问题情境的创设,给学生营造一种急于进取、勇于发现的氛围,鼓励学生去勇于创新;要给学生一种和谐的课堂氛围,培养团结合作的意识,让学生们成为学习的伙伴,彼此相互促进,共同进步,在情境中"以身体之,以心验之",获得心智的发展。

(三)实践性

学生的实践是体验式学习的基础,体验和实践密不可分,学生经历实践的过程也是个体体验的过程。学生通过在实践活动中的体验,认识、理解、掌握和运用学习内容,用新习得的知识技能、思想方法去完成自己原有的认知结构的构建,从而获得体验成功的快乐。学习实践贯穿体验式学习的全过程,在学习实践活动中,由于亲身经历了知识的获得与运用,学生的情感体验也得到了发展。体验式学习的实践活动的形式具有多样性和层次性。实践活动内容不仅包含学生的亲身实践,还包括知识再现、探究知识的活动,以及教师与学生之间、学生与学生之间的互动交流等。学生在实践活动中充分发挥主动性、创造性,以获得切实的感受和体验。尽管在体验式学习过程中,我们始终强调亲历性和实践性是体验学习的重要特性,但我们也不能随意、盲目地安排实践活动,教学过程必须重视教师的主导作用,学生应在教师的组织、引导下参与和完成体验。

(四)反思性

反思是体验式学习中的重要环节,学生在进入课堂教学之前就已经具备了一定的经验,当新体验产生时会与原有经验发生相互作用,即在已有经验的基础上思考分析新体验,不断完善认知结构。只有经历过反思的体验式学习,才是真正意义上的体验式学习。只有经历过反思,学习才会有质的飞跃,才能增强学生的学习成就感,提高学习兴趣。只有经历过反思,才能发现不足,进而查漏补缺,完善知识结构。不断地反思可以促进科学思维的养成,这有利于学生未来的全面发展。

三、体验式学习的价值

在体验式学习中，学生的注意力集中，思维的活跃度高。此时在教师的精心引导下，可实现学习结果的有效建构和应用迁移。当今世界，我们要培养的就是掌握最核心知识和具有学以致用能力的人才。而这却是传统教育的一个难题，原因是学生很少有应用所学知识解决实际问题的场所和机会。而体验式学习，把学习与应用过程有机融合在一起，把学习放在真实的问题情境中，更有利于学生明白所学习的知识、技能、方法的意义，更能使学生把情感、态度、价值观内化。

（一）注重学生的学习主体性

学生是学习过程的主体，应打破"教师就是传授知识"的观念。体验式学习引导学生主动参与实践活动，学生通过亲身感知，体验实践，建构知识，生成情感，真正成为课堂的主角。体验式学习重视学生的参与性，教学中教师不应越俎代庖，而应设法根据学生的具体特点，创设教学情境，激发学生求知欲，让学生尽情地体验学习的过程。教师希望看到学生把学习当成自身发展的需要，积极主动快乐地投入学习活动中。这种自我教育状态会使学生不断地学习、不断地进步，真正成为"我要学"的人。

（二）注重情境创设的生活实践化

教育脱离实际生活，教学就如无源之水。新课程改革理念指导下的教学方向是教导学生学习对生活有用的知识，换句话说，知识学习离不开实际生产生活，生活才是学生学习知识的教材。在体验式学习中，一方面，让课堂回归生活，从简单的生活场景入手，创设的情境源于学生的生活经历与生活经验，学习研究对象和学生熟悉的社会现实情境越贴近，学生主动建构知识的程度就越高；另一方面，教师要创设开放性的情境，组织学生多参与社会实践活动，在实践活动中动手动脑，用心去体验探究，将感性体验升华为理性认识。体验式学习加强了知识的社会化、生活实践化，让学生认识到知识有据可依，知识与我们的生活需要紧密联系。

（三）注重双向互动的和谐课堂

陶行知说过："真教育是心心相印的活动，唯独从心里发出来的，才能打动心灵的深处。"新课改理念指导下，对于教师与学生在教学活动中角色的定位上，明确教师是教学的主导者，教学要以学生为中心，注重其主体性。开展实施体验式学习，教师要转变传统的教学观念，树立新时代的师生观，创设一种民主平等、轻松和谐的课堂学习气氛，要善于发现学生独特的思路，肯定学生不同的见解，发扬学生的个性。师生通过教学实践中的互动交往和平等对话，形成互相理解的关系，学生的学习主体性也会得到提高，实现了师生之间、生生之间的双向互动，形成了一种温馨融洽的师生关系。师生产生情感上的交流，给学生提供了一个宽松愉悦的学习环境，使学生获得充分的自由，进而实现全面和谐的发展。

第二节
基于体验式学习的科学场馆研学课程开发策略

体验式学习注重学习者在情境中的连续体验，个体与情境的相互作用。在场馆中开展基于体验式学习的科学研学课程既能为学习者提供真实情境的连续性体验，又能在课程活动中使学习者与场馆环境不断产生相互作用。基于此，结合库伯的体验式学习圈理论，提出关于科学场馆研学课程的开发策略，促进科学研学课程对体验式学习方法的融合运用。

一、基于体验式学习的科学场馆研学课程定义

基于体验式学习的科学场馆研学课程是在体验式学习理论指导下，将体验式学习理念融于研学旅行，并于场馆中指导开展研学活动的科学课程。其主要是指学生走近具体真实的场馆环境中，以自身的体验为基础，以反思观察、抽象概括为手段，将学生在研学过程中的感知内化为认知，通过学生的实践再将其外化为行动的一种教育活动。

二、基于体验式学习的科学场馆研学课程目标

基于体验式学习的科学场馆研学课程提出了以体验式学习圈理论为指导的研学旅行新策略，在具体的场馆中充分利用场馆资源，通过让学习者沉浸式体验、实践，使所要学习的现象及其变化过程经历学习者的观察思考逐渐抽象概念化出来，以便于学习者获得和验证知识经验。同时，作为一种特别的校外科学实践活动，该课程强调在研学过程中，充分发挥学习者的主体性，学习使用场馆内丰富多样的研学设备，在获得相应的区域认知后，形成一定的科学实践能力，最终内化为综合思维以及提高科学素养。

三、体验式学习的基本过程

大卫·库伯借鉴前人的研究成果，提出了著名的体验式学习圈理论。他认为体验式学习过程是由四个适应性学习阶段构成的环形结构，包括具体体验、观察反思、抽象概括和行动应用四个阶段。

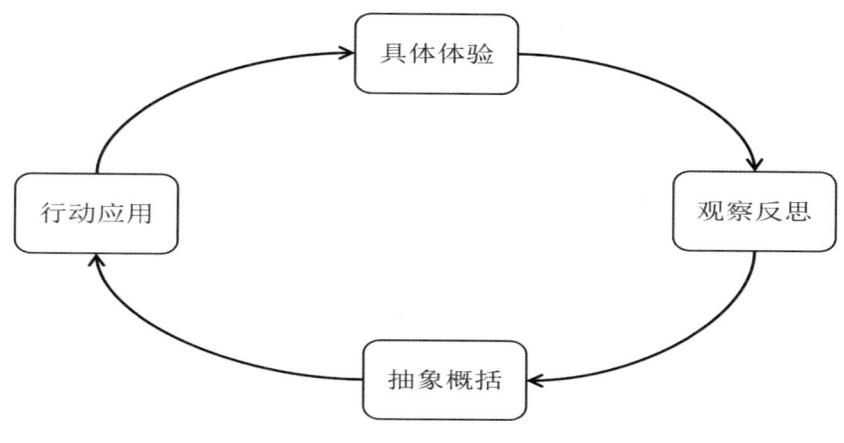

图 8-1　体验式学习的基本过程

1.具体体验。具体体验作为体验式学习的起始环节,学习者在真实的情境中通过亲身的体验获取经验。该环节可以被看作"感知"的过程。在本环节中,学习者依靠自身感官获取直接经验,为之后学习阶段提供记忆复现的"原材料",是整个学习过程的准备与基础。

2.观察反思。在观察反思这一阶段,学习者从多角度观察和思考上一阶段的亲身经历,与他人分享自身感受或观察到的结果,并在讨论会上反思自己的收获。本环节是学习者依据本身具备的知识经验对"体验"进行解构,实现体验内涵的"缩小",最终发现导致问题产生的核心因素的过程。

3.抽象概括。学习者经过一段时间的观察和反思后,将观察和反思的结果进一步抽象或对现象进行解释,提炼归纳出一般性的概念或理论。该环节可以被看作"领悟"的过程,是学习者利用自身具备的知识经验将"具体体验"环节获取的直观经验、"观察反思"环节作出的判断转化为符号语言的过程。这一步的实质是实现直接经验向间接经验的转化,是学习者实现知识"内化"的关键步骤。

4.行动应用。行动应用是在新情境中检验结论的正确性。本环节是学习者利用在前三个环节中建立的观念指导自身在全新情境中进行主体活动的过程。在这个环节中,学习者验证了自身所学的正确性,探索了其适用范围的边界,实现了体验的"外延"扩展。

"体验式学习圈"并不是单次循环或平面结构,而是一个螺旋上升的发展过程。因此,在实践过程中,不能仅仅将"行动应用"环节当作本次循环的终点,还应当将其视作下一个循环的"具体体验"环节,并以此为起点展开下一阶段的学习,从而实现学习者经验的持续增长。

四、基于体验式学习的科学场馆研学课程开发要点

体验式学习是倡导在真实情境中进行体验反思与合作探究的学习方式,强调知行合一、书本知识与社会生活的融合,注重发展学生的创新精神、实践能力等,具有体验性、研究性、实践性等特点。基于体验式理论的研学课程设计着力强调学生在情境中获得的感知与体验、获得的成果与理论,再进行实践运用,实现体验、感知、认知与行为的有机统一,从体验到检验不断循环往复,从而促进学生的学习与思维的提升。因此,基于体验式学习理论指导的研学课程开发与实践,可借鉴库伯的体验式学习圈理论,制订相应开发策略。

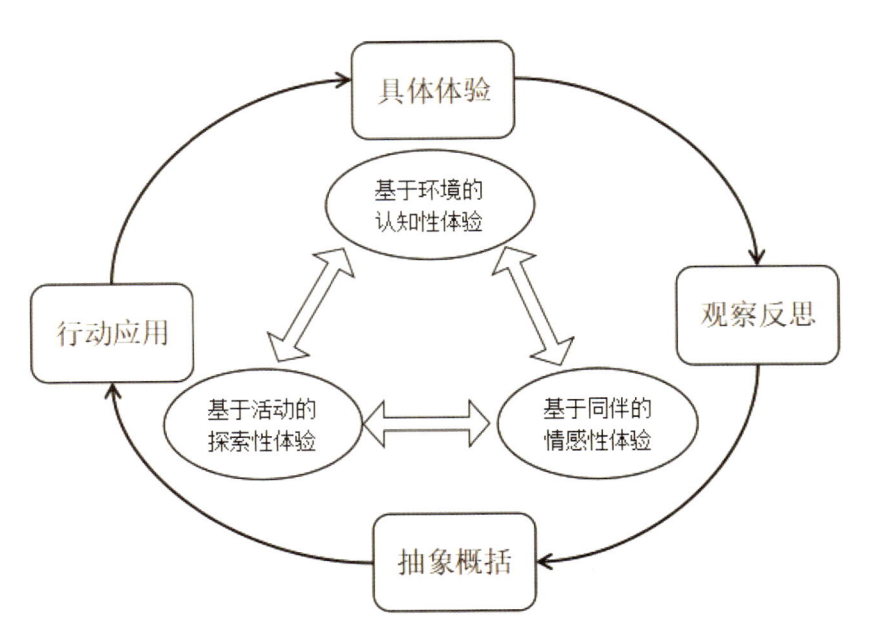

图 8-2 基于体验式学习的研学课程策略

（一）创设情境，激发体验

在"具体体验"活动环节，教师运用多种方式，结合学生的生活实际，创设真实情境，组织丰富的实践活动，引导学生在真实的自然或社会环境中通过亲身体验获得直接经验。需要强调的是，基于体验式学习的特点，具体体验应该是贯穿整个研学课程的，体验环节按内容可分为以下三种：

基于环境的认知性体验：这一体验主要来自教师对周围环境的介绍，学生在此过程中提取知识性信息，初步了解周围环境。

基于活动的探索性体验：以真实情境为依托，选择符合学生年龄阶段的、对学生来说有意义的活动，学生在学习活动中能够充分发挥主体意识，积极参与到活动中去，进而培养学生独立自主的意识，使其体验探索的过程。

基于同伴的情感性体验：研学课程是一种校外实践集体活动，学生们体验着同样的学习活动，有着共同的学习目标，分享彼此经验，集结共同智慧，从而达到研学目的。

（二）观察反思，感知内化

"观察反思"活动环节要求教师能够引导学生分析与处理已获取的直接经验，并且调动自身已有的经验以及知识，尝试结合新获得的信息和经验，反思新旧知识间的联系，建构新的理论知识，总结概念并解决实际问题。观察反思是体验的反馈环节，学生将体验内化为感知。研学课程设计往往会忽略这一过程。研学课程不是让学生仅仅停留在体验过程中，而是使学生有所得。如何使学生在体验过程中进行反思？这就需要教师的引导，以提问的方式向学生提出一些能激发思考的具体问题，例如：如何解决活动中遇到的问题？活动使你体会到了什么？如何做会更好？学生在回答问题的过程中可深化体验感受。

（三）抽象概括，深化体验

抽象概括是从具体体验和观察反思中得到一般性认知的过程。这一环节的主要目的是帮助学生深化体验，学生在体验中接触到许多凌乱、繁杂的信息，尽管在上一环节中已经有所转化，但对于这些信息学生还不能灵活地进行提取，需要进行更深一步的归纳、总结、概括。本环节帮助学生脱离对具体事物、情节的依赖，基于对体验情境的观察反思，概括问题的答案，从而获得间接经验形成一般性原理。在相同的情境中，学生的已有经验不同，获得的直接经验也不同并且具有个人色彩，通过教师有目的地引导，学生才能将不同的观察反思结果抽象概括，将直接经验转换为间接经验，将感性体验转换为理性知识，将个别感悟转换为一般结论。"抽象概括"环节从内容上可分为"情感升华型"和"知识运用型"。"情感升华型"主要关注的是学生的情感表达，该课程是以"学生谈感受""写观后感"等形式进行；"知识运用型"则主要关注的是学生的问题解决能力，这要求教师将情境中的问题与学生已有经验联系起来。

（四）学以致用，知行合一

行动应用是将教学过程中抽象概括出的一般性概念、原理等，运用到新的相关情境中，以此验证概念以及原理的合理性、正确性。学生获得了相关的间接经验以及理性知识，学生如果不能将其学以致用，那么就不能完全掌握知识。学以致用是将学到的知识技能和已有体验与现实生活和实际问题连接的关键环节。因此，教师需要创设新的情境，引导学生在行动中检验获得的知识，帮助学生真正意义上理解知识的意义和价值。同时，这一阶段也是评价环节，可以帮助教师检验学生对知识的掌握与理解程度。

行动应用在研学课程设计中有两个方向：一是学生在研学课程中通过对其中某一项活动进行观察反思、抽象概括后，针对此活动进行二次体验，这一体验是及时反馈的过程；二是学生将研学课程中所获得的体验与认知运用于新环境。这些都指向实践运用能力的发展，其目的就是强调理论与实践的结合。

五、实施保障

区别于传统课程在一定程度上将学生学习与现实生活隔离开来，体验式学习的科学场馆研学课程中，学生所接触的环境不局限于教师、书本、课堂，还有更为广阔的"生活世界"，体验式研学旅行拓展了学习空间，从学校到工厂，从景区到博物馆，是一种综合性较强的集旅行与教育于一体的校外实践活动。因此，整个课程中存在很多的不确定因素，仅仅依靠学校和教师是开展不起来的，更多的是需要政府和各级各类教育部门提供保障和支持。

（一）建设教师专业培训平台

研学旅行的课程建设需要得到学校层面的重视，在学校层面落地生根，学校是推进研学旅行课程建设的中坚力量。学校可以针对相关主题搭建网络学习平台，培训内容可以从理论和实践两部分进行设计。理论方面，学校教师具有丰富的教学知识，只是对体验式研学旅行课程了解较少，因此可以组织教师学习体验式学习、本土优秀科技文化、场馆资源价值等多方面理论知识。实践方面，可以组织教师观摩优秀体验式研学旅行课程设计案例，讨论该设计的优点以及如何进一步提升，提升课程设计能力水平。

（二）规范场馆基础设施建设

场馆资源是重要的研学资源，需要加以利用和开发。场馆资源丰富多彩，具有重要的教育价值。在充分考察的基础上，结合体验式研学旅行课程的特点，设计和开发研学旅行精品路线。体验式研学课程重情境、重实践，应根据需要对场馆资源进行开发和改造。首先，基于体验式学习的亲历性且学生活泼好动、好奇心强的特点，学习者在开放的空间内会随意地走动和触摸一些设施，所以作为场馆要充分考虑学生的特点，提前降低因设施摆放不合理而造成学生受伤的可能性，在必要的时候摆放安全警示牌并由专人看管。其次，教师在进行校内教育时注重将显性文化与隐性文化相结合，同样场馆也应该重视隐性文化，从各个方面让整个基地充满教育的韵味，真正做到学生在基地时，所见所闻皆文化。最后，科学场馆研学课程中包含的知识较多，会存在有的知识点学生了解较少的情况，直接呈现知识点会让学生难以理解，因此选择可丰富学生体验的成套的设施设备很关键，学生可操作设备一步步加深体验，由简到难逐步深入了解知识点。

（三）完善课程评价设计体系

研学课程评价是对研学实施效果的总结，也是推动研学课程不断发展的动力系统，建立健全研学课程评价体系，是学校完善研学课程管理的重要组成部分。在体验式研学课程的评价体系中，教师应该结合体验式学习以身体亲历为物理基础、以心灵感悟为精神基础，及时更新评价理念，丰富评价方式，促进评价主体多元化，进而逐步完善评价。如在开展漆线雕体验式研学课程时，教师引导学生和工匠师一起进行漆线雕制作，观察学生此过程中的表现，有无很快学会技术技能，有无按要求完成任务，遇到问题时有无及时请教……以此过程性评价方式来考察学生的综合实践能力与社交能力。

第三节
基于体验式学习的科学场馆研学课程开发范例

基于体验式学习的科学场馆研学课程重视场馆环境提供给学习者的身心体验，强调知行合一、书本知识与社会生活的融合。基于体验式理论指导的研学课程开发策略只有被运用到具体的课程当中，才能被大家真正理解与掌握。现以非遗研学课程"探秘漆线雕"为例，展示基于体验式学习的科学场馆研学课程的开发与实施。

一、课程开发背景与开发愿景

（一）课程开发背景

漆线雕是中国漆艺文化宝库中的艺术瑰宝之一，发源于福建，最早应用于佛像装饰，俗称"妆佛"，是闽南地区独有的传统工艺。2006年，厦门漆线雕技艺被列入中国非物质文化遗产名录。2007年，蔡氏漆线雕的蔡水况被命名为国家非物质文化遗产项目厦门漆线雕技艺的代表性传承人。漆线雕是厦门历史悠久、独具特色的民间手工艺精品。蔡氏漆线雕艺术馆约600平方米，馆藏资源丰富，既有影视播放厅，又有实物陈列厅和能让孩子动手参与的技艺展示厅，是中国首座完整记录漆线雕技艺、历史和发展全过程的艺术馆。它坐落在厦门市禾祥西路204号，和实施学校仅一街之隔，这个地理位置为课程的实施提供了绝佳的条件。

在《义务教育科学课程标准（2022年版）》中倡导注重社会资源的开发与利用。要发挥各类科技馆、博物馆、天文馆等科普场馆和高等院校、科研院所、科技园、高新技术企业等机构的作用，把校外学习与校内学习结合起来，因地制宜设立科学教育基地，补充校内资源的不足。要利用学校周围的自然资源和社会资源，通过实地考察、研学实践、环保行动等途径，进行科学学习。学校应充分发挥科技工作者对科学教育的重要作用，聘请专家参与教师培训、课程开发和科学教育活动。

因此，在馆校结合的背景下，扎根于本土实际，立足于小学科学课程标准，开发和设计了漆线雕科学研学课程。该科学研学课程是研学课程的具体化，为学生创设了更广阔、多元的探究空间，不仅能带领学生走进蔡氏漆线雕，接触和了解中国传统文化，更能培养学生发现问题、分析问题、解决问题、归纳应用的能力，使学生在真实生活情境中获得核心素养提升。

（二）课程开发愿景

在馆校结合的背景下，扎根于本土实际——"闽南传统工艺漆线雕"，在小学科学课程标准的内容基础上，开发和设计漆线雕科学研学课程。它是一种有计划、有组织、有目的且具有综合性、实践性的研究性学习活动，不仅能加快场馆与学校教育资源的有效衔接，还能鼓励学生打破传统课堂

的束缚，走近优秀非遗传统文化，使学生领略传统文化的无限魅力，进而加深学生对本土文化的了解和热爱，培养学生的实践、创新、综合能力，提升文化自信和核心素养。

二、课程目标

在抽象问题"材料的性质如何随着物质成分比例、制作方式的不同而改变"与蔡氏漆线雕艺术馆真实情境相结合的设计前提下，学生能主动经历"具体体验—观察反思—抽象概括—行动应用"的体验式学习过程，逐步形成独立思考、实践和学习的能力，发展高于学科知识的学科素养，从而形成能适应终身发展和社会发展需要的必备品格和关键能力。在核心课程学习中，学生自主了解漆线雕工艺的起源、历史演变和发展、分类、制作过程等知识；知道漆线雕工艺是闽南地区独有的传统工艺，是中国传统文化的重要组成部分；感悟闽南传统工艺的魅力和工匠精神。

三、课程基本属性

表8-1 "探秘漆线雕"课程属性

课程名称	探秘漆线雕
研学地点	学校、蔡氏漆线雕艺术馆
研学对象	小学四至六年级学生
执行人员	√科学老师　√研学导师　√家长　其他
课程总用时	8课时
资源属性	自然生态类　√人文历史类　√科学技术类　√体验创造类
资源可关联学科	√道德与法治　√语文　√数学　英语　√科学　音乐　√美术　体育与健康　√工程
评价方式	√个人发言　√小组讨论　√研学评价表　√研学成果展示
课程教具	研学手册（单）、教具和学具、漆线雕学习脚手架工具、彩笔等

四、课程结构与内容

（一）课程结构

见第260页。

（二）课程内容

体验式学习的特点是通过具体体验、观察反思、抽象概括、行动应用四个环节实现学习者的知识结构内化，基于体验式学习的科学研学课程必然也要遵循这样的学习规律。课程内容分为研学前的"初识漆线雕"，研学中的"漆线雕我了解""漆线雕我能做"，研学后的"非遗传承我能行"。

第一部分"初识漆线雕"：学生在研学前先搜集资料、自主提问，让学生与漆线雕来个"初碰撞"，启动学生的心理体验，有助于提高在后续研学课程中的行为体验，提高活动时的观察思考能力。

第二部分"漆线雕我了解""漆线雕我能做"：这是本课的核心内容，依托蔡氏漆线雕艺术馆，引导学生参观展馆，了解漆线雕的历史，进一步加强心理体验。根据学生的认知发展规律结合场馆资源设计能激发学生主动探究的研学活动，如：漆泥制作、工序体验、漆线修补等，实现行为体验。在学生行为体验时，教师要跟随指导，促进学生进行小组合作，共同完成研学活动，通过进一步的观察、反思、抽象、概括，进而得出小组认可的结论，如：漆泥材料的选择、制作漆线雕的基本工艺、修补漆线雕的简单方法等。通过馆校合作的形式，安排进阶式的科学活动，使学生逐渐将体验的感知内化，指导下一次行为体验。

第三部分"非遗传承我能行"：主要是在研学后学生自主将感知进行反思、抽象、概括成自身体验。根据学生的发展需求，家、校、社育人共同体携手创建"我是非遗传承人义卖活动"，让学生在不同情境下学习新知识、思考和应用已有经验，培养学生在特定情境下形成将已获得的经验迁移到下一次行为体验的能力，从而进一步感知材料在生活中的运用，意识到材料和实际生活、生产的密切关系。

心理体验

研学前（学校）

1. 收集关于漆线雕的相关资料。
2. 提出关于漆线雕想要探究的问题。

1. 初识漆线雕 — 你好！漆线雕

行为体验

2. 漆线雕我了解 — 漆线雕的历史演变

1. 参观蔡氏漆线雕艺术馆。
2. 观看漆线雕的历史。

行为体验 观察反思 抽象概括

研学中（漆线雕展厅）

3. 漆线雕我能做

- 我是配方大师
- 我是工艺大师
- 我是修补大师

1. 学习漆泥成分与配比及制作方法。
2. 对比不同材料制作的漆泥的区别。

1. 学习漆线雕的主要制作工序。
2. 从工程学、经济学角度设计漆线雕作品。

1. 围绕如何修补漆盘，提出合理的解决方案。
2. 学会简单修补漆线雕的方法。

行为应用

研学后（社区）

4. 非遗传承我能行 — 我是非遗传承人

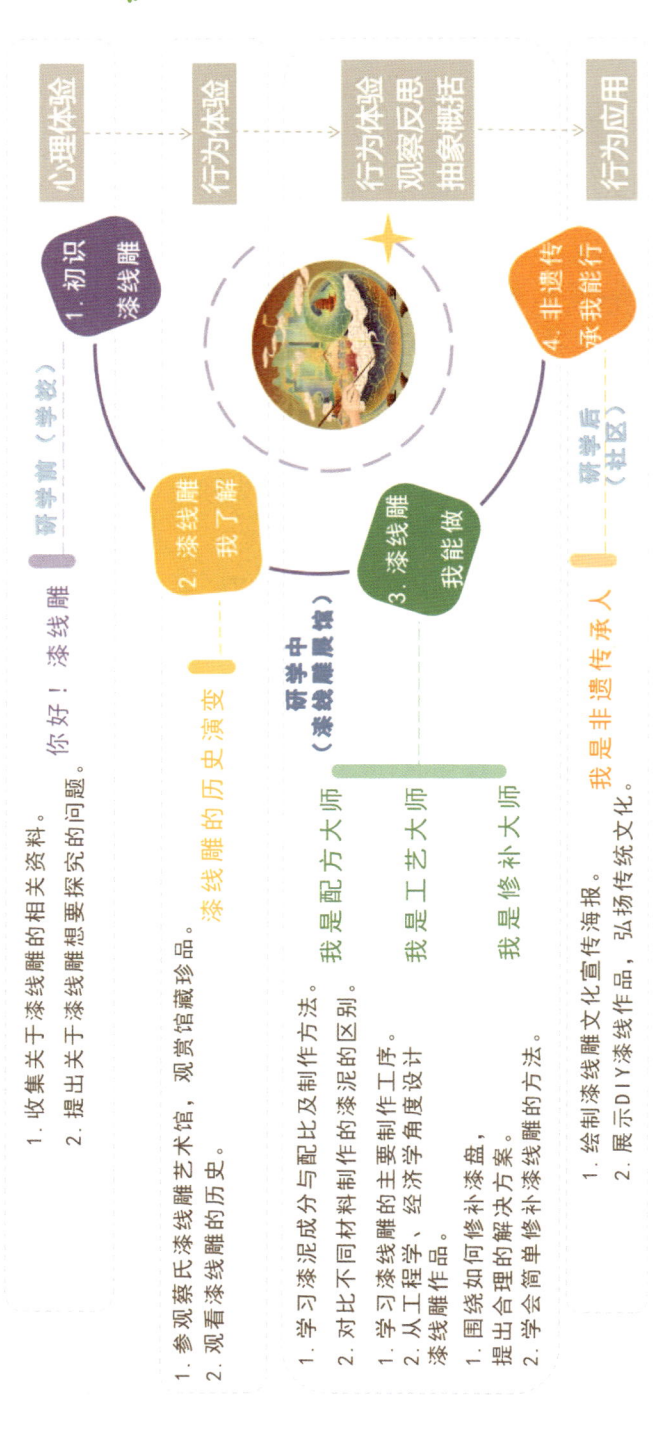

1. 绘制漆线雕文化宣传海报。
2. 展示DIY漆线雕作品，弘扬传统文化。

图8-3 "探秘漆线雕"课程结构图

五、研学实施过程

我们在研学课程实施的过程中以实践旨趣为价值取向、以教师和学生为主体、以集体审议为课程开发方法、以行动研究为方法论等，根据实际的应用价值和对现实研学执行落地的指导，根据学习者需要有目的地对课程结构进行设计。

【研学前】创设研学情境，启动心理体验

（一）设计思路

研学前，教师根据研学目标和学生的认知特点利用多媒体创设与漆线雕有关的情境，展览或播放漆线雕展馆的图片或视频，启动学生的心理体验，调动学生参与研学体验的积极性和好奇心。

（二）研学目标

通过观看图片、视频等多媒体资料激发学生对漆线雕这一活动主题的兴趣，调动探究欲望，进而了解研学主题与任务，明确评价标准，建立学习小组，让团队间产生情绪共鸣，促成积极学群关系。

（三）研学准备

1.导入主题：观看漆线雕相关图片、视频，学生根据所提供的内容发表自己的见解，教师借此了解学生前概念。

2.布置任务：通过调查访问、查找资料等多种方式收集有关漆线雕的资料，并提出关于漆线雕的科学问题，启动心理体验。

3.确立评价标准：学生阅读现有的评价量表，大胆提出质疑或补充。学生交流讨论，并确立评价标准以及评价方式。

4.建立学习小组：以"组内异质，组间同质"的原则建立学习小组，并讨论确定小组组长。教师补充强调组内任务，并引导学生进行合理分工，促进小组形成积极学群关系。

【研学中】交流研学任务，促进自由体验

（一）设计思路

研学课程的实施不仅是一个认知的过程，同时，也是一个情感投入的过程，更是一个自主体验的过程。教师根据学生的认知发展规律设计能激发学生主动探究的课程主题——"漆线雕我了解""漆线雕我能做"。"漆线雕我了解"以认识漆线雕历史为主，"漆线雕我能做"分为3个行为体验任务。学生自由体验研学过程时，教师及研学导师跟随指导，行为体验结束后教师组织学生进行小组讨论、交流。学生将交流讨论的结果概括在研学手册上，逐渐将体验的感知内化并促进学生有效完成研学活动。在课程进行的过程中，学生作为认知的主体，通过视觉、听觉、触觉等感官的参与，沉浸于客观世界之中，不断观察反思，最终抽象概括内化。

（二）研学目标

通过了解漆线雕的起源、历史演变和现状，以及漆线雕复杂的工艺，表现出对漆线雕历史、工艺、制作等方面的探究兴趣；了解漆泥的成分与配比以及制作方法，认识到漆泥选材的不同会对作品产生的影响，能对比不同材料制成的漆泥，发现漆线雕漆泥存在的优缺点，尝试创新漆泥配方；知道漆线雕的制作工序，能从工程学、经济学角度出发，设计创意十足的漆线雕DIY作品；能围绕如何修补漆盘，提出合理的解决方案，掌握简单的修补漆线雕作品的方法。

（三）研学过程

第一阶段（行为体验）："漆线雕我了解"（2课时）

体验任务：漆线雕的历史演变

学生观看展厅视频，初步了解漆线雕的历史。通过非遗传承人讲座学习，学生深入了解漆线雕的起源、历史演变和现状，增强对家乡传统技艺的深刻认同感。活动后学生小组讨论，提出基于漆线雕的可探究的科学问题：漆泥材料有什么特点？主要成分是什么？我们身边常见的材料是否能代替漆泥制作漆线雕？……

第二阶段（行为体验、观察反思、抽象概括）："漆线雕我能做"（3课时）

体验任务一：我是配方大师

学生对比传统刺绣工艺、绘画工艺与漆线雕工艺，发现漆线雕工艺的核心与精髓在于漆线之美。通过分组进行生活中与漆泥类似材料的活动体验，探究这些常见材料的特点，总结、归纳漆泥与上述材料的区别。

体验任务二：我是工艺大师

学生在展厅观看影片，了解漆线雕制作工艺，实地参观漆线雕的制作流程（备料、搓线、盘绕形体、表层贴金等）。通过分组活动，认识搓制漆线的工具，体验学习盘线技巧，尝试盘简单图形。对比漆线雕工艺品和现代工艺品，在观察反思中内化，设计喜欢的漆线款式，DIY漆线雕作品。

体验任务三：我是修补大师

学生分组修补破损漆线雕作品，围绕修补漆线雕提出合理的解决方案，并尝试动手进行修补。观看漆线雕修补影片后，再次尝试动手修补，教师跟随指导，小组讨论总结修补漆线雕的正确方法。

【研学后】迁移研学过程，反馈行动体验

（一）设计思路

研学课程是一门能够让学生产生情感、建构知识、生成意义、发展能力的课程，是一门"引导唤醒、体验生成"的课程。通过设计"义卖活动"，引导学生将研学中内化形成的知识结构运用到新的情境中，进一步验证课程中获得的知识及能力。

（二）研学目标

经历研学课程的学习，知道漆线雕被列入首批非物质文化遗产名录，传统漆线雕艺术濒临失传之险，非遗文化传承具有非凡的意义。能基于所学知识，以小组为单位，合理制订漆线雕展览与义卖计划，绘制漆线雕文化宣传海报，愿意宣传优秀传统文化，为漆线雕文化的传承与发展贡献微薄的力量。

（三）研学小结和反思的过程

1.分享讨论：作为小学生，我们能为保护漆线雕做些什么？

2.义卖策划：进行义卖宣传活动，引导学生思考"义卖漆线雕作品应该如何宣传？""摊点应该如何设计？"等问题，并完成活动策划单。

3.义卖活动：在社区进行义卖活动，展示漆线雕DIY作品，并根据评价表选出最佳义卖小组。

4.畅谈感受：教师引导学生对本次活动进行总结评价，并交流感受。

六、学习评价设计

设计学习评价的目的是优化学习者的学习，这在学习中非常重要。从课程设计者的角度出发，能够帮助设计者收集学习者和实施者的反馈。学习评价能够帮助授课教师判断学生对学习内容的掌握情况，是否达成预期目标，从而决定下一步的学习行为。基于体验式学习的"情境性""实践性""反思性"等特征，在增强实践体验的背景下会更多涉及自我评价。学生在真实情境中开展体验学习，由于不同类型活动有着不同的学习目标，在进行学习评价设计时，要根据类型设计评价：一，在认知体验式学习活动中，学生以获得知识性信息为目标，直接可采用知识测试这类结果可量化的评价形式；二，在行为体验式学习活动中，学生以获得某种动作技能为目标，可以采取在真实或模拟的情境中实践的方式，判断学生是否真正掌握了某项动作技术；三，在情感体验式学习活动中，学生以获得感悟、情感为目标，可以采用分享汇报、感悟心得、小组评价等评价方式。

（一）建立"体验式学习"评价标准

学习标准设计对应体验式学习实施过程的三个阶段，即研学前、研学中和研学后。研学前阶段为启动心理体验阶段，研学中阶段主要为行为体验、观察反思、抽象概括阶段，研学后阶段主要为行动应用阶段。不管是课堂上的教学还是校外的场馆旅行，各个阶段贯穿的仍是教与学的过程，在研学旅行的过程中教师的教多体现为隐性的指导，学生的学多体现为学习的主动建构。因此，将评价焦点主要对准"教师的指导"和"学生的学习"两个方向。鉴于以上思考，初步构建"基于体验式学习的场馆研学课程评价标准"，如表8-2所示。

表8-2 基于体验式学习的场馆研学课程评价标准

研学阶段	评价阶段	教师指导	学生学习	学生学习评价方式
研学前	心理体验	方式多元，如：通过讲座、视频、网站、学生作品等方式了解知识及知识的形成过程；方式能够调动学生积极性	了解知识要点；知道知识脉络及形成过程；明确自身需要关注的重要知识	可以通过学生听课状态、研学手册等进行评价
研学中	行为体验	活动形式与场馆资源和环境契合，活动内容指向课程目标，活动方式有趣	多感官观察、感知情境	可以通过观察学生体验状态、参与程度等进行评级
研学中	观察反思	观察学生状态，适时指导	识别和辨析情境中的多种信息；理解情境中的各种信息及关系，提出问题	可以通过学生是否提出有价值的问题、研学手册等进行评价
研学中	抽象概括	用适当形式激活学生的体验；组织不同经验的深度交流；比较不同价值观并作出归纳和总结	对信息进行梳理，形成观点或者作品；分享自己的观点或作品；吸纳他人的观点或观察他人的作品，完善自己的经验	可以通过学生作品、交流表达、参与程度和研学手册等进行评价

(续表)

研学阶段				
研学后	行动应用	适时指导学生应用	将自己的经验应用于新的情境;有意识地进行思考,进一步完善自己的经验	可以通过学生实践参与、交流表达、学生作品等进行评价

(二)对标设计学生学习量规

评价的根本目的是获得反馈信息,促进教学达到课程目标,有效促进学生良性发展,而不是对学生发展水平作出终结性的评定,更不是利用评价结果对学生进行比较与分等。评价设计应根据学生的学习实际,满足学生学习节奏的特点,促进学生可以达到预期学习目标。基于体验式学习的场馆研学课程的学习评价不仅追求"知识"获得,还注重"方法"习得与"态度"形成,因此在设计评价量规时要注意三者的有机结合与高度统一。基于此,"探秘漆线雕"科学研学课程评价设计结合四个主题任务,根据以上评价标准,针对学生表现设计评价表如下。

表8-3 "探秘漆线雕"研学课程学生评价表

研学阶段	评价环节	评价内容	自评	互评
研学前	初识漆线雕	能积极查找资料,通过上网搜索、实地调查等方式,了解漆线雕相关知识	☆☆☆☆☆	☆☆☆☆☆

（续表）

研学阶段	评价环节	评价内容	自评	互评
研学中	漆线雕我了解	参观漆线雕展馆时，积极进行小组互助，认真完成研学手册上关于漆线雕的历史学习任务	☆☆☆☆☆	☆☆☆☆☆
研学中	漆线雕我能做	认真观看漆线雕制作工艺、修补视频，及时做笔记	☆☆☆☆☆	☆☆☆☆☆
研学中	漆线雕我能做	小组活动时，分工明确，任务分配合理	☆☆☆☆☆	☆☆☆☆☆
研学中	漆线雕我能做	每个组员都能积极参与小组活动，发挥自己的才能，完成相应任务	☆☆☆☆☆	☆☆☆☆☆
研学中	漆线雕我能做	任务完成后，小组成员交流汇报，能清晰地发表看法，并认真听取他人意见，及时修正观点	☆☆☆☆☆	☆☆☆☆☆
研学后	非遗传承我能行	能将自己的所学知识运用于义卖活动，设计合理的海报及义卖标语	☆☆☆☆☆	☆☆☆☆☆

七、课程故事

感非遗艺术之美，悟科学技艺之理

1.鼓浪屿："一见钟情"

时间回溯至2008年暑假，我带领学生到思明区未成年道德实践基地（该基地位于闻名世界的鼓浪屿岛上）参加夏令营实践活动，闲暇之余参观了当时的厦门博物馆（八卦楼内）。一尊气宇轩昂、身披盔甲的武士雕像吸引了我的眼球，向讲解人员询问才知道这是镇馆之宝——闽南非遗"漆线雕"。它是以各种漆线为笔触进行创作的，百年不裂不断，颜色鲜润，

栩栩如生。"这是怎么做到的？"细细阅读才知道漆线的材料很神奇，漆线的工艺经过几百年工匠的传承和创造才日渐成熟。

2.街巷转角："二见倾心"

2012年，新家搬至繁华的禾祥西路。一天傍晚，在巷子转角处看到了金色的大招牌"蔡氏漆线雕艺术馆"。走进艺术馆内，让我大吃一惊，蔡氏漆线雕艺术馆虽然是一个私人场馆，但馆藏资源却丰富，既有影视播放厅，又有实物陈列厅和能让参观者动手参与的技艺展示厅。据介绍，它是中国首座完整记录漆线雕技艺、历史和发展全过程的艺术馆。馆内有非常多的"宝贝"，如珍贵的清末民初的神像、蔡文沛老先生的设计手稿、从未公开过的漆线雕原料工具和材料、20世纪30年代的店号章、20世纪50年代名扬神州的蔡文沛老先生的代表作等。最让我惊喜的是，它与厦门市湖滨小学仅隔一条街。

3."科学＋场馆＋艺术"的奇妙融合

2018年成立了名师工作室，借助国家级课题"基于场馆视域的科学研学课程建设实践研究"的推进，工作室挖掘了学校特有的资源，加上漆线雕项目因其得天独厚的文化内涵、科学技术、人文底蕴，以及地理优势，该学校与蔡氏漆线雕艺术馆合作共建，获得了"优秀非遗文化传承示范基地"的殊荣。毫无意外，工作室计划基于漆线雕场馆，设计和开发具有科学学科特性的研学课程。翻阅知网，"科学"和"漆线雕"好像两条永不相交的平行线，不曾有过交集，能与漆线雕完美融合的是美术学科。该怎么办？我乐观地想：也许我将成为一个开天辟地的拓荒者。

一个人的思维有局限性，那就发动学生动动他们智慧的小脑袋吧。在一堂科学课上，我介绍了漆线雕的历史、现状和发展，以及漆线雕的制作工艺，先激发学生的心理体验，让他们对漆线雕产生探索的欲望，接着，带领学生动手尝试搓线、盘线等工艺环节。一位小女生的提问打破了寂静："老师，这漆泥和我们平时美术课上玩的彩泥有什么不同？我可以用彩泥代替吗？"她的话令我瞬间茅塞顿开，将漆线雕材质与科学课材料性质的学习内容相连起来，设计有趣的科学探究体验活动，这不正是漆线雕中具有可探究价值的科学性问题吗？我们若有一颗敏锐的心，便能体悟到种子发芽的欢愉,聆听小草拔节的声音。

4.跨界合作,传承的力量

课程结束后,全体研学成员共聚一堂,分享作品,交流感想。一位六年级的学生拿出一封信,这是一封致敬漆线雕大师蔡水况老师的手写信。信中的一段话打动着在场所有人:"我们家有一件漆线雕作品,这么多年从未吸引过我的注意力。但是通过这一次的研学课程,在了解了漆线雕的历史和感受了复杂的制作工艺后,我对这件漆线雕作品爱不释手。在研学中,我认识了一位杰出的艺术家——蔡水况老师,感谢您一生用精湛的技艺创作了无数生动的漆线雕艺术经典作品,让我们有机会领略漆线雕技艺的精美绝伦和艺术价值!正是因为您的不懈努力,挽救了濒临失传的漆线雕技艺,使它重新焕发勃勃生机。可敬、可亲的蔡水况老师,我们永远怀念您!"

马冠中老师曾说:"我们不一定要做科学家,但我们要学习像科学家一样思考。"科学老师常鼓励学生勤思考,让学生从科学的角度去欣赏和思考艺术品。

随着社会的飞速发展，教育经受着巨大考验的同时也迎来新的机遇，在此背景下游戏式学习正式进入大家的视野。游戏参与者不是为了某种外在的功利而游戏，而是为了游戏自身，游戏潜移默化地影响参与者的行为、意识，甚至习惯、知识结构、能力等。很显然，这正是教育工作者所需要的，所以教育类游戏的开发便成了人们研究的热点。作为一种学习驱动方式，通过任务式驱动，使学生在学习环境与社会实践环境中积极寻求解决问题的方式、方法，同时教师能够借助协作、交流、会话等方式及时指导，激发学生学习积极主动性，提高学生解决问题能力、沟通能力，真正发挥出主动学习的作用。本章从学生喜闻乐见的游戏式学习视角出发，探究在实践中如何将游戏的机制与场馆研学课程目标深度融合的方式，尽可能发挥游戏机制的趣味优势，持续激发学生的学习动机。如：设计者利用游戏的外壳和机制，将学习目标有机融入，通过完成游戏任务、游戏式PK等方式及时检测和反馈获得的知识与能力。

第九章

基于游戏式学习的科学场馆研学课程开发

第九章　基于游戏式学习的科学场馆研学课程开发

游戏这种古老的活动,从生物学的意义来讲早于人类社会的形成。游戏式学习是一种基于游戏设计理念和游戏机制的教学方法,通过将教育任务转化为有趣的游戏,激发学生的积极性和主动性,促进他们的学习和发展。在小学科学场馆教育中,可加入游戏元素,利用游戏,串联学习全过程,让研学旅行更加有趣,更具有挑战性。学生在游戏的内在驱动下,有目的地自主合作学习,从而在有趣的探索中将学习引向深入。

第一节
游戏式学习概述

著名哲学家席勒曾提出这样一句话:"只有当人充分是人的时候,他才游戏;只有当人游戏的时候,他才完全是人。"可见游戏对人发展的重要。加拿大学者巴格利曾经分析了2004—2012年间发布的《地平线报告》,报告中提出了37项新技术,其中"基于游戏的学习"排在第一位。如今游戏式学习获得教育学者的广泛关注。

一、什么是游戏式学习

"游戏"一词由来已久,早在战国末期,韩非子就在《难三》一文中提道:"管仲之所谓言室满室,言堂满堂者,非特谓游戏饮食之言也,必谓大物也。"这里的"游戏"指的是游乐嬉戏、玩耍。世界著名哲学家柏拉图认为游戏是一切幼子(动物和人)生活和能力跳跃需要而产生的有意识的模拟活动。希腊学者亚里士多德则认为游戏是劳作后的休息和消遣,是本身

不带有任何目的性的一种行为活动。拉夫·科斯特提出游戏就是在快乐中学会某种本领的活动。可以说，游戏伴随动物而生。在动物世界里，游戏是各种动物熟悉生存环境、彼此相互了解、习练竞争技能进而获得"天择"的一种本领活动。游戏，随人类而造。在人类社会中，游戏不仅仅保留着动物本能活动的特质，更重要的是作为高等动物的人类，为了自身发展的需要创造出多种多样的游戏活动。

　　游戏是一种综合性的活动，包含人际交往、身体动作、语言、材料操作、情绪情感等多种要素，为参与其中的儿童提供了丰富的与身体运动、语言、认知、审美等相关的学习内容。可见游戏并非为娱乐而生，而是一种人类自发组织、以生存技能培训和智力培养为目标的严肃活动。合理适度的游戏帮助学习者在模拟环境下挑战和克服障碍，开发智力，锻炼思维和反应能力，养成规则意识等。学习者在游戏中能直接获得心理和生理上的愉悦，使其动作、语言、表情等产生变化。

　　目前，学术界将游戏运用于科学探究学习主要是借鉴游戏的元素（游戏外壳、游戏规则、游戏机制、游戏PK等）进行学习情境创设。学习者通过游戏进行小组合作或自主探索，并以科学研究的方式学习和建构知识。游戏式学习有两个基本内容：一是创建以学习者为中心的探究学习环境，在此种情况下，游戏围绕某个知识点或技能，对丰富的教学资源和探究实验等进行结构化设计，在趣味十足又饱含探究意蕴的学习活动中，达到锻炼学习者的创新思维和发散思维的目的；二是在游戏式学习中给学习者提供必要的帮助和指导，这样可以明确学习者学习研究的方向，而提供的帮助和指导与传统教学有很大不同，主要是给学习者一些提示并提供丰富的学习资料和引导实践探索的方向。

　　通过梳理学者和教育实践者的观点，本书将科学场馆中进行的游戏式学习界定为以游戏的外壳"包装"场馆内的学习、实验、探索等活动，基于游戏元素将枯燥的讲解内容和静默的展品联动起来。在外界环境与游戏的多元刺激下，让学习者在"玩游戏"的同时自主合作学习，在人与人、人与物互动的过程中对主题学习产生持续的兴趣，达到深度学习的目的，实现核心素养的提升。

二、游戏式学习的特点

游戏式学习并不是将某个游戏作为一项内容或者形式结合到学习过程中，而是着重将游戏元素和机制通过设计与探究学习过程进行结合，真实、自然地将游戏体验感受融入学习过程中。游戏式学习的最终目的就是化解知识学习过程中枯燥乏味的难题，激发学习者学习动机，促进学习者学习。其特点如下：

1.游戏情境的真实性

游戏式学习强调让学习者利用游戏创设的近似真实的情境去提出和解决真实的问题。设计者将任务镶嵌在有意义的接近真实的情境之中，有助于激发学习者参与交互式学习的积极性。

2.游戏主体的主动性

学生是学习的主体，游戏式学习让学习者自愿自发参与学习活动，让学生在课堂上、在课外、在学校享受学习带来的快乐。学界普遍认为，游戏式学习活动中设计的教育游戏要能发挥学习者的主动性，使其能够根据自身行为的反馈信息形成对客观事物的认识和提出解决实际问题的方案。

3.游戏小组的合作性

游戏式学习非常注重合作。同伴之间的相互合作，可以使学习者对问题的认识更加全面，对意义的建构更加准确。集体动机会受到合作、竞争、自尊因素的影响，而游戏式学习常以小组形式开展合作探究活动，学习者能从多种观点中建构知识，提升复杂的认知交流和认知协作能力，进而凝聚成团队的力量去解决复杂问题。

4.游戏学习的创造性

在游戏中，学习者不断调动自身已有知识，利用自己的方式探究，以获得游戏胜利。此时的学习处于深度学习，学习者身心状态趋于自由、自主，这样的身心状态使其创造力比其他时期更强。在自由轻松的环境下，游戏式学习激发了学习者勇于尝试不同方法，创造性解决问题的能力。同时，通过小组合作学习的思维碰撞，激发学习者独特的思维创造能力。

三、游戏式学习的价值

陈鹤琴先生说过:"游戏是儿童的心理特征,游戏是儿童的工作,游戏是儿童的生命。"从某种意义上说,儿童的各种能力是在游戏中获得的。游戏是儿童最基本的活动方式,是获得发展的最佳途径。一直以来,许多学者从不同的方面及角度来研究游戏,精心设计教育游戏,以激发学习者的学习动机,培养学习者的知识、技能、情感态度与价值观。场馆最大的特点就是信息量大,内容多元,有很大的场地供人们活动,一些场馆还引入许多人机交互式的游戏,使得游览场馆的方式变得多样。单纯的场馆游览会让学习者无从下手,注意力难以集中,止于浅层学习。因此,教师需要精心筛选场馆资源,设计相适应的游戏把原本枯燥的展品灵活地串联起来,能够激发学习者的兴趣和自主学习动机,化解乏味的学习过程,维系学习者的学习兴趣,从而走向深度学习。

1. 激发学习动机,满足基本需要

动机对学习来说具有非常重要的意义。心理学家指出,"动机通常被看作是一种激发、指向以及保持某种行为的内部状态",它的强弱直接决定着学习者是否会选择、开始、投入、坚持学习行为。当学习者在一个具有安全感和归属感的环境中,学习者知觉到自己有能力胜任某事,在这件事上能自我决定,那么其动机及学习行为就会被加强。在游戏式学习中,学习者有充分的自主决定权,能自主决定游戏的方式,游戏的难度一般也都与他们的年龄、认知能力和理解能力相匹配,因此这样的游戏能够很好地满足学习者的归属自主、能力等方面的需要,从而激发学习者的学习动机,进而自主地开展学习。

2. 发挥主体地位,激发思维创造

游戏式研学活动将游戏的挑战、竞争和控制等特性应用到研学活动设计中去。在游戏式学习中,学习者不断地调动自身已有知识,不断地利用自己的方式,不断地探究,以获得游戏胜利。游戏式学习的过程并不总是一帆风顺的,进行的过程中或许会有尝试后的失败、有思索的苦恼、有合作不顺的沮丧等,但是由于学习者对游戏本能的热情,仍会促使学习者不断地寻求解决问题的方法。在游戏中，学习者勇于尝试不同的方法解决问题，在自由轻松的环境下往往能够激发学习者创造性解决问题的能力。在活动中，学习者通过小组合作学习进行思维碰撞，激发自身独特的思维创造能力。当他们克服了重重困难获得成就时，他们所收获的成就感和满足感是巨大的。

3.引导整合元素，建构深度学习

游戏是一种综合性的活动，其中包含着人际交往、身体动作、语言、材料操作、情绪情感等多种要素，为参与其中的儿童提供了丰富的与身体运动、语言、认知、审美等相关的学习内容，这些学习内容相互促进，综合发挥作用。深度学习的五大特征为整合孤立零散的知识、强调批判思维能力、重建认知体系、迁移运用、面向问题解决，并强调五大特征是相互联系、相互促进的统一整体。可以看出游戏中的学习与深度学习呈现出了高度重合的状态。那么学习者在进行游戏式学习过程中，可以从自身内驱力出发，运用知识解决游戏过程中遇到的问题，学习者在游戏竞争合作的过程中获得愉悦，不断深入学习。这样的学习往往并不停留在浅表学习，而是将学习者的学习推向深处。

第二节
基于游戏式学习的科学场馆研学课程开发策略

> 游戏式学习指的是借鉴游戏的各种元素包装学习,营造丰富的游戏学习情境,学习者在游戏式学习中进行小组合作,主动自主地探索,并以科学研究的方式进行学习和建构知识。科学场馆具有实现游戏式学习的广阔场地和丰富的学习资源,利用游戏的外壳"包装"场馆内的学习、实验、探索等活动,基于游戏元素将枯燥的讲解内容和静默的展品变得生动起来。

一、基于游戏式学习的科学场馆研学课程定义

基于游戏式学习的科学场馆研学课程是在游戏式学习的基础上,将其特点融入研学旅行中,调动学习者自主探究的积极性,引导学习者在研学过程中深入学习,充分发挥丰富的场馆资源,结合游戏式学习的主动性、合作性、创造性等特性,引导学习者在"玩游戏"的过程中主动探究、合作学习,使学习者在运用已有知识和能力的基础上创新发展,对学习保持兴趣,达成深度学习,提升核心素养的教育活动。

二、基于游戏式学习的科学场馆研学课程目标

基于游戏式学习的科学场馆研学课程以游戏式学习为理论指导开发研学实践课程,采用游戏的方式调动学习者的学习热情和积极性。课程中的研学场馆作为游戏的主要环境,根据明确的游戏规则及赋予的游戏角色,让学生通过多样化的游戏任务及丰富的游戏线索深入学习。同时,游戏式的研学课程特别强调学习者间的合作学习,在游戏的层层关卡中,通过团队的合作、互助、交流,进而发挥自己的特长,培养自信心,收获成就感。

三、游戏式学习的基本过程

游戏式学习倡导利用游戏的元素如游戏的外壳、游戏的竞争机制等，进行教育游戏活动的设计，强调学习者的主体作用，重视活动过程中的趣味性、全员性、创造性的呈现。游戏式学习主要通过明确游戏规则、确定游戏角色、沉浸游戏情境、完成游戏任务、展示游戏成果五个环节来实现。

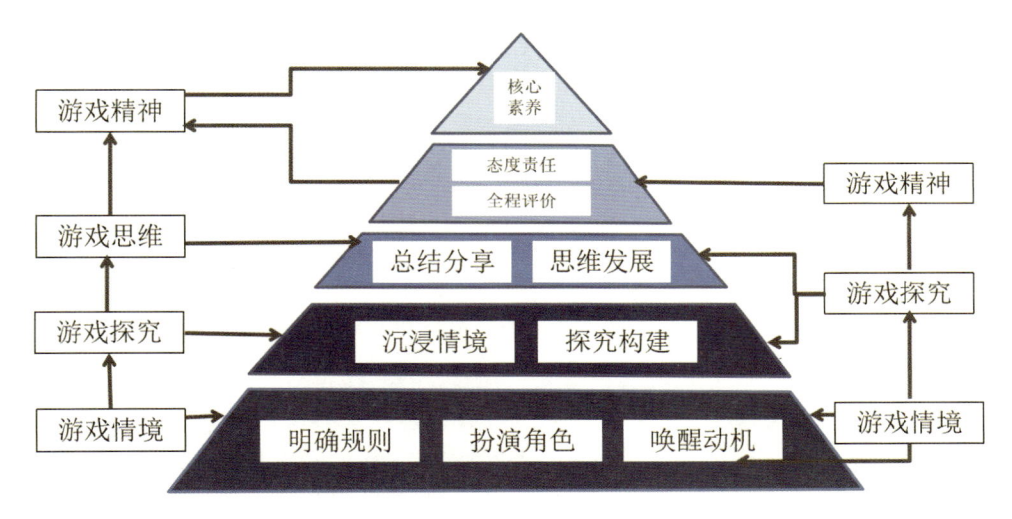

图9-1 游戏式学习的基本过程

1.明确游戏规则

所谓游戏化，即将游戏或游戏元素、游戏设计和游戏理念应用到一些非游戏情境中。游戏规则是串联整个游戏式学习始末的重要一环，明确游戏规则能够更好地帮助教师、学习者开展学习。规则的约束让整个游戏活动更有趣，更具有竞争性和挑战性，从而激发学习者的好奇心，并深度激发学习者的学习动机。

2.确定游戏角色

不同的游戏场景中有不同的角色，不同的角色起着不同的作用。在活动开始前明确各自的游戏角色分工是基础。在这个过程中，鼓励学习者深入解读角色应该承担的责任。学习者可以根据自己的特长选择适合自己

的角色，明确角色分工，更好地参与后续的合作交流。

3.沉浸游戏情境

围绕学习内容创设学习者感兴趣的情境，进而达到心流状态。正如心理学家米哈里（Mihaly Csikszentmihalyi）所述，"当人们专心地投入到一项具有难度，但又在自己能力范围内能完成的任务时，人们就会忘记时间、忘记周围环境的干扰因素，达到活动与意识融合的状态"。在这种状态下，利用游戏情景的挑战性、竞争性使学习更有趣，学习者投入的注意力更多，学习效率更高，解决问题或完成任务后获得的价值感获得提升。

4.完成游戏任务

游戏任务形式多样，可以是答题、小游戏、作业、实验等。任务不必拘泥于游戏的外在形式，核心要义是在教学内容、学习过程、评价成效等环节中有机融入游戏元素或游戏设计，抑或是游戏理念。注重游戏思维对整个学习过程的指导和推进，确保游戏式学习处于教育性和趣味性的最佳结合处。

5.展示游戏成果

在游戏式学习探究活动结束后进行游戏成果展示并及时反思，有助于巩固内化和提升学习者的成长收获（学习能力、动手能力、团队合作能力等）。游戏式学习引入多维评价量表，对个人和小组进行不同维度的评价，能更好地帮助学习者总结。该学习方式的评价形式多样，如填写评价量表、留言板留言、对话交流、手绘反思图等都是比较有效的评价方式。

四、基于游戏式学习的科学场馆研学课程开发要点

孩子需要游戏，就像需要食物和安全一样。游戏是陪伴孩子度过纯真童年的最忠实伙伴，再没有比游戏更能吸引一个孩子灵魂的东西了。游戏是儿童学习社会生活的方式，更是社会存在的一种形式。社会场馆具有学习空间大、资料多、展览形式多样等特点，一方面为学习者提供了丰富的信息，另一方面又使学习者容易陷入"走马观花式"的浅层学习。因此在科学场馆研学课程开发过程中，为了将游戏式学习机理和场馆学习有机融合，提升课程设计的精准性和有效性，基于游戏式学习的科学场馆研学课

程开发要点如下：

1.以游戏活动链接课程内容——课程框架顶层设计

广义的场馆是指一切能引发学生进行主动学习的场域，除了常见的科技馆、博物馆，还有公园、工厂、专项实验室等知识种类丰富、信息量大、活动空间大、资源丰富的场所。课程设计者可以根据主题、项目等形式包括系列游戏活动，基于课程顶层设计的角度统整思考，有序、有目的地把研学学习内容进行结构化实施。

2.用游戏元素深化课程——游戏式活动架构

研学形式因"游戏式"的加持变得生动有趣，在边研边学的活动中，以游戏化学习方式链接场馆研学内容。探究活动添加"神秘""幻想"等调味品，创设引人入胜的游戏机制，在探秘寻宝、完成神秘拼图、解锁黑技术等游戏化场馆学习中，学习者自觉转化学习角色，从被动地听变成主动地学，激发学习者的学习兴趣。

3.借助游戏式评价机制——实时反馈助推学习

学习和游戏中的反馈可唤起正确的行为、思想。科学场馆研学课程活动中，教师除了以奖励星星、口头评价的方式对学习者的课堂行为进行反馈，还可以借助游戏式学习中特有的游戏机制，转化为反馈或评价机制，为学习者的学习之旅增添刺激感。当然，给予的反馈要真的能给人带来感觉、体验。人机互动视频游戏、桌面沉浸式游戏等，及时真切地反馈游戏活动的效果，带来的感觉、体验诱发了学习者的好奇心、好胜心，使学习者迫不及待地想探究，从而更加聚精会神地学习。

五、实施保障

基于游戏式学习的科学场馆研学课程开发是一项系统性工程，除了需要从理论层面对场馆课程的本质特点、课程类型以及课程价值进行深入认识，从实践操作层面进行课程编制，从制度层面构建课程问题的审议机制，还需要构建有效的课程开发保障机制，为场馆课程开发实践提供条件保障。从小学场馆课程开发的馆校合作、教师专业发展、家长参与三个重要因素出发，构建有效的小学场馆课程开发保障机制，以促进基于游戏式学习的科学场馆研学课程实践的发展。

（一）构建有效的馆校合作机制

理想的馆校合作伙伴关系建立在双方相互信任的基础上，互动为学校及场馆提供了一个熟悉彼此及交流信息的机会。因此建立馆校合作的第一步是开展馆校互动活动，加强彼此的了解和沟通。学校需要与场馆交流展品的摆放位置是否符合游戏式学习的逻辑安排。场馆也需要与学校沟通活动时间、参与人数等，以确保研学活动顺利展开。在馆校双方的合作意向基本达成后，就可以选择合适的合作伙伴，建立基于小学场馆课程开发的稳定的馆校合作关系。

（二）教师设计符合学习者认知的游戏和课程

教师和研学导师是科学场馆研学课程开发的主力军，是课程审议的核心成员，是课程实施与课程评价的主体，在场馆课程开发中扮演着重要的角色。教师因学校的教育特点和管理形式，对学习者的成长状态和成长需求了然于心，基于场馆资源设计符合学习者认知需求的教学游戏，是创设丰富体验场馆课程的有力保障。

（三）家、校、社三位一体，形成教育合力

游戏式学习课程倡导家、校、社三位一体的共同建构。首先，积极通过各种平台和方式倡导有条件的社会机构、企业工厂、私人场馆机构建设有特色主题的研学基地或体验实验室；其次，课程设计环节邀请家长作为主要成员，既能促进课程有序推进，同时，"大手拉小手"的教育形式是增进亲子关系的有效方式；最后，形成家长参与机制，邀请家长共同参与、共同学习，明确家长参与的内容与职责，制订有效的家长志愿者选拔标准，邀请家长在客观评价和课程管理方面发挥保障作用。

第三节
基于游戏式学习的科学场馆研学课程开发范例

> 基于游戏式学习的科学场馆研学课程强调用游戏串联研学课程，利用学生喜闻乐见的游戏，引导学生深入学习。游戏式学习倡导利用游戏的元素进行游戏式的学习活动，强调学习者学习的主体作用，重视活动过程中的趣味性。现以"追梦航天——我是小小探险家"为例，展示基于游戏式学习的科学场馆研学课程开发与实践。

一、课程开发背景与开发愿景

（一）课程开发背景

《义务教育课程方案（2022年版）》将"变革育人方式，突出实践"作为基本原则，强调"加强课程与生产劳动、社会实践的结合，充分发挥实践的独特育人功能"。这说明课程实践不再是止步于传统的、简单的常规式教授型学习活动，而是推崇具有学科立场、解决真实情境问题的实践活动。《义务教育科学课程标准（2022年版）》中对航天领域的学习有要求，但教材中对中国航天事业内容的介绍课时较少，使学习者课内学习时间不够充足。同时，航空航天知识在日常生活中很少有实践的机会，难以给学习者以丰富直观的具象体验，导致学习者仅停留在对航天知识的浅层认知上。

位于厦门市集美区的诚毅科技探索中心弥补了缺少学科实践的遗憾。该中心围绕"航空航天、航海、自然灾害、信息通信"四大主题开展活动，是首家官方授牌的"中国航天科普体验基地"。中心里有丰富多元的实践资源，包括运载火箭等比例缩放模型、航空航天仓仿真模拟、航天主题的人机交互游戏、失重体验仓等，兼具科学性与趣味性，利于游戏式研学课程的设计与开展。

因此，笔者和团队成员在《义务教育课程方案(2022年版)》的指导下，基于馆校合作育人双向奔赴的背景，立足本土资源，开发和设计了"追梦航天——我是小小探险家"游戏式科学场馆研学课程，该课程为学生提供了更为真实、有趣的探索环境，带领学生走近陌生的航天航空领域，不仅能培养学生解决真实问题的能力，提升科学核心素养，还能让学生在场馆沉浸式的学习环境中激发他们对航天科技的热爱和思考。

（二）课程开发愿景

我国的航天事业不断发展，载人航天技术也进入世界前列。"追梦航天——我是小小探险家"的游戏式场馆研学课程，驱动学生置身于航天领域知识中，学习航天知识，提升航天事业"参与者"的责任感。通过这样的课程设计，激发学生对航天事业的好奇心，持续关注航天领域的动态发展。

二、课程目标

在游戏式科学场馆研学课程设计下，引导学生借助场馆的信息资源了解不同型号火箭的特点，理解火箭的功能及发射原理，知道人类在航天技术领域取得的伟大成就，以及我国航天事业发展进步的过程。在核心课程的学习过程中，树立学生热爱科学的精神，激发其民族自豪感，进而意识到航空航天事业发展对人类生活的重要影响。

三、课程基本属性

表9-1 "追梦航天——我是小小探险家"课程属性

课程名称	追梦航天——我是小小探险家
研学地点	校园、厦门诚毅科技探索中心
研学对象	五年级学生
执行人员	√科学老师　√研学导师　√家长　其他

（续表）

课程总用时	8课时
资源属性	√自然生态类　√人文历史类　√科学技术类　√体验创造类
资源可关联学科	√道德与法治　语文　数学　英语 √科学　音乐　美术　体育与健康　√工程
评价方式	√个人发言　√小组讨论　√研学评价表 √研学成果展示　√游戏成果
课程教具	研学手册、火箭模型、气球、吸管、摄像工具、电脑、纸笔、电子白板

四、课程结构与内容

本研学活动旨在让学习者在游戏活动的过程中，自主愉快地进行学习。首先，创设游戏情境，带领学习者逐渐沉浸在愉悦的学习情境中；然后，在游戏规则和机制的推进下，学习者根据研学手册开展自主和小组合作的探究学习，通过观看馆内视频、阅读文字介绍、观察模型、采访讲解员等多种形式解决提出的问题，在场馆内按照拼图式路径卡寻找正确的展品，完成闯关探究任务；最后，利用游戏的形式进行回顾，通过完成研学手册、交流互动、文字记录、视频记录等表达自己的收获和感悟。

（一）课程结构

基于游戏式学习流程，学习者经历明确游戏规则、确定游戏角色、沉浸游戏情境、完成游戏任务、展示游戏成果等环节，达成自主深度学习，获取航空航天领域的知识。"追梦航天——我是小小探险家"课程结构按照课程实施的阶段分为研学前、研学中、研学后，由过程线、情境线、游戏任务线、场馆线四条主线构成。如图9-2所示（见第284页）。

（二）课程内容

与传统课程相比，游戏式学习重视培养学习者积极学习状态和小组合作学习态度。因此在研学活动开展前，有效开展了解主题、明确任务、确

| 过程线 | 情境线 | 游戏任务线 | 场馆线 |

研学前 — 吹响游戏集结号

- 主题导入 → 建立学习小组
- 我是小小宇航员
  - ◆ 讲解主题
  - ◆ 自愿分组
  - ◆ 自我介绍
- 一楼教室

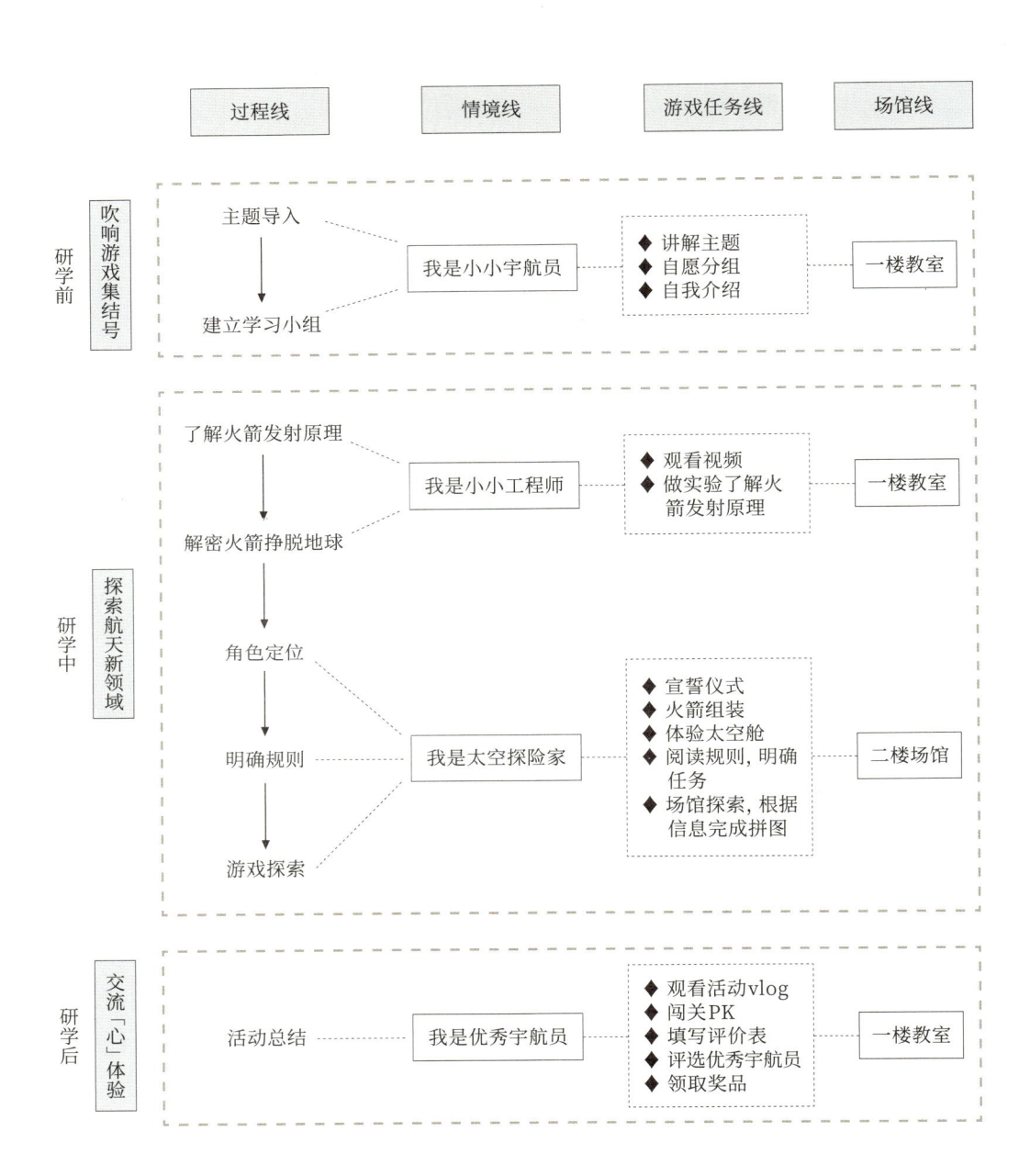

研学中 — 探索航天新领域

- 了解火箭发射原理 → 解密火箭挣脱地球
- 我是小小工程师
  - ◆ 观看视频
  - ◆ 做实验了解火箭发射原理
- 一楼教室

- 角色定位 → 明确规则 → 游戏探索
- 我是太空探险家
  - ◆ 宣誓仪式
  - ◆ 火箭组装
  - ◆ 体验太空舱
  - ◆ 阅读规则，明确任务
  - ◆ 场馆探索，根据信息完成拼图
- 二楼场馆

研学后 — 交流"心"体验

- 活动总结
- 我是优秀宇航员
  - ◆ 观看活动vlog
  - ◆ 闯关PK
  - ◆ 填写评价表
  - ◆ 评选优秀宇航员
  - ◆ 领取奖品
- 一楼教室

图9-2 "追梦航天——我是小小探险家"课程结构图

立评价标准和建立学习小组四项学习活动,有助于提升学习者在场馆学习中的体验感。研学前了解游戏任务"我是小小宇航员"的主要背景,如需要遵守的游戏规则和了解具体的游戏场所。接着,组织学习者了解火箭发射的基本原理,知道火箭是如何挣脱地心引力飞升上天的。这个过程不仅能调动学习者的学习积极性,也为后续的研学做知识支架。游戏情境围绕"我是小小工程师""我是太空探险家"项目在诚毅科技探索中心一楼和二楼展厅展开。学习者遵循游戏探索线,与学习者之间、与展品之间、与教师之间产生了深刻的联系和互动,根据研学手册的提示,到达不同的地点,进行不同层次的任务学习。最后,在"我是优秀宇航员"评价活动中,学习者进行各种反馈分享和复盘分析,巩固内化所学知识和收获。该课程指向的是学习者科学核心素养的发展,基于游戏式学习的科学研学课程形成的"重体验""重探究""重创新"的育人思想,充分体现趣味育人方式的价值。

五、研学实施过程

在研学课程实施的过程中以实践旨趣为价值取向、以教师和学生为主体、以集体审议为课程开发方法、以行动研究为方法论,根据实际的应用价值和对现实研学执行落地的指导,一般把研学课程实施按阶段分为研学前、研学中与研学后,课程开发者可根据学习者需要有目的地对课程结构进行设计。

【研学前】吹响游戏集结号

(一)设计思路

本案例研学场所是诚毅科技探索中心,该场馆资源丰富,活动形式多样,但学习者在活动中容易沉迷于游戏中,使学习流于表面而没有深入探究。因此,教师需要在活动开始前做好充分的准备,组建团队和熟悉场地,补充对场馆的认知。

（二）研学目标

通过观看视频，激发学习者对航空航天领域的探索欲望，进而了解研学主题及任务要求；在组建学习小组的环节中，学习者之间相互了解并建立信任，促成积极学群关系。

（三）研学过程

以"组内异质，组间同质"的原则建立学习小组，并讨论确定小组组长。通过观看视频《神舟十二号发射》，小组内交流获得的信息，向他人介绍已了解到的航空航天领域的知识。

【研学中】探索航天新领域

（一）设计思路

基于游戏式学习理念设计开放式学习活动，容易使学生的学习处于"放养"状态，不仅时间消耗多，而且学习成效低，教师可通过设计学习支架来解决这一问题。比如设计导学单、微课教学、App软件学习等，提升学生的学习质量。本案例采用拼图寻宝的形式引导学生巧妙地集齐"九宫格图片"，从而完成研学任务。将拼图与任务的问题和线索相连接，学生能根据导学单的启示进行自主探索，成功驱动学生真正沉浸于趣味的游戏式学习中。

（二）研学目标

通过拼图寻宝游戏，了解我国航天事业发展历史，知道重要的航天事件，了解航天技术对人类生活方式和思维方式的影响；在体验场馆研学设施的过程中，了解多级火箭的发射过程，知道运载火箭的发射原理；通过参观火箭模型，了解不同型号火箭的特点。

（三）研学过程

1.**了解火箭发射原理：**通过操作实验观察气球的运动和状态，思考如何让气球以固定方向飞行，尝试理解空气火箭发射原理。

2.**解密火箭挣脱地球：**借助实验设计观察、交流气球喷气的方向与运动方向的关系，理解什么是反冲力；借助气球模拟火箭的运动，通过视频和实验等了解火箭发射的原理。

3.确定角色，增强航天体悟：听取火箭组成部分的介绍，参加小组火箭组装游戏比赛；听取航天员的英雄故事，体验航天员的使命感和责任感；进入1∶1比例还原的"天宫一号"和"神舟飞船"对接舱进行互动体验，感受宇航员在太空的生活。

4.组建团队，迎接挑战：再次确认小组结构，阅读游戏规则；研学导师分发游戏探索卡；团队经过讨论制订小组游戏计划和方案，规划最佳路径和确认分工。

5.沉浸任务，主动探索：学习者根据研学手册上的研学路线图进行探索。通过阅读手册中的提示信息，完成阅读、闯关、PK等挑战，挑战成功后，学习者会获得对应的一张拼图小卡片。学习者集齐所有小卡片并完成拼图后则表示挑战成功。

图9-3　完整的拼图正面

图9-3是完整的拼图正面，学习者获取所有的小卡片并完成拼图后将会获得一个完整的大卡片（火箭飞升的画面），凭此图可获得一份火箭的乐高模型。只要获得任意连续三枚小卡片，都能获得不同的奖励，以鼓励学习者再接再厉。

学在现场　小学科学场馆研学课程的开发与实践

宇航员手册

星际探索基地

- 航天实验室 → 火箭发射的原理（请翻至左1）
- 火箭挣脱地球的奥秘（请翻至左2）
- 认识长征家族
- 出征宣誓
- 火箭发射
- 航天员大挑战
- 进入空间站

航天实验室

1. 火箭发射原理

实验器材：气球、吸管、棉线、胶布、剪刀

喷气方向

运动方向

我发现：

气球里的气体喷出时，会产生一个和喷出方向相反的推力，叫_____。

分别画出气球和火箭的喷气、运动方向。

请你说说火箭发射的原理吧！
（答对的小组可以获得航天员印章哦）

火箭发射的原理是_____

星际探索基地

出征宣誓

我自愿从事载人航天事业，成为航天员是我无上的光荣。为了肩起航天员的神圣使命，我宣誓：热爱中国共产党，热爱社会主义祖国，热爱人民解放军，热爱航天事业。服从命令，听从指挥，刻苦学习，严格训练，爱护武器装备，遵纪守法，保守国家机密，英勇无畏，无私奉献，不怕牺牲，甘愿为载人航天事业奋斗终生！以上誓言我坚决履行。

我想说：

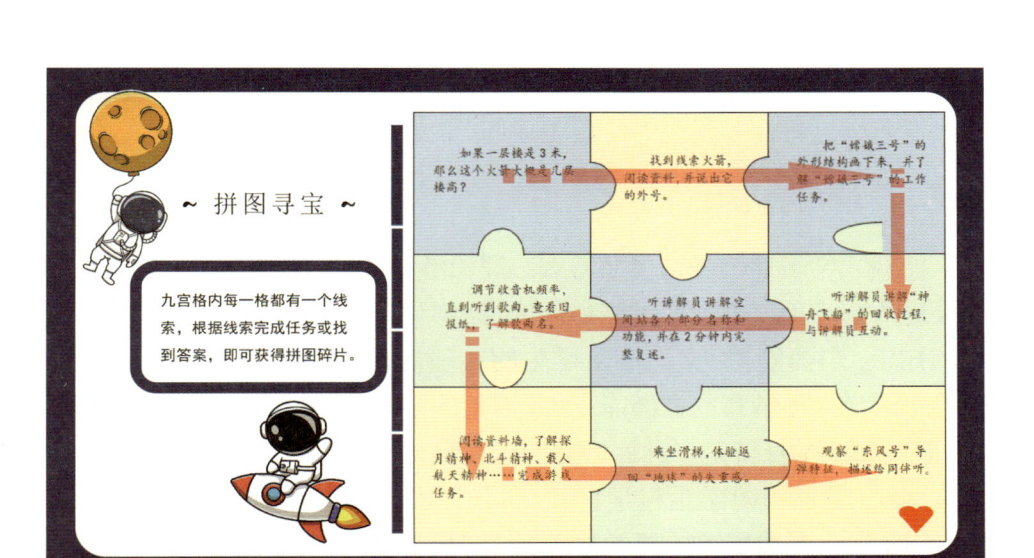

图9-4　研学手册设计图

【研学后】交流"心"体验

(一)设计思路

在基于游戏式学习的科学场馆研学课程中，除了训练学习者能用口头语言来表述活动心得以外，更有必要指导他们把反思落实在笔头上。本课程指导学习者采用学习日志的方式记录活动中的点滴或创意想法，它既能记录学习者的成长轨迹、培育学习者的创意表达能力，更有助于教师全面了解学习者。课程结束时，这份研学日记将成为学习者学习成果之一。

(二)研学目标

借助研学日记记录活动过程中的心得体会。学习者通过进行回顾反思，整理研学过程中的收获，分享彼此的想法，并在交流中，体会科学技术对社会发展的影响。

(三)研学过程

通过观看研学导师拍摄的Vlog，互相分享收获并反思不足；教师通过设置闯关小游戏，让学生在游戏中巩固学习内容。学习者、教师、研学导师根据研学过程性表现及评价量表评选"优秀宇航员"。

六、学习评价设计

游戏式学习评价是指借助游戏心理和游戏规则，对学生学习的过程和结果进行的一种评价。通过这种评价，让学生在学习的过程中既能学习系统的知识、培养能力，又能满足学生的心理需求和心理发展规律，从而激发学生的学习激情和内在潜能，达到高效的学习目的。在游戏式学习活动中，游戏机制本身就是一种评价方式。在设计游戏式学习科学研学课程评价方案时，要侧重对学生科学素养、协作能力以及实践创新能力等进行评价，同时注重调动场馆内研学导师、科学授课老师、家长志愿者及研学专家对课程进行综合性评价。

（一）评价内容多维度

研学不同于课堂学习，其评价不应局限于对知识和技能的掌握，还应重视学生在实践过程中的态度、兴趣、情感，以及解决问题的方法和各种实践表现等。在场馆研学活动中，除了评定学生理解和掌握的基础知识外，还应重视评价小组合作情况、游戏参与程度、是否遵守游戏规则、是否通过多种方式解决问题等。既要测量、分析和评定学生达到的能力和智力的水平，又要测量、分析和评定学生的实践、学习态度、习惯及其逐步形成的道德品质。在面对个性不同、学习能力有差异的学习群体时，简单化、片面化、维度统一化的评价已经不能完全反映学生的学习等级和学习能力，教师应尝试从支架式搭"建"评价路径、追踪式筑"建"评价手册、交互式构"建"评价智慧三种评价维度介入，促进学生积极地参与活动，在"游戏""探究"等一系列活动中发现问题、解决问题。

（二）评价主体多元化

多元主体的参与避免了评价的单一，也避免评价角度的狭隘。研学所涉及的评价主体为授课教师、研学导师、家长、学习者本人、小组成员。每个主体因为身份不同，承担任务不同，看待同一事物的角度也有所不同。

授课教师及研学导师可以从知识获取、任务达成情况、操作技能等方面进行专业评价；家长可以从学习者个人成长，与他人的合作、情感态度的发展等角度进行评价；学习者本人及组员可以从任务完成度、自我成长、与他人的合作等方面进行评价。评价主体多元化有利于激励不同层次的学生学习，促进学生主动、全面的发展；有利于学生进行自我反思，提高对自己的认识，使学生成为学习的主人；有利于学生与其他同学进行多方位、多角度的交流，产生思维的碰撞，相互取长补短，共同进步。

（三）评价形式多样化

评价形式多样化，让核心素养落在实处，就是要将学生发展核心素养的落实情况作为达成学习目标的重要判断依据，同时为进一步学习提供诊断信息。基于游戏式学习理念指导下的研学活动，形式上更加丰富和多元，不拘泥于传统的评价方式，不仅可以采用传统的纸笔测验，也可以采用游戏式学习独有的评价方式，例如闯关打卡、实验揭秘、点赞集星、评论留言、互动交流等。丰富多样的形式让学习者更乐于评价，不仅能在评价中获得乐趣，也能有所收获。表9-2、表9-3从科学素养和学生合作两方面进行评价，力求体现游戏式研学课程学习中的内容多维度、主体多元化及形式多样化，以供参考。

表9-2 基于游戏式学习的科学研学课程学生科学素养评价表

一级指标	二级指标	评价标准	自评	互评	师评
科学素养	科学观念	了解我国航天事业发展历史,知道重要的航天事件,体会到航天技术对人类生活方式和思维方式的影响; 知道运载火箭的发射原理。了解多级火箭的发射过程。通过参观了解火箭的功能,认识并了解不同型号火箭的特点			
	科学思维	能够通过调查研究、分析数据等方法完成游戏任务,并对结果进行科学分析和解释			
	探究实践	能够根据线索进行有顺序的探索; 通过小组合作完成游戏探索			
	态度责任	遵守游戏规则,尊重其他队员,小组能保持竞争意识,互相激励,共同进步; 挑战完成任务,即使失败也再次尝试,坚持到底; 每个成员愿意听取别人的意见并发表自己的看法见解; 能够积极参与到小组活动中,并为小组活动贡献力量; 能在好奇心的驱使下,表现出对航天知识和历史的探究兴趣;			

表9-3 基于游戏式学习的科学研学课程学生合作评价表

阶段小组评价	维度	分值 5分	4分	2分
组内合作	分工情况	组内分工明确,任务分配合理	组内分工不够明确,只有基本的任务分配	组内分工不明确
	参与情况	服从安排,每个成员都能积极参与小组活动,发挥自己的才能	大部分成员服从安排,能参与小组活动,尽自己所能	只有个别成员服从安排,参与小组活动
	合作情况	每个成员愿意听取别人的意见并发表自己的看法见解	大部分成员愿意听取别人的意见,发表自己的看法	只有个别成员愿意听取别人的意见
	游戏精神	挑战完成任务,即使失败也再次尝试,坚持到底	大部分同学在失败后会再次尝试,但很难坚持到最后	只有个别成员不断尝试坚持到最后
	任务完成	任务总是能按时完成,自己有所收获	任务大部分能按时完成,有一些收获	只有个别任务能按时完成,收获不大
组间合作	组间关系	关系融洽,能很积极地参与组间合作	关系一般,小组能参与组间合作	关系冷淡,基本不能参与组间合作
	竞争精神	小组能保持竞争意识,互相激励,共同进步	小组间有竞争,但意识不强,难以互相激励	小组没有竞争意识,自由散漫
	研讨价值	合作效果好,问题有实质性的进展或有有价值的成果出现	合作效果较好,问题有一些进展或有一些成果	合作效果一般,问题几乎没有进展或没有成果

总之,在学生发展核心素养框架下,评价方式有了巨大变革。评价内容的多纬度、评价主体的多元化、评价形式的多样化、注重全过程评价及

全面性评价的评价方式，在关注学生的自主发展和个性发展、促进学生的终身学习和终身成长方面具有重要作用，对推动学生的能力、素养、身心等各方面的充分发展具有重要意义。以多样的评价方式让核心素养落在实处，还需要每一位教师去挖掘、去创造、去思变。

七、课程故事

把游戏还给学生，做学习的"头号玩家"

几年前，我申报了福建省规划办的课题《小学科学游戏设计和开发的实践研究》，和课题组成员们利用科学课堂，进行了融合趣味性、探究性的游戏化教学方式的实践探究。利用生活中的材料设计趣味科学小实验，聚焦如何利用游戏App、游戏元素、游戏机制等，把科学进行游戏式实验并运用到科学实践课堂。但随着学科的进步和社会的发展，关于游戏化教学的理论和实践研究成果正不断推陈出新，与时俱进。在"双减"和新课程标准出台的背景下，对科学游戏化教育教学的改革提出了更新更高的要求。如：课程实施中特别强调学习过程；倡导设计者勇敢地变革学习方式，重构学习场景，促进学科融合；在培育学生创新精神方面进行更多探索等。基于游戏式学习的科学场馆研学课程开发，坚持了以"学习者为中心"的育人方向，尝试以学习方式变革来撬动课程内容的创新，设计出满足学习者个性化需求的课程，以期实现课堂内外教学有效实施和推动课程评价方式的深度变革。

1.游戏让学习更主动，让学习更高效

游戏是童年的美好回忆，也是儿童成长过程中必不可缺的环节。游戏和学习看似对立，但在当下小学教学实践中，游戏式学习的确能够让学生们在游戏中愉悦地学到知识。正如英国开放大学在《2019年创新教学法》指出，游戏可以激发人们的创造力、想象力和愉悦感，因为游戏侧重过程而不是结果，并且允许学习者自由地探索问题。如本章的科学场馆研学案例"追梦航天——我是小小探险家"，就充分利用了场馆资源丰富、研究方法多样等特点，寓教于乐，让学生在游戏活动中沉浸学习。研学中的游戏活动都是设计者别出心裁、富有新意的设计,在过程中鼓励学生积极面对挑战,还在游戏中培养团结合作、竞争向上的精神。本案例汇集了一定数量的原创科学游戏活动方案,并真正做到了把科学教学有机融入游戏化活动设计中。贯穿始终的激励评价系统在整个研学活动实践中发挥导向和促进作用。作为课程的设计者,看到学生们在轻松愉悦又富有挑战的学习环境中焕发出的创造力,我的内心充满感动和欣喜。

2. 游戏化实践,高效学习与核心素养培育的联结点

随着新课程改革的实施推广,学科核心素养成了课程设计者和课程实施者的关注点。关于如何培育学生的学科核心素养,本案例也做了积极的探索,其中指向问题解决的任务驱动法就是有效的方法路径之一。素养一般在学生解决具体问题的实践任务中培育、达成,那么在科学场馆研学中,学生们喜欢的趣味实践任务从何而来?游戏式学习活动设计就显得尤为重要。作为游戏式的实践任务,不但和学生的学习心理和学习兴趣密切相关,还和社会生活实践密切相关。本案例中的游戏活动都与综合素养的培育相对应。如"航天历史我知道"——培育科学观念素养;"航天闯关我能行"——培育科学思维素养;"航天探索我实践"——培育实践探究素养;"航天精神我心记"——培育责任和态度素养;"航天未来我勇担"——培育家国情怀素养。通过科学游戏串的设计来促进学习目标的达成,通过完成任务群实现学科核心素养的提升,这也是游戏式学习的优势所在。

3. 借游戏机制之力,促进学习真实发生

学业评价一直是基础教育中的重难点问题。在评价理念上,存在重视评价的选拔功能而轻视发展功能的误解;在评价操作上,存在重视终结性评价而轻视过程性评价的误解;在评价形式上,存在重视纸笔测试而轻视多元评价的误解。在科学场馆学习研究中,通过游戏化教学的实践探索,笔者发现游戏式学习首先要确保场馆研学的内容与科学学科的课程、教材紧密结合,提供进行学业评价的有效场景,为解决过程评价的难点创造条件。其次,在实践中把游戏化教学的理念与学业评价有机结合,创新传统的纸笔测试形式,使评价更具趣味性、开放性和灵活性。可以说游戏式评

价对现有的命题思路和模式进行的探索，对当下学业评价的改革有一定启发。

我和工作室的小伙伴们通过不断地实践和创新，把游戏式学习与科学场馆研学教学进行深度融合，为基于场馆视域下科学场馆研学课程开发探明了新路径。这是一个新的探索，无论是理论阐释还是案例设计，肯定有不少待完善之处，我们希望以此为起点，有更多的课程设计者和实施者能结合各自的教学实际，设计出更多鲜活有趣的科学游戏式研学活动案例，让学生们爱上科学，学好科学。

"互联网+"技术急速推动了学习理念向个性化学习、持续性学习转变，使学习方式也随之发生巨变。那么，"互联网+"时代的学习应该是怎样的？新型学习方式的发展正呈现怎样的趋势？本章试图从基于混合式学习方式的视角去创新场馆研学课程的开发和实践，对存在的问题进行探讨。"新"是对"旧"的扬弃，混合式学习已然成为新的学习方式，"新"主要体现在随时代发展而不断扩充的学习者需求上。根据加里森等人构建的探究社区模型理论，可知影响混合式学习的三个关键要素为社会临场感、教学临场感、认知临场感。只有当课程中的三种临场感均达到较高水平时，有效的学习才会发生。目前混合式学习的在线学习或移动学习，教与学的时空分离，导致了社会临场感与教学临场感的缺失。"宅家云游记"有意识地弥补两者的不足，实现学生足不出户"云逛"馆，是开启混合式学习的科学场馆研学课程的第一步。利用线上线下的灵活组合方式，借助场馆资源开展科学课程学习，实现场馆数字资源与校内科学学习的衔接。纠正"混合式教学=线上教学"的误解，寻找传统教学与混合式教学的结合点，拓展学习者与线上场馆资源进行有效互动的具体操作路径等。

第十章

基于混合式学习的科学场馆研学课程开发

学在现场　小学科学场馆研学课程的开发与实践

2016年至今，教育部多次出台相关文件，推进"互联网+教育"的发展。不仅通过加强顶层设计、优化内容供给、创新教学模式，还通过情境教学、互动教学、翻转课堂等形式助推学习者实现深层学习，进而提高混合式学习的针对性和有效性，充分发挥"互联网+教育"的优势，开启混合式学习高速发展的新时代。

第一节

混合式学习概述

一、什么是混合式学习

随着计算机和网络技术的发展，从20世纪80年代末开始的e-Learning风靡全球，在教育界内被广泛传播。这一教育变革引起了人们文化思维模式和人才培养观念的改变。人们寄希望于e-Learning可以代替传统的课堂教学。然而直到20世纪结束，人们才发现这种教学模式并没有取得预期的教学效果。人们开始意识到不能单纯地采用e-Learning的教学方式，于是混合式学习模式应运而生。

什么是混合式学习？目前并没有统一的界定，学者们往往从自己的视角对其下定义。国外学者对其研究较早。2002年发表的《混合式学习白皮书》中写道，混合式学习是一种面对面互动学习、在线互动学习以及自定步调学习的学习方式。迈克尔·霍恩（Michael B.Horn）和希瑟·斯特克（Heather Staker）认为，混合式学习是一部分时间在学校接受正规的教育课程，一部分时间是自主控制学习时间、地点、路径或进度的在线学习。

国内对混合式学习的研究较晚。2003年，何克抗教授首次提出混合式学习，就是把目前的传统课堂学习方式与在线网络学习二者有机结合，充分发掘二者的优势，既要充分发挥教师的教学主导作用，又要切实体现学生的学习主体作用。祝智庭和孟琦在2003年提出混合式学习是在适当的时间，为适当的人，用适当的传递媒体，通过适当的学习方式，提供适当的学习内容。经过研究，何克抗教授在2004年提出，混合式学习就是把传统学习方式的优势与网络化学习的优势结合从而达到教学的最佳效果。李克东和赵建华在2004年提出，混合式学习可以看作是面对面的课堂学习与在线学习（Online Learning 或 e-learning）两种方式的有机整合。

通过梳理上述学者观点，笔者认为混合式学习就是把传统的面对面学习和在线学习有机结合，既充分利用丰富、交互便捷的在线学习资源，又发挥教师的主导作用，以学习效果和效率最优化为目的，充分发挥学生的主动性、积极性和创造性，全面培养学生自主学习、探究学习和协同学习能力的一种学习方式。

二、混合式学习的特点

混合式学习是以多种学习理论为指导，对多种合适的媒体、技术与教材等进行优化整合，以"教师为主导、学生为主体"并结合传统面对面学习与在线学习二者的优点，从而达到有效学习的一种学习方式。混合式学习可以突破时间和地点的限制，能够使学习更有弹性，并提供终身学习的机会，具有主体性、包容性、多元性的学习特点。

1.主体性

混合式学习是学生利用网络空间在线上进行课程学习，因此学生可以自行选择适当的学习时间与地点。在学习过程中，学生可以根据自己的基础水平、学习目的与自身特点，客观有效地选择适合自身特点及水平的学习内容、学习方式、学习资源及考核方式。在这种学习方式下，学生成了学习的主人。

混合式学习进程中，教师以学生为中心提供数字学习资源和学习支架，根据学生所处的不同年龄阶段，先教授他们如何利用信息技术进行学习，比如微信公众号链接的点击、电子幻灯片的制作、scratch动画的入门和进阶等。接着，根据学习内容以及场馆资源进行任务单（研学单）的设计。任务单是学生学习的脚手架，将积极辅助学生开展自主学习。混合式学习充分满足学习主体的需求，教师可以随时随地为学生答疑解惑，教与学不再受教学时间和空间的限制。

2.包容性

通过应用网络信息实现数据信息共享、教学信息共享，包括海量的新数据、多样化的信息技术实施案例、丰富的教学软件等，从而使大部分学生不受学校地域、教材版本、教师教学能力等方面的影响，学生可根据自身的学习状况选择相应的学习资源。这也是混合式学习最大的优势。

传统的线下课堂借助教材以外的资源进行学习时，其学习内容和学习实施都需要时间进行规划和安排。具有包容性的混合式学习很好地解决了这一问题，让学生足不出户，通过互联网就能获取各种各样的学习内容和学习资源，很好地满足了学生个性化学习的需求。

3.多元性

混合式学习的"混合"由多种学习理论、学习策略、学习环境、学习资源、学习风格、学习评价等组成。因此，混合式学习中没有唯一的教学模式，而是根据学生的学习需求寻找最切合当下学习情境的教学模式。

在进行学习评价时，混合式学习开展线上线下双渠道评价模式，学生自评、生生互评及家长评价的多元主体评价形式，问卷式、评选投票式、自我评定式等多元评价方式共同促进核心素养的提升。

三、混合式学习的价值

教育部发布的《教育信息化十年发展规划（2011—2020年）》中明确提出要以教育信息化带动教育现代化，这是我国教育事业发展的战略选择。建设覆盖城乡各级各类学校的教育信息化体系，促进优质教育资源普及共享，推进信息技术与教育教学深度融合，实现教育思想、理念、方法和手段全方位创新。这对于提高教育质量、促进教育公平、构建学习型社会和人力资源强国具有重大意义。混合式学习把信息技术、互联网资源和教育紧密结合，正是实现教育模式创新的有效路径。

1.突破时空局限，凸显学生主体化

线上学习不再受时间、地域的约束，不再强调教师的主体地位，关注的是学生自主学习。学生可选择在合适的时间、空间内完成学习体验，凸显自主探究的主体性原则。教师通过对大数据的把握和分析，及时了解学生的学习状态，这极大地提升了教育的针对性和精准性。线上学习资源及任务单极大地调动了学生学习的积极性，同时，线上学习也给学生提供了培养自主学习能力和自律意识的机会。

2.巧用"云"上空间，强调资源公平化

混合式学习利用"云平台""互联网+"资源打破了地域学习壁垒，使优质资源不再是精英院校的专利，在促进教育公平发展方面发挥着巨大的作用。比如，纽约大都会艺术博物馆的藏品总量达150万件，其官网上可以直接下载名画图片；通过中国故宫博物院的数字漫游功能可以看到故宫的藏品、建筑等，包括全景故宫、数字文库、故宫名画记等板块，让大家足不出户就能畅游故宫。

3.摒弃形式单一，重视学习多元化

混合式学习融合了多元的学习理论、学习资源、学习环境、学习方式、学习风格、学习评价，因此学生在学习过程中会拥有丰富的学习体验。探究是科学学习的重要方法和思维方式，教师引导学生规划学习，通过探究实践获取感知和体验，将所学的知识进行内化；学生通过网络搭建小组合作平台，合作完成线上学习的任务作品，并在分享交流中取长补短，促进成长。

总之，混合式学习不仅仅是一种全新的学习方式，更是一种全新的学习理念，它给现行教育理念、模式、方法带来的影响重大而深远。

第二节

基于混合式学习的科学场馆研学课程开发策略

> 混合式学习是一种结合了在线学习和面对面学习的新型教育模式。该模式根据不同情境和目标，在时间、地点、路径、进度等方面灵活切换在线或面对面的教学方式。随着信息技术的发展，数字场馆的在线教育项目和学习活动应运而生，既为无法前往实地参观的观众提供了体验式学习的机会，又拓展了场馆的受众面。而良好的线上体验又会反过来鼓励潜在观众实地造访，形成良性循环。基于混合式学习的科学场馆研学课程正是顺应新时代人才培养的教育模式的尝试。

一、基于混合式学习的科学场馆研学课程定义

基于混合式学习的科学场馆研学课程，是以突破时间、空间和学习模式为背景，帮助学生在面对森罗万象的数字场馆资源时，能够自主以学习素材、学习能力、学习兴趣为导向，通过线下、线上相融合的学习方式，进行"基于实物的体验式学习"，在以学生为主体的开放式学习环境中，实现了线下"延展"线上"研展"，从而达成知识体系构建、双向沟通、学习成果多元化的育人活动。

二、基于混合式学习的科学场馆研学课程目标

基于混合式学习的科学场馆研学课程是基于混合式学习特性，将混合式学习理论融入场馆学习并指导探究活动的开展的科学场馆课程。学习者通过网络进入数字场馆的VA环境，在面对丰富、复杂的信息资源时，可根据学习素材及相关提示，不受时间、空间的限制实现自主学习，学会借

助信息技术获取信息,尝试寻找解决问题的方法和方案。学习者通过课程的学习,能感悟到学习方式的多样化,建立快速接受新事物的思维,意识到增强信息技术能力的紧迫性,为面对未来智能化学习打好基础。

三、混合式学习的基本过程

基于混合式学习科学场馆研学课程由教学方式、教学内容、教学媒介、学习活动等部分组成。其中,学习活动是各种教学方式所采用的活动形式。混合式学习模式丰富了学习过程,增加了学习内容的趣味性,也让学生有了更多的自主选择权。

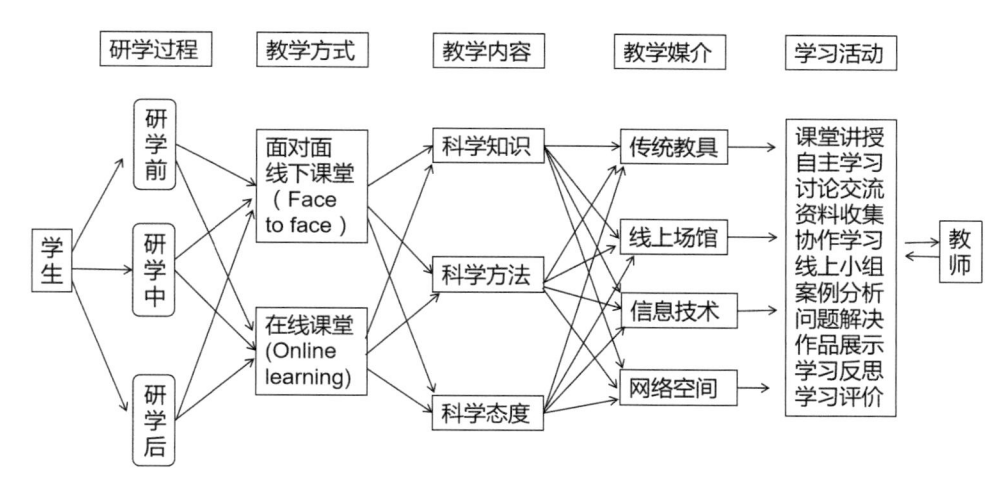

图 10-1　混合式学习科学场馆研学模式

教学方式:混合式学习主要包括线下课堂和在线课堂两种方式。线下课堂即传统课堂,研学教师利用传统教学模式,依托课程标准及教材内容,传授基本科学知识。在线课堂则是整合线上资源,做好资源的最优整合后,利用线上资源进行互动教学。

教学内容:根据《义务教育科学课程标准(2022年版)》中对培养学生科学素养的要求,从科学知识、科学方法、科学态度等方面进行知识、思维、能力的建构。

教学媒介：传统课堂借助教具、实验器材、板书板画、课件等作为知识传递的媒介。在线课堂借助线上场馆、信息技术、网络空间、微课程等新媒体形式传递知识内容。

学习活动：涉及的知识类型不同，所需的学习活动也就不同。只有充分发挥学习活动方式自身的特点，才能达到多种方式混合的目的，使学生在学习过程中更合理、更有选择性地进行学习。

混合式学习强调多种方式的混合，因此在实施中需要根据课程设计的需求，选取最切合的学习模式。既可形成研学前进行线下授课，研学中利用线上课堂，研学后，在传统课堂进行成果展示的方式，也可将线上课堂贯穿整个研学过程。总之，混合式学习多样化、包容性的特点，给研学课程的实施创造了无限的空间。

四、基于混合式学习的科学场馆研学课程开发要点

著名课程论专家泰勒认为，制订任何课程及教学计划都必须考虑四个问题：力求达到何种教育目标？应该提供怎样的教育经验？如何有效组织这些经验？如何确定教育目标得以实现？简而言之，课程的开发需要从目标、内容、策略、评价四个主要维度进行分析和设计。基于混合式学习的科学场馆研学课程的实施特点和学生的认知规律，混合式课程设计需要把握以下四个要点：

1.聚焦关键能力生成

课程目标既是课程教学的指南又是课程评价的直接依据，其重要性不言而喻。当前传统课程目标制订往往偏重体系化的学科知识掌握，对学生动手能力、问题解决能力及主动创新精神要求不高。但在信息技术及教育资讯高度发达的时代，掌握普通的陈述性知识和简单的专业技能已非难事，较低的课程目标和实施水准只会导致学生学习时无精打采。因此，混合式课程的目标不能停留在掌握结构化专业知识和简单技能的层面上，要在此基础上拓展广度、发掘深度、延展高度、加大难度，结合课程内容特点提炼学生需要形成的关键能力和专业核心素养，帮助学生明确完成课程学习后需要达到的能力水平。混合式课程的目标不但要聚焦学生的分析能

力、评价能力、质疑能力、反思习惯、创新意识等高阶目标,还要注重培养学生的信息收集能力、自主学习能力、协作学习能力等综合素质。

2.虚与实的平衡——线上线下教学资源合理分配

课程内容的合理组织与安排是混合式课程设计与开发的关键环节。有别于传统模式的线下课程和接近于远程教育的在线课程,混合式课程的内容既有线上部分又有线下部分,只有两者合理分配,相互融合,方能取得良好教学效果。桑新民教授认为人是从"三个世界"(经验世界、虚拟世界、文字世界)中获得学习经验,必须把"三个世界"的学习经验融为一体,充分利用网络所创造的独特优势才是信息化环境中学习与教学模式成功的奥秘所在。从教学资源的外在形态看,学习经验大致可以分为线上(虚拟)和线下(实体)两种形式,发挥不同经验形式的优点,平衡好"虚"与"实"的关系,是处理好课程内容的关键。线上教学资源通常采用微课、短视频、数字音频、电子文档、网页等形式呈现,一般要求涵盖课程主要知识点、重难点或者比较适合学生自学的内容。线下教学资源主要包括纸质教材、讲义、实验器材、多媒体课件等,难度偏大,需要实操或者面对面教学效果更佳的内容适合采用此类资源。混合式课程在教学内容的具体组织和分配上比较灵活,线上、线下内容可以相互独立也可以部分重合,教学资源的开发要注意形式多样、虚实结合。

3.动与静的结合——促进主动学习的活动组织

爱因斯坦说过,未经思考的知识不是知识。苏格拉底也提出:"教育不是灌输,而是点燃。"可见学习主动性是学习真正发生的关键要素,调动学生的学习主动性是教学策略选择的重要方向。混合式课程的自身特点决定其必须更加重视采用有利于激发学生学习主动性的教学活动和组织策略。一项关于"混合教学环境下教师教学行为对学生学习投入的影响"的研究发现,对学习投入最有显著预测力的教学行为是"设计组织教学"维度。[1]混合式课程的线上教学部分以学生自学为主(主静),师生时空异

---

[1] 马婧.混合教学环境下大学生学习投入影响机制研究——教学行为的视角[J].中国远程教育,2020(2):57-67.

步，依赖网络、配套的学习平台和数字化资源。线上教学有利于体现学生的主体地位，但对学生的自主学习能力及自律性有较高要求。教学策略宜采用问题引导、任务驱动、在线练习、多元评价等方式组织教学活动，提供学习任务单、及时答疑、学习数据排名、优秀作业展示等，有效提高学生学习主动性。线下教学部分以面对面教学为主（主动），教师就特定教学内容和问题展开深入讲解和交流，学生间交流协作便利，有利于开展问题讨论、头脑风暴、角色扮演等深度协作活动并能满足学生情感沟通需求。线下教学不宜沿用以知识传授为中心的策略，应采用问题讨论、案例分析、示范模仿、操作演示等方法，多组织小组协作、知识竞赛、成果展示等活动，提高学生学习的参与度。

4.教学评价关注"以人为本"

以人为本一直是教育教学的核心理念，在教学的不同层面和环节中有不同的应用方式。作为混合式课程评价的原则，以人为本主要体现在两个方面：第一，重视过程性评价。过程性评价和终结性评价都是课程评价的重要组成部分，二者结合能够得到比较全面合理的评价结果。线下课程实施过程性评价费时费力，而混合式课程依托技术平台和大数据分析在这方面具备天然优势。线上学习数据可留存、可分析、可追溯，学生的学习时间投入、学习资源类型和数量、练习时长、讨论参与度、测验准确度等数据可以精准掌握，使得学生的学习过程更容易"被看见"。第二，关注个性化评价。工业文明催生的集体化课堂教学模式很难关注个体，更难开展个性化评价。混合式课程借助教学平台产生的学习数据，为分析学生个性特征、学习偏好、学习风格、诊断学习情况、分析存在问题提供了可能性。教师能对学生开展个性化评价、进行个别化指导，课程评价才更能体现以人为本。

五、实施保障

1.链接生活世界，创设多样化的学习内容

线上场馆研学课程实施中常常出现被动性学习和学习内容零散性等问题，究其原因可能是缺乏大单元整体建构。教师应遵循"精而趣"原则，聚焦学科核心概念，精选与核心概念匹配的线上数字场馆资源，基于大概念整体统整视域进行顶层设计，创设符合学生实际生活的情境，巧妙链接不同自然单元、不同学段单元，形成主题明确的结构内容，转化大任务，形成驱动问题，借助信息技术和网络资源重构研学课程。正如习近平总书记所说："一种价值观要真正发挥作用，必须融入社会生活，让人们在实践中感知它、领悟它。"科学既源于生活，又服务于生活。教师应选择生活和社会关注的热点问题，使学习内容贴近学生真实生活。还应根据《义务教育科学课程标准（2022年版）》的具体内容进行筛选与甄别，凸显研学主题，聚焦学习目标和内容，为学生创设多样化的学习内容，借力学习数字场馆平台。由于场馆环境和网络资源等对每个学生的影响不同，学生获得的学习感受也不同，需要教师根据学生的学习情况及生活实际，精心选择所需资源进行研究学习活动的设计，使其学习结果呈现多元化的特征，更好地促进学习与环境的交互，进而提高学生的学习效率。

2.提升师生信息技术能力，增强课程品质

全面提升科学学科教师和研学导师的育人素养，是确保科学场馆研学课程高质量的关键因素。通过强化师资队伍建设，完善馆校教师培训体系等措施可以有效提升科学学科教师和研学导师的育人素养。教师培训体系应注重培训内容的整体性、针对性、层次性，培训不局限于研学课程设计，还应包括多渠道、多平台的信息技术运用、网络安全培训等。在互联网时代，基于混合式学习的科学场馆研学课程应摆脱"线下上课，线上浏览"的传统研学模式。教师应巧妙结合线下课堂教学基础与多元化线上研学模式，为有能力、有意向进一步提升信息技术能力的学生提供多层次的研学体验方式。如借助"思维导图""scratch（简易图形化编程工具）"等手段，为学生提供更多的学习支撑与思路。此举有助于学生增强"线上线下"体验模块间的联系，进而强化学习内容的联结、统整优化学习体验，增强混合式课程的层次性和整体性，提升学生的主观能动性，激发其学习兴趣。

3.家校双驱模式，保障学习安全高效

基于混合式学习的科学场馆研学课程模式是线上线下相互交织的研

学模式。小学生的自律性及防骗意识较差，线上课程实施前教师应做好学生安全使用网络的培训，强化其网络安全意识，提醒家长作好陪伴与监督，确保学生能够线上绿色研学，充分利用线上学习优势。

　　同时，学生需要具有良好的信息技术运用能力、自觉自主学习能力及时间管理能力。由于小学阶段的学生自控能力较差，家长需要为孩子提供心理支持，确保学生全程参与学习。教师完成在线资源的教学后实时发布评价，让学生和家长主动与教师进行交互和反馈，实现家校双向驱动，学生实时展示与分享，及时反思。可以说，后疫情时代是巩固与提高家校合作的关键节点，更是通向未来教育的出发点。

第三节

基于混合式学习的科学场馆研学课程开发范例

> 　　基于混合式学习的特点，学习者面对丰富复杂的场馆资源，能选择合适的学习素材，采用线上、线下学习相融合的方式，让学生在自主控制的时间、地点达成教育教学的目的。现以2020年疫情期间线上研学课程"宅家云游记——人体大探秘"为例，展示基于混合式学习的科学场馆研学课程的开发与实施过程。

一、课程开发背景与开发愿景

(一)课程开发背景

2012年至2017年,新媒体联盟连续五年在发布的《地平线报告》中将"混合式学习设计"视为促进高等教育领域技术运用的关键趋势。国内外混合式教学历经近三十年的发展,不论是研究者、教学实践者,还是政府和教育机构,已基本达成共识——混合式教学正在成为未来教育的"新常态"。特别是在"互联网+教育"的背景下,创新人才的培养、教育教学的改革都在重新呼唤混合式教学,社会各界也重新聚焦于混合式教学。2020年初,新冠病毒肆虐全球,教育界面对现实困难,利用信息技术进行线上线下混合式教学实践。"宅家云游记——人体大探秘"课程旨在通过混合式学习方式,借助中国数字博物馆的技术支持,让学生在居家期间也能探索人体的奇妙之处,做到停课不停学。课程实施不仅关注对学生知识和技能的培养,更重视对学生科学态度、科学精神的培养,激发学生对科学的热爱和好奇心,引导他们珍爱生命、热爱生活。

(二)课程开发愿景

为使各类科技馆教育资源最大化,国内科普场馆掀起了建设"云研学"的浪潮,但仍存在线下教学内容与线上场馆研学内容脱节、无法实现混合式学习的联动性的问题。本案例基于《义务教育科学课程标准(2022年版)》,围绕科学学科教材,积极挖掘贴近生活实际的教学内容,利用线上场馆整合学习资源,破除单一研学形式,开启线上线下混合研学模式。利用中国数字博物馆的技术,让学生亲身体验人体内部结构,借助多媒体教学资源将复杂的科学知识变得生动易懂。课程实施过程中,不仅关注对学生知识和技能的培养,更重视对其科学态度、科学精神的培养,激发其对科学的热爱,让他们深刻认识到生命的脆弱与宝贵。

二、课程目标

教师精心设计学习任务,引导学生通过"云逛"中国数字科技馆的方式完成科学任务;学习过程中,使学生了解生命活动的基本特征,认识到

人类作为高级动物的特殊性，懂得保护身体健康的重要性，激发其对自然现象的好奇心和求知欲；通过搜集资料、观看视频、制作小游戏或电子手抄报等方式，在实践中提升学生应用信息技术解决实际问题的能力；通过混合式课程的学习，学生开拓了眼界、感悟了学习方式的多样性，提升了未来智能化学习的能力。

三、课程基本属性

表10-1 "宅家云游记——人体大探秘"课程属性

课程名称	宅家云游记——人体大探秘
研学地点	线上
研学对象	小学学生
执行人员	√科学老师　研学导师　√家长　其他
课程总用时	6—7课时
资源属性	√自然生态类　人文历史类　√科学技术类　√体验创造类
资源可关联学科	道德与法治　语文　数学　英语　√科学 √音乐　√美术　体育与健康　工程
评价方式	√个人发言　√小组讨论　√研学评价表　√研学成果展示
课程教具	电子产品（手机、iPad、电脑）、研学手册（单）、scratch编程软件、教具和学具、彩笔等

四、课程结构与内容

随着"互联网+"时代的到来，信息技术已成为颠覆传统的力量，它不仅推动了传统教育向数字化转型，也改变着人们的思维方式和学习模式。本案例意在让学生体验线上学习、线下学习、线上线下混合式学习的各种可能性，让研学过程生动而富有层次。探寻人体的奥秘的研学过程中，不仅注重知识和技能的传授，更要激发学生的好奇心，培养他们的观察力、思考力和解决问题的能力。课程还注重培养学生的科学态度和科学精神，为他们的未来发展打下坚实的基础。

(一)课程结构

基于混合式学习流程，场馆研学主要由教学方式、教学内容、教学媒介、学习活动等要素组成，基于混合式学习科学研学课程"宅家云游记——人体大探秘"的课程结构按照研学课程实施的时间先后分为研学前、研学中、研学后，研学中的课程结构由情景线（教学内容）、任务线（学习活动）、教学方式、平台线（教学媒介）、场馆线和素养线五条主线构成。

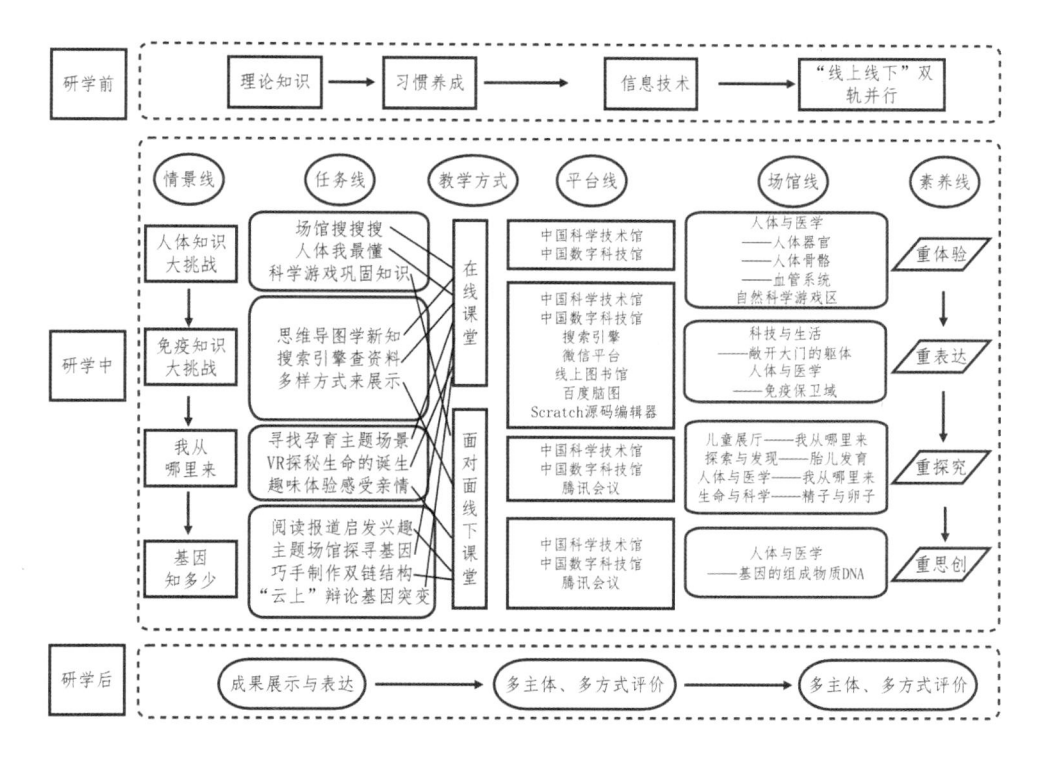

图10-2 "宅家云游记——人体大探秘"课程结构图

（二）课程内容

混合式学习是未来教育的趋势。它通过信息化技术，线上线下教学双轨并行的新模式，评价主体与方式多样化的特点，使研学实践教育增质提效、差异化、个性化研学的愿景得以实现，为学生的终身发展奠定基础。本研学内容是课程结构的核心内容，通过云端逛中国数字科技馆的混合式研学活动，教师借助"科普乐园""探索与发现""科技与生活""挑战与未来"四大主题数字展厅资源，结合"生命系统的构成层次""生命体的稳态与调节"核心知识点，选择合适的任务。学生通过搜索引擎、观看视频、参加人机互动学习游戏、制作电子手抄报等多种方式，进行辨别、分析、概括、总结等，学会使用信息技术工具解决实际问题，习得信息化学习方式。

五、研学实施过程

【研学前】建构知识体系，组织软件使用培训

（一）设计思路

本案例线上研学场馆选择了中国数字科技馆，教师根据电子场馆中的资源内容，确定课程主题为"宅家云游记——人体大探秘"，结合苏教版小学科学教材内容圈定学习核心知识，建构知识体系，并对学生进行信息技术软件使用相关内容的授课，为后续线上学习、制作学习成果做铺垫。

（二）研学目标

引入社会关注热点问题激发学生的好奇心和求知欲；通过线下和线上相结合的学习方式，学生在教师的组织和引导下学习四年级"繁殖"单元、五年级"显微镜下的生命世界"单元、六年级"遗传与变异"单元内容，获得有关人体知识（结构、器官、繁殖）、微生物特征、遗传变异等方面的科学观念和科学技能，开展新冠病毒相关内容学习；通过专项技能的教授，提高学生的信息技术能力，学会制作简单的思维导图和scratch编程。

（三）研学过程

理论知识

1.人体知识大挑战

利用科学课堂学习与人体有关的相关内容，包括"骨骼""肌肉""食物的旅行"等一系列课程。

2.免疫知识大挑战

学习苏教版五年级下册"显微镜下的生命世界"单元中的"搭建生命体的'积木'""微小的生命体""微生物的'功'与'过'"等课程，了解细菌、病毒等微生物及微生物对人类产生的影响，通过各种渠道获取新冠病毒相关信息，了解新冠病毒的结构和致病原理。

3.我从哪里来

复习苏教版四年级下册"繁殖"单元"动物的繁殖"一课，再次认识哺乳类动物繁殖的方式及特点，知道母亲孕育生命的基本过程，体会母亲养育的不易，增强母子之间的亲情交流。

4.基因知多少

完成苏教版六年级上册"遗传与变异"单元中"生物的遗传""生物的变异""寻找遗传与变异的秘密"课程的自主学习，了解遗传相关信息知识。

习惯养成

1.制订电子产品使用公约。合理安排学习时长，正确使用App和网页，倡导绿色上网，注意用眼卫生。

2.通过活动引导学生学会发现问题，积极思考，针对问题设计出有针对性的探究活动，乐于发挥奇思妙想解决问题，遇到难题时懂得向老师、家长、专家寻求帮助。

信息技术

教师利用信息技术课程、线上平台进行scratch编程对学生进行制作电子思维导图的指导。学生通过专项学习学会利用各种网络平台搜索、收集学习资料。

【研学中】发挥混合式学习的优势，充分利用线上资源

（一）设计思路

根据线上场馆资源、课程主题，设计了包含"人体知识大挑战""免疫知识大挑战""我从哪里来""基因知多少"等线上"云游学"课程。在研学过程中，教师要充分发挥混合式学习的优势，充分利用线上资源，在传授知识内容的过程中提升学生能力素养。

（二）研学目标

在核心概念学习的基础上拓展知识视角，教师借助微信公众号平台发布科学任务，让学生根据任务单完成学习任务，使其懂得从多角度、多渠道获得科学知识，培养其利用信息技术自主学习的能力。

（三）研学过程

1.人体知识大挑战（1课时）

活动一：创设情境，介绍场馆

教师讲授：向学生展示各种场馆，重点介绍线上数字场馆。

教师教授：向学生介绍中国科学技术馆的线上数字场馆，带领学生浏览各类主题数字馆、各具特色的数字场馆。

学生实践：介绍线上研学的学习方式，让学生进行线上"逛场馆"，初步体验线上研学。

图10-3 介绍中国科学技术馆线上场馆任务卡片

活动二：场景闯关，引出主题

闯关一：场馆搜搜搜

线上研学：学生通过移动VR参观中国科学技术馆，解决研学单上的问题。

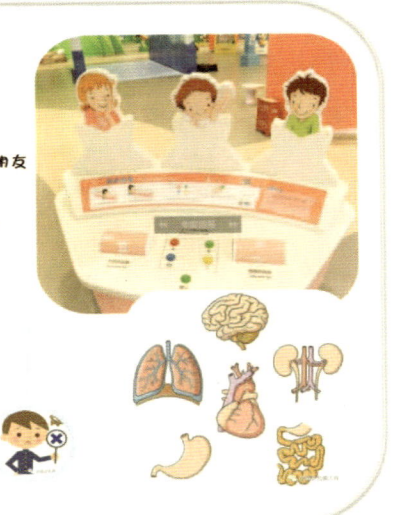

图10-4　研学单问题举例

活动三：VR探究，学习新知

闯关二：人体我最懂

线上研学：运用场馆资源——移动VR——进行学习和线上观察，解答研学单的问题。

活动四：游戏放松，概括巩固

游戏学习：学生借助"云上科技馆"，通过人机互动游戏模式，巩固人体知识，交流分享"玩中学"的感受。

2.免疫知识大挑战（1课时）

活动一：开门见山，明确主题

教师讲授：带领学生继续游览中国科学技术馆，探索免疫系统的奥秘。

活动二："云"上研学，寻找答案

线上研学：通过师生互动、小组讨论、线上浏览寻找各种"免疫系统的奥秘"相关信息。

教师总结：出示各种查找资料的方法，如搜索引擎检索。

活动三：不同方式，展示成果

小组合作：完成查找与收集资料的任务，对资料进行梳理和提炼。

小组讨论：经全班讨论确定展示方式，根据个人实际需求，选择适合的方式呈现。

成果展示：小组出示制作的各种作品（电子手抄报、PPT、防疫小故事）。

活动四：评价激励，推进研学

3.我从哪里来（1课时）

活动一：创设情境，激发兴趣

教师提问：每个人是怎么来到这个世界上的，"我从哪里来"？

活动二：场景闯关，初探主题

线上研学：以小组或个人为单位，在数字场馆中寻找与怀孕有关的场景。

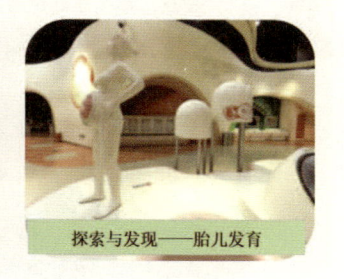

图10-5　设置问题任务卡片

活动三：VR探究，学习新知

教师提问：大家知道生命从何而来吗？快跟着机器人戴恩到虚拟空间里看看吧。

布置任务：我们已经了解了自己在妈妈肚子里的生长过程，根据学到的知识，请同学们按照时间顺序将下面的图片排序。

图 10-6　研学任务卡片设计

完成任务：通过数字场馆的学习，借助思维导图展示母亲孕育生命的过程。

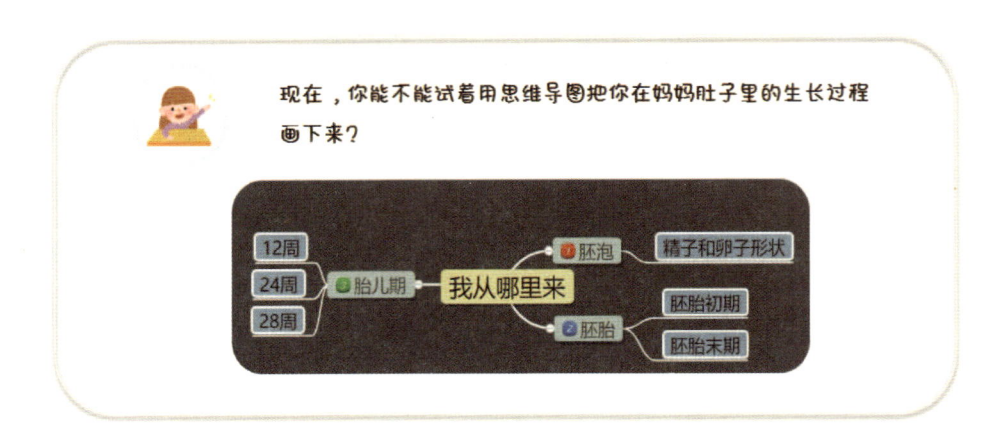

图 10-7　根据虚拟空间里的资料设置问题

知识拓展：通过VR视频认识了解精子、卵子及受精卵的构成。

活动四：深度体验，感受亲情

实践挑战：模拟妈妈孕期负重。每人在自己的肚子上绑上重5.5千克的物品，然后尝试做起立蹲下、捡东西、爬楼梯的动作，完成后，用简短的语言说一说自己的感受。

4.基因知多少（1课时）

活动一：导入主题

观看视频：全员观看《2019新型冠状病毒"基因团伙"作案手法揭秘》报道。

线上探究：学生通过中国数字科技馆进行线上研学，了解"什么是单链RNA？"认识"氨基酸"。

活动二：认识DNA和RNA

线上学习：通过中国数字科技馆进行线上研学，学生自主探究认识DNA和RNA，并进行线上分享。

图10-8 什么是DNA和RNA？

活动三：巧手动一动

观看视频：了解DNA分子双螺旋结构。

模型制作：准备一张A4纸，绘制DNA分子双螺旋结构（可与家长一起完成）。

活动四："云上"辩论会

小组辩论：个人或小组通过查阅资料、研学学习，亮明各自观点，举办主题为"基因突变利大于弊还是弊大于利"的辩论会。

【研学后】"立体"记录学生完整的学习过程

（一）设计思路

多元化的评价主体、评价方式将混合式学习最大限度地"立体"记录学生完整的学习过程，实现对学习进程的监管与指导，树立教、学、评一体化的意识，构建整体性和差异性相互联动的反思评价体系，最终实现研学过程的整体性。

（二）研学目标

学生通过展示研学成果、分享研学收获，能客观评价他人作品；真诚地接受他人的意见，不断促进自身的进步和提升。

（三）研学过程

1.研学成果评价：在班级范围内，以小组或个人为单位，采用线上线下相结合的方式公开展示研学成果，并对成果进行评价。

2.过程性评价：教师组织学生以客观、公平、促进的原则开展自我评价、小组互评。

3.终结性评价：教师综合研学过程中的观察和记录对学生进行过程性评价，结合研学成果进行终结性评价。

六、学习评价设计

2020年10月，中共中央、国务院正式印发了《深化新时代教育评价改革总体方案》（以下简称《方案》），对新时代教育评价工作提出了新要求。《方案》中明确提出了"坚持科学有效，改进结果评价，强化过程评价，探索增值评价，健全综合评价，充分利用信息技术，提高教育评价的科学性、专业性、客观性"的要求。2022年4月，教育部制定的《义务教育课程方案》指出：倡导评价促进学习的理念，注重提高学生自我评价、自我反思的能力，引导学生合理运用评价结果改进学习。在混合式学习的科学场馆研学课程实践中，沿用传统研学所依赖的单纯浏览、撰写观后感等评价方法已难以适应新时代的研学评价需求，"多元化"的研学评价或许才是适合时代特色的评价理念。对中小学生而言，混合式教学的教学评价更应多元化、多样化。混合式学习涵盖线上、线下两种学习模式，课程评价理应线上、线下相结合，形成独有的评价方式与结构，从而达到以评促学的教学目的。

（一）多元化的评价主体

学生是混合式学习的主体。只有鼓励学生全程参与到学习评价中来，才能提高学生的学习兴趣，提升学生的自主学习能力。在混合式学习评价中，除了教师评价，还应包括学生自评和生生互评。如：每堂课后学生的"在线自我评价"不仅能及时总结自己的所学与不足，还可以此激励自身，提升学习动力；小组汇报的互评环节，由学生代表担任评委计分点评，既能培养主人翁意识，又能取长补短，激发集体荣誉感。此外，还可引入第三方的参与，如场馆导游，尤其是对应场馆的解说员，可以邀请其加入学习空间、QQ群，与教师形成合力，适时监督和指导学生的学习。教师、学生、场馆导师共同参与评价，既增强了学习评价的客观性，又体现学习评价的职业导向性。

（二）多样化的评价内容

在线学习平台对学生线上学习时间、学习进度、在线作业、在线测试进行考核，面授课堂考察出勤率、课堂活跃度、小组汇报表现等。将线上与线下相结合，多方面考察评价学生学习情况，为学生创造一个平等、轻松的学习环境，激发全体学生的学习热情[①]。

在制定评价内容时不仅要考虑职业教学目标的达成，还要充分考虑如何调动学生学习的积极性和协调学生的全面发展与个性发展。例如，面授课堂规定只要能主动答题、提问或参与游戏，不论对错，都可以获得奖励积分并能累积计分；课前1~2分钟个人汇报展示作为加分项目，为有才艺但专业基础薄弱的学生提供了加分机会，增强了他们的自信心。同时，鼓

---

① 瞿莉莉. 混合式学习评价体系构建与实践研究——以轨道交通英语类课程为例[J]. 晋城职业技术学院学报，2021，14(6)：43-46.

励学生在微信、QQ等平台打卡学习，坚持21天不间断打卡的学生期末也可以获得额外加分，这在某种程度上极大地激发了学生的学习兴趣，促成了学生良好习惯的养成。

（三）科学的评价方式

混合式教学模式决定了课程评价应该是形成性评价与终结性评价相结合，以形成性评价为主的评价方式。可设计形成性评价占50%~60%，终结性评价占40%~50%。具体实施过程中，要求线上考核与线下考核相结合、阶段考核与期末考核相结合、定性考核与定量考核相结合、过程考核与结果考核相结合、规定项目考核与附加项目考核相结合等，对学生的学习结果、学习过程进行了客观、真实的评价，真正做到了评建结合、以评促教，体现了"以人为本"的教育思想，在很大程度上激发了学生的学习兴趣。

（四）动态化的评价

过程学习评价是一个动态的不断发展变化的过程，及时向学生公开评价结果，根据学生线上线下收集反馈的信息灵活、弹性地调整评价指标、权重比例，有利于提高学生学习的积极性、主动性和学习效率；教师针对学生学习中出现的问题及时干预调整，有利于促进学生良好行为习惯的养成，使混合式教学模式在教学实践中不断完善，持续发展。

现代信息技术与教育的深度融合促进了教育理念的转变和方式的革新，合理构建技术赋能下的混合式学习评价体系对保障混合式学习的有效推进和实现深度学习具有重要意义。从更广泛的背景中收集体现学生学习情况和多种能力的信息。这些评价方式，可以保持学生的探索性，促进学生进行有意义的学习及有利于发展批判性、创造性的思维。

第十章 基于混合式学习的科学场馆研学课程开发

表10-2 混合式研学评价体系

维度	评价标准 A	评价标准 B	评价标准 C	自评	互评	教师评	家长评
研学准备	课前准备十分充足，做好设备调试，娴熟使用线上场馆、腾讯会议等平台	能准备好研学笔记本、笔等基本文具，对各种平台的使用略显生疏	研学重视程度不足，设备未调试，匆忙无序				
研学过程	能及时记录、依据要求利用平台反馈并提出自己的思路与见解	能及时记录、反馈问题，但没有自己的想法，缺乏创新性	不能及时记录、反馈问题，存在记录不完整，反馈滞后现象				
交流分享	能积极与他人交流分享自己的所得所思	能倾听他人想法或意见	不与他人进行交流讨论				
学习收获	能以多种方式呈现学习成果，例如思维导图、模型制作、科学笔记等	能用一两种方式呈现学习成果	只能用语言简单地描述学习收获				
学习态度	学习态度十分端正，发言积极、参与与研学有关的线上活动	学习态度端正，做事有条理	学习态度不端正，出现玩耍、浏览其他网页现象				

（续表）

维度	评价标准			得分			
	A	B	C	自评	互评	教师评	家长评
服从管理	能服从教师、家长管理	基本能听从教师、家长的管理	不服从管理，无组织和纪律				

七、课程故事

自由灵魂与必要管束之间的生长点

1. 缘起：学习按下暂停键

德国著名哲学家康德曾说过："在自由意志的运用与对必要管束的服从之间进行调节是教育的最难课题。"可见，人是自由的，教育的任务是充分发展人的自然禀赋，培养儿童自觉遵守纪律的习惯，尤其强调发展儿童的天性。

初闻此语时还是年轻的我，模糊中明白"自由意志的运用"和"对必要管束的服从"的痛点和高难度。直到2020年一场突如其来的新冠疫情，改变了教育教学工作的传统模式，学生们不得不线上上课、居家学习，绝大部分学生的学习处于管束弱化状态。能否设计一个课程帮助学生居家时也能乐于学习、自我成长？基于混合式学习的科学场馆研学课程就是在这样的背景下应运而生。

2. 尝试：自由和自律之间的博弈

起初，采用直播授课的形式，学校每周推送课表，教师准点在直播间授课。实行一段时间后，家长们叫苦连天，因为大部分家长要上班，孩子独自在家自由使用电脑后，家长和孩子间的互不信任带来了"猫鼠游戏"大战，让和谐的亲子关系岌岌可危。看来只是单纯利用网络进行教学是远远不够的。工作室成员们通过阅读文献,对混合式学习进行了深度学习,最后达成共识:混合式学习不是教学模式的颠覆性变革,而是要求教师充分开发利用线上和线下的优势,使学习效果最大化。混合式学习借助信息技术解决了不能到校学习的痛点,还解决了教师和学生、学生和学生在不同场域学习相同的内容的难点。这对老师和学生提出了更高的要求。

3.改变:充满挑战的"云学习"

恰逢中国数字科技馆推出"线上逛馆"的模式,有没有可能将线上场馆学习引入科学课程中,改变孩子们散漫、空虚的现状,激起他们自主学习的欲望?一个大胆的想法在我脑海浮现,想要实现的心情也越来越强烈。思量再三,决定进行"线上研学"新尝试。我将这个消息告诉了工作室的小伙伴,并制订出"宅家云游记"系列课程方案。在顶层设计的驱动下,组织人员通过查找、对比、分析等讨论研究,寻找最佳线上场馆,遴选适合拓展的课程内容,探讨如何把线下和线上的育人活动有效串联起来。最终敲定中国数字科技馆作为这次"云学习"的载体。借助数字技术和线上线下学习的融合,让学生学会如何使用中国数字科技馆资源,通过有目的地布置驱动任务让学生们主动"云探馆"。活动中,学生们身居千里之外却如临其境,获得人体相关补充知识,领略到了强大的VR功能,建构了新型的学习方式。混合式学习借助"云场馆"实现了足不出户也能走进科技馆探索奇妙的科学世界。

4.创新:学习方式的多样性促进能力的提升

"宅家云游记之人体大挑战"科学研学课程推出后,引起了学生和家长的关注,并颇受好评。第一次活动的成功,大大激发了团队的自信心,又接连推出了升级版本,但也面临了痛点问题,如线上教学及线上研学导致学生使用电子产品的时间过长,家长对孩子的视力有所担忧。了解情况后,团队采取每25分钟自动弹跳"劳逸结合"信息提示学生起身活动。同时,团队借助微信公众平台发布完整系列科学研学课程及学习路径,让更多学生获得学习机会。

"宅家"学习一直是学校和家庭教育之"痛",这样的学习变革给教育界带来了新的热点问题和新的挑战。我和工作室的小伙伴们相信只要充分利用各种新技术和新方法，坚持以"学生为中心"，寻找到正确的育人范式，就能将信息技术与教育"深度融合"，不仅能培养学生的自律意识，也能培养其自主学习的能力，为终身学习打下基础。

从价值维度上看，场馆研学课程回应了《关于加强新时代中小学科学教育的工作意见》中做好科学教育加法的要求；从理论维度上看，场馆研学课程的实施能有效联结课程理想与课程现实，能通融科学书本世界与生活世界，还能调适科学课程基准与学生个性差异间的张力；从实践维度上看，场馆研学课程是打通学科育人的"最后一公里"，实现了校内教育与校外教育相统一。本章在实践的基础上，从场馆教育发展视角、课程建设逻辑视角、学生学习方式视角、学科课程发展视角对场馆科学课程进行理性再审视。

第十一章

多维审视：科学研学课程实践的省思

第一节
场馆教育发展的视角

> 随着教育理念的发展,场馆在功能、职责、资源等方面不断发展。场馆与学校教育的融合是必然趋势。经过场馆研学课程的开发与实践,笔者和团队成员发现学校在主动关注场馆教育,并寻求实践合作的机会,而场馆也意识到走向教育发展的重要性,并走向转型。在实践的过程中,我们设计的基于场馆的多种类型的研学课程,是在馆校充分合作的基础上完成的,也取得了不错的效果。在不断实践中,场馆教育的功能实现了从科普走向育人的发展;在职责上完成了从被动到主动的华丽转身;在场馆资源的呈现上也实现了从平面展示到立体结构的变化。

一、场馆的功能:从科普到育人的发展

在20世纪50年代开始,场馆教育被研究者看到,并开始研究。在此之前,场馆一直被赋予的使命是大众的社会教育,大多数是借助历史文物传承历史文化,展示历史内涵,而不是正式的学校教育。在西方开始进行馆校合作教育后,研究者逐渐意识到场馆的育人功能。进入21世纪,我国的许多学者开始研究场馆的教育意义,场馆在各种政策、研究中才慢慢体现出育人作用。

发挥场馆的优势,让场馆专业化。国外学术界普遍认为场馆承担着学习教育的功能,场馆能够为学生提供沉浸学习的绝佳环境,促进学生充分思考、主动探究,从而实现"补充现有知识、拓展学生认知、激发学生兴趣"

的育人功能。[①]科学场馆研学的课程设计中,笔者和团队成员打破课本、课表的桎梏,采用多种形式,制订了形式多样、丰富多彩的场馆研学课程,让场馆的功能在过去科普展示的基础上,融入了多种类、全方位的育人教育价值。在实践过程中,场馆慢慢突破原有的功能局限,满足了学生对知识及核心素养发展的需求。

漆线雕被学界称为"艺苑奇葩,中国一绝"。过去,漆线雕大多装饰在漆器、菩萨和戏剧道具上,以民间传统题材为主,漆线雕场馆里只进行作品展示,给人一种束之高阁、不敢触碰的感觉。在《基于体验式学习的科学场馆研学课程》中,笔者借鉴体验式学习圈理论为课程研究提供新的视角和思维方式,以"学习者中心"为出发点,利用漆线雕场馆内的良好资源,为学生创设"以身体之,以心验之"的真实操作体验,不仅带领学生走进了蔡氏漆线雕,接触和了解了中国传统文化,也培养了学生发现问题、分析问题、解决问题、归纳应用的能力。通过学习,学生可以对比、探究,甚至自己动手捶打材料、制作工艺品,在实践中感悟闽南传统工艺的美丽和手艺人的工匠精神,德智体美劳得到发展。漆线雕不再是不可触碰的艺术品,实现了漆线雕场馆功能的漂亮转身。

二、场馆的职责:从被动到主动的转身

过去,场馆方没有意识到自己的育人职责,所以没有主动与学校进行合作。他们的主要目的是保护珍品,以更好的姿态向世人展现历史文化。无论是场馆设计人员还是场馆工作人员,都没有形成足够的教育意识。场馆总是以优雅的等候者身份等待文件通知或者社会提出要求,才偶尔进行一次馆校结合的教育活动。这并不能算是公众场馆与教育合体的体现。而且我国大部分场馆在组织教育活动时都是从自身的需要出发,纳入自身的规划与安排之中,场馆的教育活动比较分散、凌乱,没有明确的体系进行统筹,主要依靠外部的公众监督,缺乏内在推动力。

---

① 王乐.西方场馆教育目的的历史嬗变与时代诉求[J].教学研究,2017,40(1):1-5+11.

随着场馆教育的实施，场馆已经不再被动地等待，而是主动寻求与学校合作，进行场馆研学教育。主要体现在：1.加大内容设计、藏品收集和展品、教具制作等的经费投入；2.许多科普场馆加大了对专题展览和科学教育活动的开发和引进力度，一大批新开发的临时展览、巡回展览、实验制作、科学调查、夏令营、科普剧、科普报告等教育活动，极大地丰富了科普场馆展示和教育活动的内容和形式，科普展教效果得到了有效增强；3.部分科普场馆通过互联网开拓了科普教育、科技传播的新途径。中国科技馆、山东省科技馆等的数字科技馆是其中的突出代表。场馆在这个过程中，主动承担职责，发现问题，解决问题，并努力寻找更好的馆校合作方式。

场馆研学课程的研究和实践也让本土场馆的职责更加明晰、立体。在每一个研学课程中，场馆人员秉持大教育观，打破非正式学习的边界，馆校协同，让场馆教育也成了儿童教育发展的重要拼图，具体包括以下几个关键：做好时间规划，明确场馆研学的时间和地点；搭建联通平台，为研学课程的开展提供需求和条件，保障研学课程的顺利开展等。

跨界式学习的科学场馆研学课程通过跨行业、跨领域、跨文化、跨学科、跨时空等多种跨界方式，以团队共建、头脑风暴、快速成型、设计制造等多种手段，实施多域交叉的学习活动。案例"鱼与蔬菜，可以兼得？——鱼菜共生"结合了农场、水质研究场、农科所、博物馆等多个校外场馆资源，进行跨学科融合。在案例实践过程中，各个场馆基于学生学情，协调研学课程目标、内容、实施以及评价方式，构建一个适合学生发展的学习圈。学习者在这样多方协同的跨界式学习中系统地认识了鱼菜共生系统的原理，掌握了劳动技能，培育了创新能力，发展了核心素养。

三、场馆的资源：从平面展示到立体结构的呈现

学习资源是信息、人员、设备服务的总和。场馆中的学习资源包括展品、场馆教育者以及场馆内的环境资源。场馆中的展品即学习的资源，场馆工作人员即教师，场馆的空间环境即学习场所。

馆校合作的实施离不开"人"，一个分工明确、相互协作的人员支持服务系统是研学旅行课程得以有效开展的必备条件。它为资源支持、活动支

持服务、评价支持服务提供了人力资源。过去，许多场馆固守着教科书式的严肃说教、灌输，尚未充分采用"玩中学"的展览教育方式，不仅使作为科普场馆观众主体的青少年失去了参与的兴趣，也使公众对科普场馆敬而远之。而在本书中，通过协调设计，现在场馆教育工作则由非常强大的教师团队来开展，包括课程建设团队、课程实施团队、课程支持及保障体系团队。研学旅行的课程建设团队主要职责是对学校的课程进行整体的规划和建设。依据学校办学理念和育人目标的要求，确定研学旅行课程总体目标和阶段目标，规划课程，建立课程体系。研学旅行课程实施的备课团队主要由教师、学生、研学机构及社会专业人士组成。在备课时采取分头备课、对接备课、现场备课等形式，由校内科学教师和校外研学机构及专业人士针对同一研学目的地或研学主题进行分头备课，设计具体的研学方案。然后两者再进行对接备课，对备课进行充分论证，取长补短，发挥各自的优势。研学导师团队则是研学旅行过程中对学生研学活动的主要指导者。现有的研学旅行实施团队大多由研学导师、学校学科教师、高校专家学者等组建而成。通过课程建设团队、课程实施团队、课程支持及保障体系团队的团结协作、协调配合，实现了研学教师团队的立体架构，在一定程度上保障了课程的实施。

过去，我国大多数展馆尚未转变传统的展陈设计思路，忽视了展览主题思想的提炼，忽略了展陈内容脉络的构建，从而导致对场馆资源的利用也仅仅停留在展示层面。科学研学课程的设计与实践，根据学生素养发展的需求，结合学校课程的要求，开设了与学校教育紧密结合的研学实践活动，例如"'防震减灾'研学课程《动感地球奇妙之旅》""基于项目式学习的科学场馆研学课程《解锁红嘴蓝鹊攻击人的奥秘》"等不同的主题系列活动，以基于体验式、基于具身式、基于项目式等学习方式把多学科知识融合在一起，尤其是一些物理、数学、化学、生物方面的重难点知识，盘活了场馆资源，提高了场馆资源的利用效率。

第二节

课程建设逻辑的视角

> 如何充分发挥科学研学课程的育人价值是研学课程建设中研精覃思的议题。审视我们科学研学课程走向科学化、规范化、精品化的道路，发现在课程建设方面有了方向性的转变，实现了课程目标从知识本位走向素养本位，课程实施从正式学习与非正式学习的割裂走向深度融合，课程内容的架构从单学科走向跨学科。这些转变让科学研学课程的育人价值真正落地。

一、课程目标的转向：从知识本位到素养本位

（一）价值体现

知识本位与素养本位的本质区别在于育人目标的不同。知识本位的研学课程以"储存知识"为基本取向，以学生"被动接受"为基本形式。[1] 比如当前一部分研学课程中充斥着大量讲解、讲座、参观活动，将包装精美的知识"灌输"给学生。这样的研学课程既无助于培养学生批判性思维与问题解决能力，又不利于发展学生团队合作与关爱包容意识。素养本位的研学课程则立足于学生核心素养的发展，依据核心素养的内涵和学段特征，确定课程目标，引导学生主动学习。

（二）行动路径

1.坚持问题导向，创设真实情境

---

[1] 崔允漷.追问"核心素养"[J].全球教育展望,2016,45(5):3-10+20.

"问题"是"素养本位学习"的本质意蕴。"问题"存在于学校、生活等不同情境中，学校情境中的问题体现在正式的学科学习之中，生活情境问题以偶然地、非正式地却又普遍地因不符合某种规范、实践形式或思维模式而出现。这些问题并非彼此独立，而是可以通过知识的迁移实现融合，消除学校与生活、学校与社会的隔离状态。"素养"体现为在新的动态情境中迁移和使用知识与技能解决复杂问题的能力，这种能力的发展由经验驱动，受情境影响。"真实情境"对于学习的价值在于：新颖的、多样化情境更有助于学生参与问题解决，了解知识运用条件，掌握知识迁移价值。这种"真实性"主要体现为跨越儿童经验与教材之间的鸿沟，按照儿童真实生活直接所表现的那样来解释学科教材，将教材视为指导儿童不断成长的方法，将各门学科统一于儿童的生活世界，使知识与儿童的生活联系在一起，学校与社会关联起来。使儿童校外获得的一切经验能带到学校并加以利用，又带着更圆满的身心发展应用于他们的日常生活。

本书案例中的基于问题的学习、基于项目的学习和基于探究的学习等等，都是"情境学习""问题解决"的有益尝试。对比以往走马观花式的研学，我们的研学课程都是以问题为引导，让学生在问题解决中提升素养。以本书基于项目式学习的研学课程——鸟类为例，基于学校真实的事件——红嘴蓝鹊会攻击路人，提出问题：红嘴蓝鹊为什么攻击人。科学课上学生以探究红嘴蓝鹊攻击人的原因为出发点，结合学科教学内容，进行跨学科融合，挖掘场馆资源，开展项目式研学课程。学生们能在真实的环境中学会如何去融合各学科的知识解决真实的问题。

2.建构互动关系，实施指导性探究

知识本位的学习强调个人成绩，而素养本位的课程实施则超越"个人主义"，走向协作。素养本位的学习让学生在情境中主动性卷入使之扮演者主动承担学习责任，成为"学习共同体"中的一员，进行"协作学习"。小组学习是协作学习的形式之一，共同理解、建立联结和换位思考是小组学习中建构互动关系不可或缺的因素。[1]我们在研学课程的实践中也在小

---

[1] 张紫屏.论素养本位学习观[J].全球教育展望,2016,45(3):3-14.

组学习的探讨上有许多值得借鉴的经验。比如我们会对不同的年级的学生进行重组，将学生分成不同的学习小组，一般而言，小组人数为3~4人，根据学生的学业成绩形成异质群体，每个小组都由能力突出和能力较差的学生组成，学生们通过共同努力，最大限度地推动每一个小组成员的学习。

基于核心素养发展的学习是基于真实生活情境中的问题解决活动，探究构成了学习的手段和目的。大量研究表明，参与探究式学习的学生相对于参与传统教学形式的学生能够从实际学习中获益更多。学生的探究包括自主探究与协作探究，二者分别代表了学生在学习活动中的内省过程与人际过程。基于对话关系的协作式探究并不是脱离教师指导的纯粹探究，而是需要教师提供"脚手架"的指导性探究，教师要根据学习目标为学生提供结构化的系统指导。

二、课程实施的深化：正式学习与非正式学习从割裂走向融合

（一）价值体现

美国教育家约翰·杜威曾指出："学生学习的不只是正规课程，还学到了与正规课程不同的东西"。20世纪40年代末，联合国教科文组织提出"非正式教育"。1950年，马尔科姆·诺尔斯在《非正式成人教育》一书中提出了"非正式学习"概念。非正式学习通常是指课堂之外发生的学习，具有时间、地点、内容、目标不确定，满足学习者自身兴趣，更突出自主性，弱化功利目的等特点。研学旅行的学习，是让学生对旅行中涉及的主题、遇到的问题开展研究，达到学习的目的。相比常规课堂，研学旅行的学习发生了很多变化，是一种面向"社会大课堂"的非正式学习。当然，比起成人非正式学习的随意性、偶发性，研学旅行有一定的计划、组织和保障，研学旅行可列入非正式学习范畴。对研学旅行的现状研究发现，校内课堂与场馆研学各自为营，缺乏整合与衔接，即正式学习与非正式学习存在割裂。

对大多数学生来说，发生在校内的正式学习常常以学术性或抽象性

的理论知识形式出现，而他们同时需要看见、触摸和闻到他们所读和所写的内容，作为非正式学习的研学旅行便是要发挥这样一个作用。它将他们带往自然景观、历史古迹、科技基地，在这些场所学生可与实际生活发生密切联系，同时他们所面对的知识也变得更为鲜活而富有生机与活力。威廉·派纳（William Pinar）指出，教育在真实意义上发生在学校之外，只是偶尔发生在校内。与传统的学校教育环境相比，非正式学习环境凭借其自身的资源优势，能够展示或再现真实世界中的丰富景象，学习者也可以通过亲身体验和实践探究来认识事物、发现问题、培养学习兴趣，并且通过有意义的对话反思自己的学习经历。非正式学习应作为传统正式学习的有效补充，发挥其独特的环境优势、丰富的学习资源及灵活的学习方式，实现学习的完整性和连续性。

（二）行动路径

研学课程需要贯通融合正式学习和非正式学习之所长，将学校与场馆一体化，做到"根植于课内，花开在场馆"。在研学课程的设计与实践中，我们努力做到了教育目标衔接、教学内容衔接、学习方式衔接、学习地位衔接、教育结构衔接，使得正式学习与非正式学习突破壁垒，有机融合。

1.教育目标衔接

校内学习和校外学习的目标各有侧重，有互补性及内在的一致性。校内外教育的开展，都应着眼于学生素养的发展，促进学生的能力提升和全面发展。研学旅行的目标不应定得过于死板、狭隘，偏重某项研学任务的完成或知识的获得，过程中很多意外的、隐性的收获往往更有价值。

2.教学内容衔接

教师在教学中应尽量引导学生关注所学知识与自然和社会的联系，并结合国家、地方、校本课程的教学内容，自然生成研学的主题。让学生带着问题、思考和求知欲望走出校门，"打有准备之仗"。比如，《义务教育科学课程标准（2022年版）》要求，5~6年级的学习者要知道地球系统不同圈层的相互作用产生了各种自然现象，知道自然灾害对人类的影响和防灾减灾常识，要求学习者认识地震的危害和成因、学习抗震防灾的基本常识。

结合实际需求，积极挖掘厦门场馆资源，将研学环境锁定在具有逼真体验场景的"厦门市防震减灾科普教育基地"，设计"防震减灾"研学课程并开展教学实践。这样的做法，使校外研学实践成为校内学习的延伸。

3.学习方式衔接

受考试评价等因素的影响，学校大多对非正式学习重视不够。在课堂教学中，教师应激发、保护学生对未知的好奇心，以及对世界的探究热情。鼓励他们质疑发现、提出有价值的问题，并尽量自己去找答案。适当布置有一定开放度、综合性的问题，鼓励他们大胆创新地解决问题。总之，应努力弥合"正式"与"非正式"的断层。

4.学习地位衔接

学生是学习的主人。在研学课程实施过程中，不管是科学教师还是场馆研学导师，都努力帮助他们胜任学习者的角色，制订个性化发展目标，打造个性化学习风格，内省自身学习状况，调整学习状态。唯有如此，学生才不会在被突然推到学习"前台"时发懵，才能积极主动地投身到研学实践之中。

5.场馆机构衔接

学校主动与组织研学的专业机构、研学基地、场馆联系，发挥各自优势，共同开发和实施场馆研学课程。在实践过程中，学校作为教育的责任主体，每时每刻都是"以我为主"的负责心态，毫不推诿地担当使命。切忌采用简单省力的"外包"做法。

三、课程内容的重构：从单学科走向跨学科

（一）价值体现

"分科式学习"，诚如杜威一百多年前所批评的那样，学生的心灵变成储存学科知识的"蓄水池"，教师则是灌输学科知识的"水泵"，其结果必然使教学远离思维，导致心灵的被动性。这种被动性"泯灭好奇心，滋生心灵散漫，使学习沦为一项任务而非一种快乐"。所谓"跨学科学习"（interdisciplinary study），是基于跨学科意识，运用两种或两种以上

的学科观念以及跨学科观念,解决真实问题的课程与学习取向。[1]它既是一种以跨学科意识为核心的课程观,又是一种融综合性与探究性为一体的深度学习方式,还是一种以综合主题为基本呈现方式的特殊课程形态。有研究表明,跨学科综合课程的学习有利于学生创造力的提升,跨学科概念图创造能力与科学创造力显著正相关。

场馆研学的主体具有自主性、内容具有开放性、方法具有探究性、取向具有实践性,作为一种综合实践探究活动,与跨学科融合课程有着天然的密切关系。然而,当前很多场馆研学缺少跨学科融合的课程自觉,由于没有主题式探究的课程引领,其综合性、开放性反而会带来"游多研少"、科学含量低、学习目标模糊、学习效果不佳等问题,不利于提升学生的核心素养。

(二)行动路径

大力倡导综合育人、实践育人和跨学科学习,是义务教育新课程改革的显著特色之一。科学研学课程的设计与实施突破了单学科的局限,实现了从单学科走向跨学科的转变,具体做到以下三点:

1.把握学科核心概念,明确课程内容主线

在科学研学课程的跨学科学习过程中,我们首先以综合育人为宗旨,围绕科学学科核心素养、学生学情特点以及教材单元内容,提炼该课程案例的学科核心概念。在明确学科核心概念后,我们再以它们为依据,连接有助于理解科学学科核心概念的其他相关学科。因此,明确由相关学科教师共同制订的学习目标,以及由学科关键概念拆分形成的内容主线是最核心的环节,有助于整体把握多学科教师协同备课后研制的跨学科整合学习方案,以及方案内部各个课时、子任务之间的逻辑关系。避免因为多学科的介入,迷失了学习重点和学习方向,背离课程实施的初衷。

2.完成适宜的学习任务,实现学科深度融合

所有的研学课程案例均力求摒弃"分科主义",立足于教材内容和课

---

[1] 郑梅.跨学科学习研究综述[J].江苏教育,2020(83):7-10.

程标准，经过多方考察，选取适宜的场馆、课程资源，围绕共同的现实问题或主题彼此合作。引导学生在多样的学科实践活动中学会用不同学科的概念和思维探究同一个问题，能够根据情境和问题的特点灵活选择恰当的学科视角，完成研学学习单的整合性任务，提升了他们对学科核心概念的理解和应用能力，让课程内容与学生的社会经验、生活经验发生联系，实现多学科深度融合、统整。由此使课程体系整体走向"多学科学习"。

3.采用整合性学习评价，反思跨学科学习成效

在跨学科学习的评价方面，我们也主张坚持整合取向，设计能够针对学生运用多学科知识解决问题能力进行评价的方案，对学生跨学科理解进行综合评判。在评价方案的设计过程中，跨学科视角主要表现为三点：①评价主体不再局限于科学教师或场馆研学导师，也需要由其他学科教师或由学生个人作为评价主体参与评价；②评价重点不局限于科学学科的学习思维，而是立足于大概念、核心概念呈现的跨学科学习思维，关注学生通过跨学科学习生成的跨学科意识，考查学生综合运用多学科知识解决问题的能力；③评价需要融入整个案例学习过程之中，其形式既要包含在多学科学习中的学业评价，也要包含单一学科的学业评价，形成多种评价形式的优势互补。

第三节
学生学习方式的视角

> 学习方式变革是双减背景下学校减负提质的关键。而学习方式变革的最终目的,是让学生成长为全面发展的人,成长为能担当民族复兴大任的时代新人。馆校合作下研学课程密切了学生与生活的联系,丰富了学生的学习方式,转变了学生的学习形态,促进了学生对自我、社会和自然的联系、认识与体验。科学场馆研学课程基于学生立场,通过系统变革与学习方式紧密联系的价值体系、课程、课堂教学、学习场域等核心要素,引导学习者融入具体情境中,开展主动性、终身化、互动性、理解性、实践性、个性化、自主性、体验性等学习,改变了单一的讲授式教育,促使学生的学习方式从被动、单一逐步向自主、合作、探究等多元化学习方式转变,促进了学习者身心和谐发展。可以说,科学场馆研学课程的设计与实践有效地促进了学生学习方式的变革,激发了学生的学习内驱力,让趣味更浓,实践更真,提高了学生过程性参与科学活动的体验,培养了学生的实践探究能力、团队合作意识,以及核心素养。

一、基于"主动学习+终身学习"理念,建立学生为中心的价值体系

学习方式具有社会历史性,反映了不同的社会条件和人才要求。场馆和学校是科学场馆研学课程中学生学习的主要场所,其理念文化和育人导向影响着学生学习方式的习得与选择。针对以往研学旅行学习中学生主体地位不突出、潜能优势挖掘不够、学习目标认识不清、学习责任感不强

等问题,我们立足学生立场,强调探究实践、主动学习、全面发展等育人追求,建构以"学生为中心"的价值动力系统,变被动学习为主动学习,变终结学习为终身学习,引导学生对自己、对学习、对未来负责。

1.为自主学习创设情境,提升学习主体意识

无论是早期的实用主义教育思想,还是当前占据主流的建构主义思想,均强调学习者在学习过程中主动构建自己对周围世界的理解。主动性产生的核心在于思维的激发,而思维又植根于情境中[①]。研学的旅游情境是对学生具有特殊意义的环境,也是将旅行中所见、所闻、所感具象化和故事化的载体。科学场馆研学课程很好地创设了能够激发学生积极思维的情境,提升了学生主体意识,促进学生主动学习。在此过程中,教师可激励和引导学生主动地设定目标、选择策略、计划时间、组织材料和信息、调整方法、监控和评价学习过程并为未来学习作出适当调整。

2.建构学生为中心的价值体系,提升终身学习能力

习近平总书记在党的二十大报告中指出,"建设全民终身学习的学习型社会、学习型大国"。这一战略部署,对提高人民的思想道德素质、科学文化素质和身心健康素质,服务全面建设社会主义现代化国家战略任务,具有重大指导意义。每个人都需要终身学习,才能应对当前时代的快速变化。以"学生为中心"的价值动力系统主要从育人目标、课堂学习、课外场馆学习三个方面来支持学习者的自主学习和终身学习。科学场馆研学活动中,教师的作用不再以教授知识为主,而是引导学生融合跨学科知识,展开自主学习,激发学生的学习兴趣,优化知识习得过程,从而增加自主学习体验,提高自主学习能力,并最终支持终身学习。在研学过程中,学生是各个环节的主体。例如,在提出研究问题的环节,教师引导学生进行讨论,发表看法,激发学生的自主思考行为。同时,教师设立小组讨论的机制,比如要求小组中的每位同学提出一个问题,并对组员提出的问题至少发表两次看法,从而建立学生自主学习的主体意识。

---

① 胡卫平.思维型科学探究教学的理论建构[J].课程·教材·教法,2021(41):6.

二、基于"互动学习+理解学习"理念,深化多主体互动式教学改革

学习方式变革并非用一种方法替代另一种方法,而是旨在增强学习方式的多样性和适配性。针对以往研学旅行中学生以接受学习、被动学习、封闭式学习等问题,我们尊重学生的个体性和差异性,遵循学生学习逻辑和认知规律,在科学场馆研学课程的实践中逐步形成科学教师、场馆研学导师、学生、学习同伴等多主体互动式教学方式,促进学生在多边互动中实现综合知识的理解和迁移。

1.开展案例研讨,建立典型案例资源库

总的来说,科学场馆研学课程的设计历经"教学设计—案例呈现—评价改进—迭代优化"四个阶段,从而不断地丰富和完善研学课程案例库。然后,通过多元主体互动的交流、展示、评价,评选出能充分体现学习方式转变的典型案例;接着,实践团队和备课团队根据评价反馈持续开展研究,迭代更新,将案例再优化,最后形成"追梦航天——我是小小探险家""宅家云游记""探秘漆线雕"等一系列典型研学案例。

2.推进教学改革,形成多方互动研学形态

科学场馆研学课程的设计和实践中,我们倡导主动、生动、互动的研学样态,在和谐的师生互动、生生互动中,引导学生不断与场馆资源进行多因素交流,主动寻求对学生最适合最有效的学习方式,深化教学改革,落实核心素养导向下"学为中心"的研学课堂。

"任务式"学习是使学习者在真实的学习情境中带着任务进行学习,并持续驱动和维持学习者学习兴趣和动机的一种学习方法。"任务式"学习可以驱动学生深度学习。围绕大主题大任务,学生自主探索和互动协作学习。如基于项目式的研学案例"解锁红嘴蓝鹊攻击人的奥秘",学生在"分析红嘴蓝鹊会攻击人的原因"任务驱动下,通过与栗喉蜂虎保护区、百鸟园、五缘湾湿地公园等场馆工作人员,以及科学教师、同学等深度互动达成学习目标。在完成任务过程中,提升解决问题的能力,获得学习成就感。"情境式"学习促进学生知行合一。以学生生活经验为主线,学生在

生活场景中解决问题和创生意义。如围绕"具体体验—观察反思—抽象概括—行动应用"的体验式学习理论，开发"探秘漆线雕"案例系列课程，在"我是修补大师"研学活动中，漆线雕传承大师、科学教师共同教学，学生在教师创设的修补漆线雕的真实情境中探究漆线雕修补工艺、流程、步骤等问题，实现学用结合、知行合一。

三、基于"实践学习+个性学习"理念，促进国家课程优质落地转化

课程是学生一切学习成长活动的核心载体，特定的课程目标、内容、组织指向特定的学习方式。在赫尔巴特教材中心、课堂中心、教师中心的育人理念下，存在学校课程以学科为中心，学生的生活经验、学习兴趣、内在需求与发展潜能被忽视等问题，阻碍了学生乐于探究、勤于动手、富于创新、追求个性的求知求学精神的形成与发展。科学场馆研学课程的设计聚焦学生中心、活动中心，设计并实施8个典型的非正式场馆学习课程案例，全面推进课程整合，结合本土实际，将国家课程优质落地转化，给学生打造更多的实践舞台，促进学生的实践学习与个性学习。

1.融合"国家—地方—校本"三类课程

课程是学校教育的核心。《义务教育课程标准方案（2022年版）》中提到，义务教育课程包括国家课程、地方课程、校本课程三类。在确保国家课程标准不降低、课程内容不减少的前提下，我们认真研读学科课程标准，结合国家人才发展需求及学生发展的实际需要，以科学课程为主体，充分利用厦门地方特色场馆教育资源，立足不同学校的校情和特色校本课程，认真设计了基于场馆的科学研学课程以及课程实际目标。目标落地转化后，在保障全面落实科学教材教学的基础上，系统对比各年级科学教材，基于学科内、学科间、学科与生活，进行了国家、地方、校本三类课程的有机融合，服务学生的个性化发展需求。

2.研发"专题式—情境化—实践性"课程内容

课程内容决定特定学习情境，影响不同学习方式的选择。总结科学场馆研学课程的实践经验，我们精选学习材料，研发了8个典型的研学案例。

专题式、实践性、情境化课程内容丰富而多样,为学生提供了体验自主、实践、开放、个性化等不同学习方式的载体。具有实践性、体验性、综合性、跨学科的研学专题活动,与科学学科核心概念知识形成一个有机整体,能够帮助学生在课外对重要原理进行深入探索,发展学生对学科知识的深度理解,实现知识的整体建构,真正落实核心素养的培养。

四、基于"自主学习+体验学习"理念,营造全开放参与型环境场域

学生的学习过程伴随着情绪体验和心理感受,积极的环境氛围有利于形成正向的学习情绪体验,提升学习幸福感与价值感,而压抑的学习氛围、紧张的人际困扰则会过度地消耗学生的心理资源,产生考试焦虑、失眠、注意力难以集中、厌学、坚持性差等问题。[1]每一次的科学场馆研学活动,我们都努力营造民主、平等、包容的人际氛围,建设开放交互的学习物理环境和实施自主自律的学习生活流程,为实现"人人、处处、时时皆可学"创造条件。

1.营造民主包容的学习人文环境

学生的情绪情感伴随认知过程产生,又反向调节认知,从而影响学生学习方式。在场馆研学实践中,我们非常注重营造积极的人际氛围,促进学生积极情绪的产生。很多研学场馆对学生而言,可能是第一次接触,比较陌生。因此,研学场馆教室的布置,尽量接近学生的生活实际,增强了学生对研学学习活动的安全感与幸福感,拉近了教师与学生的心理距离。学习过程中师生、生生平等对话,尊重和接纳个体差异,激发了学生积极的学习情绪。

2.建设开放交互的学习物理环境

随着学科核心素养及新课程标准的推出,以及学业水平考试的改革,相应学科的教学组织形式、教学策略和学习方式必然要随之改变。在此背

---

[1] 沈瑞波.重庆市沙坪坝区小学高年级学生情绪调节方式对学习动机的影响研究[D].重庆师范大学,2014.

景下，学习环境的价值和功能越来越重要。要使学习者在科学场馆的学习过程由静态转为动态，使信息传递由单向转为双向，就必须创设开放交互的学习物理环境。

首先，在科学场馆研学的学习过程中，一些基础的学习功能室，比如资料室、阅览室等对师生进行全天候开放，供师生自由使用；其次，不管是在哪个场馆研学活动中，我们都尽量为孩子设计开放交互的学习空间，引导小组围坐促进生生对话、合作、讨论，形成学习共同体；最后，我们也在努力规划设置不同年级、不同学科的教师多样组合的复合型教研空间，促进教师打破学科中心，多维认识世界、认识知识、认识学生。

第四节

学科课程发展的视角

众所周知，课程深度变革是一项十分复杂的工作，它受多方面因素的影响，从主体角度看，它涉及课程决策者、设计者、实施者以及其他利益相关者；从实践角度看，课程变革是一个非线性的动态过程；从结果角度看，课程变革充满确定性和不确定性……课程专家富兰认为，"课程实施是将有关的变革付诸实践的过程"。可以说，实践才是课程最美的语言。科学场馆研学课程在实践中，树立了多维全面的课程目标，建立了更科学的课程内容体系，开发了多元综合的课程实施模式，创建了以人为本的课程评价体系，进一步向优化和创新迈进。

一、树立了多维全面的课程目标

在2018年全国教育大会上，习近平总书记指出，要把立德树人融入思想道德教育、文化知识教育、社会实践教育各环节。这就要求研学旅行课程要切实加强社会实践育人功能的设计。因此，在课程目标的设定上，要回归到人的发展，让学生成为自主发展的个体。学生不仅要掌握基本的知识，还要有收集处理信息、主动学习、更新知识的能力，并具备正确的价值观、情感态度、社会责任感。因此，在设置所有研学课程目标时，要将培养全面发展的人的内容囊括其中，从注重单个维度的发展走向了基于核心素养的多元全面的发展。

1.强调跨学科知识的运用，提高解决真实问题的能力

《义务教育课程标准（2022年版）》尤其强调课程综合，不仅强化学科内知识整合，还强调发挥课程协同育人功能，加强课程内容与学生经验、社会生活的联系，培养学生在真实情境中综合运用知识解决问题的能力。研学课程作为校内各学科课程的补充延伸，要在一定程度上与校内课程形成呼应，引导学生将课堂中所学的知识与技能带入到实际生活中。而这些真实问题往往是较为复杂的问题，无法用单一方法解决，因此在研学课程中就要设计学生运用多学科知识来解决的问题。本书中所有的研学课程都是基于真实的问题出发，设计了一个个能够驱动学生主动持续参与研学课程的问题。学生在研学过程中运用跨学科知识来解决问题，进而提升解决复杂问题的能力。

基于项目式学习的科学场馆研学课程"解锁红嘴蓝鹊攻击人的奥秘"，聚焦厦门常见鸟类——红嘴蓝鹊每到繁殖期就会攻击路人的现实问题，以科学课程内容为主干，运用并整合其他课程的相关知识和方法，挖掘场馆资源，引导学生开展项目式研学活动。学生们在真实的问题情境中系统地了解了红嘴蓝鹊的外形特征、生活习性、生命周期等相关知识，借助实物模型、科普剧、科普展览、自然笔记、PowerPoint、调查报告等形式呈现探究的过程与结论，提高了动手能力、表达交流能力、社会交往能力和创造力。同时，通过跨学科学习，学生正确认识了人类与鸟类、鸟类与自然的关系，树立了珍爱生命、保护动物、保护环境的意识，达到了课程

协同育人的目的。

2.注重核心素养的发展,培养创新精神和社会责任感

教育部在《关于全面深化课程改革落实立德树人根本任务的意见》中,明确把核心素养的内涵界定为"学生应具备的适应终身发展和社会发展需要的必备品格和关键能力"。近几年来,如何培养中小学生的核心素养已成为重要的研究问题,已有的研究表明:综合性、跨学科的课程是培养学生核心素养的有效途径。研学课程作为实现立德树人目标的新载体,是培育学生核心素养的有效途径,课程的开展有利于培养学生的创新精神和社会责任感。

研学课程的出现,是对小学教育模式的重新定位,可以打破封闭的学科课程与生活世界之间的屏障,让学生在自我、自然、社会动态发展的过程中,通过倾听、交流、协作,遵守场馆的纪律与规则,友善对待场馆工作人员以及老师、同学;通过认识自我,意识到生命的珍贵;通过接触他人,形成健康的人格;通过学习,了解多学科融合的知识内容,激发内在潜能。如基于沉浸式学习的科学场馆研学课程"气象追踪之旅"引领学生在研学课程中走进气象馆,在场景中体验并自主学习气象的相关知识,多方面探寻气象的奥秘;在"多样气象展"的实践中将所学、所探、所知用自己喜欢的方式展示出来。在此过程中,树立团结协作的学习态度,形成珍爱自然、保护环境的社会责任感。

教师在设计培养学生创新精神的课程目标时,除了提供必要的引导,没有过多限制学生解决问题的过程与途径,没有限制学生展示学习成果的方式。尽可能在每个教学环节中创设宽松、民主的环境,提供一定的自由度,为创新思维的发展创造机会。

3.筑牢个体发展的根基,提升个体生存的基本技能

技能是个体运用已有的知识经验,通过练习而形成的一定的动作方式或智力活动方式。在研学实施过程中,有意识地培养个体生存的基本技能,从而更好地让学生与未来的生活、工作实现对接。越来越多国内外专家学者对生活技能教育的研究发现,学生掌握一定程度的基本生活技能,就能利用恰当的行为方法,从容处理日常生活中的种种问题与挑战。同

时，生活技能教育能够在一定程度上提高学生的自我意识水平，缓解紧张焦虑。因此，研学课程目标的设置需充分体现对人生存和发展过程中基础性因素的考虑。

感受是生存的基础，学生只有感受到危险，才能有效地规避危险，因此教师在设置教学目标时，应让学生能够在外出研学时对周围的变化有充分感受的时间，而非在学生遇到"问题"时就立刻给结果，减少甚至剥夺了感受的机会。感受包括衣食住行四个方面的内容。例如划伤后需要根据受伤程度进行不一样的处理；走路时间长会很累，因此需要合理规划路线、用食物补充能量等最基本的认知。对于发展来讲，需要辨别基本的是非对错、善恶美丑等。例如起争执时，会判断同伴的做法是对是错，明白打架无法解决问题只会激化矛盾等。在研学过程中，培养学生综合运用校内所学知识解决实际问题的能力，让学生意识到知识源于生活并能用于生活。

二、建立了科学的课程内容体系

课程内容是学生学习的素材，会随着社会的发展而不断发展变化。研学课程内容的科学性决定了学生研学课程体验的效果。《关于加强新时代中小学科学教育的工作意见》中也强调，要用好科学大课堂，统筹高校、科研院所、科技馆、青少年宫、图书馆、博物馆、展览馆等资源。因此，笔者综合学科内容、学生兴趣、厦门本土场馆资源、学校办学特色等因素，选取和建立了科学、恰当的场馆研学内容体系。

1.科学安排学习进阶

《义务教育科学课程标准（2022年版）》中提倡"科学安排进阶，形成有序结构"。场馆研学课程内容的设计过程中，立足课程标准、学生学情和教材内容，明确学科核心概念，基于学生的认知水平和知识经验，科学安排学习进阶，层层深入地设置课程内容，提高各阶段学习内容的连贯性。

场馆研学课程的设计要树立系统意识，关注课程设置的学段衔接，然后科学安排学习进阶。一方面，各年龄段学生的认知能力、心理发展水平和逻辑思维能力等都存在较大差异，不同阶段的场馆研学课程也不尽相

同，科学教师或场馆导师在进行目标制订、内容设计、教学方法的选择时，不仅要关注差异性，还要把基础教育的各阶段视为相互关联的整体，强调课程理念、标准等的统一性。另一方面，教师应明确各阶段的学科核心概念，并以其为主线，按照先简后繁、先易后难的原则层层深入，组织各阶段课程内容。如先设置"物质的结构与性质""能的转化与能量守恒""生命系统的构成层次"三个学科核心概念，再把每个核心概念分为多个子概念，最后按照由简单到复杂的顺序把与每个核心概念相关的课程内容配置到多个年级。

2.提升学科实践的比例

教育学视角下的实践，强调"做中学"，倡导结合学生经验，通过任务驱动，让学生经历探究过程，在做事中求得学问，从做事中获得知识和技能。《义务教育课程方案和课程标准（2022年版）》指出，要强化核心素养导向，突出实践意识，确立实践在各门课程培养学生核心素养过程中的核心地位，要求以学科实践为支点，撬动传统育人方式转型，构建以实践为中心的新型育人方式，赋予学科实践新的价值功能。因此，在明确学科实践在学科育人方面价值的基础上，团队一直在逐步提升学科实践的比例，努力探寻学科实践的具体路径，利用学科实践促进学生素养提升。

优质的课程资源是提高新课程教学质量的前提。对以任务、议题、项目为主要形式的学科实践教学而言，实践资源是重要依托，以此为基础进行统筹整合，可形成学科实践育人合力。首先，课程设计教师和授课教师通过学习和培训不断增强实践意识，重视场馆研学课程中实践的价值。其次，学校和教师根据厦门当地特色和学校周边的实际情况，因地制宜统整学科实践内容和实践资源，协调厦门社会文化和实践活动场馆，为学生提供探究实践的真实场景。如在调查桥梁建筑的内容时，可让学生走进桥梁博物馆进行调研，体验学科知识在工程技术中的重要作用。又如在调研当地的空气质量状况时，可让学生走进气象部门测量基地，让学生在实践中体验人与自然和谐共生的重要性，接受低碳健康的生活方式教育，增强节能减排的环保意识。最后，加大学科实践资源的配套建设与资金投入，向学校、场馆争取必要的材料与实物支持，为实践活动的开展提供必要的经济条件。

三、开发了多元综合的课程实施模式

科学场馆研学课程结合不同场馆的特点，探寻和挖掘各种方式基于不同的学习方式开发了8个不同课程实施范式，不断推进跨学科的综合课程发展，使得学生在学习中不断提升综合素质。

1.开展综合的研学课程

学生的生活是完整的，学生的课程是不分科的。学生在解决问题时，特别是涉及问题情境时，就一定需要跨学科知识。本书开发了多元综合的课程实施模式，以科学学科为主场，融合综合实践、数学、音乐、美术、语文等学科的知识，并围绕学科核心概念和跨学科概念组织活动，让学生在综合的实践活动中实现"跨界"。

在科学研学课程的开展过程中，团队坚持做到了以下几点：①始终以核心素养为导向，发挥教—学—评协同作用，即评与教、教与学、学与评三者之间保持一致性。②坚持学科立场，同时兼具跨学科特征。首先，学科学习是对学科学习内容进一步的学习和应用，目的是促进学生学习能力的提升；其次，促使学生学习与能力发展同步；最后，使学科立场有利于明确实施主体。③推进主题内容与教学方式的同步变革。一方面要把握好科学学科大概念与相关跨学科概念间的关系；另一方面要注意推进教学方法的变革，选择与主题内容相匹配的教学方式。

综合型研学课程的开展，需要多方协同，因此，今后还需要注意以下方面：①教师发展：创新教师研训形式，提高教师的跨学科教学素养。如采用技术赋能的教师研训新模式，以多种形式的跨学科教学研训共同体来推进常态化的教学实践研究。②教学资源：借力教育新基建，提供教师跨学科学习优质资源。③教学评价：引入教育技术，提高教师跨学科学习评价科学性。

2.推进实施模式的多元化

课堂作为教育改革的主阵地，是落实学生核心素养发展的关键场所。课堂结构是学生核心素养形成的重要平台。团队在研究过程中，基于本土

场馆特点、课程标准、学情特点，围绕学科核心大概念，团队设计和开发了基于具身式、沉浸式、跨界式、项目式、探究式、游戏式、体验式、混合式八种不同课程实施模式。

  课程实施模式不会自然生成，需要进行多方面探索与深层次思考，才有可能生成和发展。课程模式的生成需要遵循一定的流程与步骤，不能完全依赖理论，也不能脱离学校或场馆的实际。在具体的场馆课程建设实践中，团队以学校和场馆客观条件为基础，以学校课程的实际问题为切入点，以理论为指导，边研究边行动，在实践中总结提炼，又在实践中加以验证与改造，在理论与实践的互动、互补、碰撞与修正中生成灵活多元的课程实施模式，体现了课程模式生成的过程性、实践性和建构性。模式的生成要经过长期的探索，遵循一定的流程，是学生、科学教师、场馆导师、备课教师等多主体共同参与的动态过程，可以说所有课程的实施都是为了促进学生的发展。但是，不同的课程实施模式价值功能和特点各不相同，我们一直在努力探索更灵活多元的课程实施模式，建构学生核心素养生成的真实教育场景。

四、创建了以人为本的课程评价体系

  研学课程评价机制的有效构建与实施有利于对学生的学、教师的教产生引导、监督与激励作用。但是在实践中，往往出现研学旅行后评价主观化甚至不评价的现象，严重影响了研学旅行的实施效果，学生获得的成长也大打折扣。因此在最初进行课程设想的时候，我们就制订了以人为本、促进学生综合素质发展的课程评价体系，切实落实各个研学课程活动。

1.关注评价取向的人本性

  以往的课程评价标准单一，多为终结性评价。基于逆向教学设计理论，我们在研学课程活动实施前，先设计评价任务。在设计评价任务时，更关注课程评价的人本性，强调终结性评价和形成性评价的有机结合。一方面，科学教师或研学导师先树立人本化的课程评价观，弱化课程评价的甄选功能。在每个科学研学活动开展过程中，力求通过以人为本的评价促进学生对学习过程的反思，激发他们的学习动力，进而提高全体学生的核心素养，帮助他们达到多层次、跨学科的学习目标。另一方面，在操作层面，教师在评价前要引导学生做好充分准备，以降低学生的负担和压力，减少焦虑，尤其对研学活动中表现较差的学生要多鼓励和关心。评价的方法结合不同的研学主题和不同的研学案例，也力求多样化，关注学生的多元智能发展。

2.构建多主体评价体系

小学生在研究性学习、实践创造活动中的思考、实践往往是在不同的时空环境下进行的，而教师难以实时观察学生的研学情况，难免会出现观察盲区，这会影响教学评价的客观性与准确性。因此，在科学研学课程实施过程中我们改变只有教师评价的单一评价体系，增加学生自评、学生互评、家长评价甚至社会人员评价等，充分发挥学生、教师、家长乃至社会人员等多主体的评价作用，综合观察、记录学生在主题研学课程活动中的行为表现、素质发展状况等，从而切实提升学生的综合素质。

3. 采用多元化评价工具

教学评价工具的选择与使用往往会起到不同的评价效果，在科学研学课程实施过程中，我们针对不同的研学课程案例背景和课程目标，开发、整合了多元化的评价工具，使学生能够利用评价表记录自己在研学课程活动中的具体行为表现与学习效益，体现了质性评价与量性评价、过程性评价与终结性评价相统一的特点，切实发挥了教学评价的导向、激励、诊断等多种作用，优化了科学研学课程的实施环境与操作程序。

后　记

2023年7月，当《学在现场：小学科学场馆研学课程的开发与实践》书稿进行第三次修改时，虽然烦琐且疲惫，但我心里满是感恩。记得1995年8月，刚走出象牙塔的我毅然选择只身来厦门，做一名群惠小学的自然学科老师。放弃中学老师不当，以陪伴学龄孩子们的成长为职，我的导师和同学都觉得不可思议。

这或许就是人生岔路口——命运给予我的机遇，如今回首自己成长之路，充盈且珍贵：在任教生涯的前20年里，我矢志上好课，努力成为一名更好的老师。所以我积极参加省、市、区各级公开课；偶有闲暇，领着孩子们在校园里进行种植和养小鱼小虾的实践活动，算是我的忙碌工作的组成部分和顶有趣的休憩；乘着厦门市教育局和思明区教育局大力培养名师系列工程的暖风，我有幸成为2012年厦门市学科带头人培养对象、2015年厦门市专家型教师培育对象、2017年福建省"十三五"学科带头人培养对象、2020年厦门市首届卓越教师培育对象。更意外的是，现在还拥有了自己的专著。一路走来，过程中所遇见的风景和最后目标的实现，是那么梦幻，却又如此真实和令人感动，我的成长就是从迷茫到清晰，逐步实现着"做自己"。借此机会，我梳理了本书从成文到出版的来龙去脉，分享给大家，也许能给想写书而又犹豫纠结的老师们带来一点启发。

缘起：2018年2月，我在厦门市思明区教育局担任德育干事，一个偶然的机会，站在新的层面认识和了解思明教育，接触了学校以外更多的教育合作单位，意识到校外教育资源的挖掘和利用将会是未来教育发展的方向。在现任思明区教育局局长许华娟（2018年时任副局长）的指导和支持下，我设计开发了"鹭岛之光·红色思明"红色研学课程，得到业界的鼓励和支持。同年底，我返回学校任职，厦门有仙岳山、厦门博物馆、厦门科技馆等场馆，如此丰富的资源，引发我的无限联想：基于场馆资源延展科学教育，这是一件很值得探索和实践的事。恰逢当时我正在申报思明区第二届名师工作室领衔人，于是立马着手申请思明区重点课题"基于科普场馆的小学科学活动课程的实践研究"。在之后的教研活动中，又偶遇魏登尖老师，得知那会儿有申报国家级课题的活动，但是时间很紧迫——只有两周准备材料。于是我进入了"混沌期"，茶饭不思，只想着查找文献、多方求教，努力提高站位、优化结构、聚焦本质，前后改了20余稿。故得知立项的消息时，"漫卷诗书喜欲狂"的幸福感至今难以忘怀。成功迈出了第一步，接下来就是如何扎实推进课题的研究了。

感恩：本书是在"基于场馆视域的科学研学课程建设实践研究"课题研究任务驱动下完成的。该课题于2018年12月开题，于2023年6月结题，历时五年。在此过程中，首先要感谢课题组及参与研究的徐晨来名师工作室的小伙伴们：高翔、魏登尖、吴秋影、汪雅凤、方婧、胡璐瑶、游卓曦、林海燕、林蜜英、韩旭、陈丹雯、王莹莹、侯琦、詹志娟、郑文娟、陈慧敏、纪斯婷、陈华、陈莉、陈志珊、许玉缘、林雅斌、蔡宝川、陈良艺、林莹莹、赖芗艳、陈琼琼等，他们陪伴我度过了最迷茫、最艰难的文献梳理和实践探索的过程。其次要感谢福建省普通教育教学研究室的教研员李想老师，厦门市教育科学研究院的叶彩红老师，以及其他区域的科学学科小伙伴们，如吴永发老师、郑飚老师、洪旭辉老师，他们也给予我支持和鼓励。最后要感谢在成书的过程中给予大力支持的厦门外图集团的林元添、陈忠坤、陈慧等图书业内人士。

写书一直是我不敢触及的事情，一是自己才疏学浅，自信不足；二是担忧书籍的出版是否能给处于科学教育工作中的老师们带来启发和帮助；三是如影随行的"拖延"坏习惯，让我对持续修改文稿充满恐惧。幸好，身边有一位"碎碎念"的唐先生，像极了唐僧，一直对我念"紧箍咒"："你这段时间又懒了，笔记本电脑都没打开。""最近，你活动有点多哟，心不够静啊！""你昨天不是说今天要结束战斗，搞定了没？"……看到这，大伙儿想必知道唐先生是谁了，没错，就是我的丈夫。感谢他对我的照顾，感谢他对我的学业的支持，这些年他承担了大部分家务事，外出培训也是他忙里面外，默默奉献。书稿完成，他和我一样开心。

  幸甚至哉，感恩遇见。因为相信科学教育有明媚灿烂的未来，所以我们正相拥着含苞待放的现在，正所谓"心之所向，素履以往，生如逆旅，一苇以航"，希望本书能给从事科学教育且喜欢拓展校外资源的小伙伴们，带来一点触动或者是方向！

徐晨来
2023年8月5日于西南大学丹桂楼